租 税 法

第3版

岡村忠生・酒井貴子・田中晶国［著］

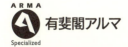

有斐閣アルマ

第3版　はしがき

　本書は，租税法の基礎を学ぶための書物です。読者の皆様のおかげをもちまして，第3版を迎えることができました。著者一同，感謝申し上げます。

　この第3版は，令和3年度税制改正や最高裁の新しい判例を織り込みました。発行時点で最新の状態にある基本書として，皆様に利用して頂けるものと思います。また，記述の細部にわたって，分かりやすい表現となるよう，見直しを重ねました。

　令和2年度の一般会計歳出は175.7兆円でしたが，一般会計税収は僅かその3割である，55.1兆円でした（第3次補正後予算ベース）。令和3年度末の普通国債残高は，990兆円と予想されています。このような極めて厳しい財政状況を目にしながら，この版への改訂が進められました。

　最後に，この版でも，これまでと同様，有斐閣法律編集局書籍編集部京都支店の一村大輔氏に大変お世話になりました。著者一同，深く御礼申し上げます。

　租税法を学ぶ方々のため，この本が少しでもよいものになるよう，努力を続けて行きたいと思います。

　　2021年9月

著　者　一　同

初版　はしがき

　本書は，租税に関する基本的なルールとその考え方を記述した書物である。大学の学部や大学院での教科書，参考書として，また，実務に携わる方々が，租税についてもう一度考えてみるための手掛かりとして，利用できるように書かれている。

　本書では，まず，租税法の根幹にある「公平」の理念と，それを実現するためのルールのあり方について，紙幅の許すかぎり，深い議論を試みた（第 1 章）。次に，日本の基幹税である所得税，法人税，消費税について，これらを規定するそれぞれの法（租税実体法）を取り上げた。

　所得税法については，公平の理念から，全ての所得を包括的に扱う考え方を導き，これにもとづいた論述を行った（第 2 章）。この論述では，所得課税の核心的な概念である「譲渡」と「実現」について，類書にはないひとつの徹底した立場を取った。

　法人税法については，法人は個人の集まりに過ぎないとの観点に立ち，経常的な取引への課税だけでなく，出資と分配，組織再編成という法人税法に固有で本質的な領域をカバーした（第 3 章）。

　消費税法については，日本の消費課税の経緯や外国の制度に視野を広げるとともに，重要さを増す国際的なサービスについて，様々な制約の中で立法政策を考えるという斬新な記述を行った（第 4 章）。

　最後に，納税申告や課税処分，徴収，権利救済などを規定する法（租税手続法）について，民法や民事手続法を意識して論述を進めた（第 5 章）。

一般に，法律学の教科書や大系書の価値は，対象となる法分野について，ひとつの学問的な観点から整合性と一貫性のある記述をすることにあると思う。本書は3名による共著書であるが，放たれた3本の矢の軌跡は，一点に収束している。論述の細部についても，有斐閣京都支社や京都大学で会合を繰り返し，センテンスを一つ一つ吟味しながら，論理性と明晰さに隙を作らないよう，心血を注いだ。

　本書は，租税法の基本的な事項を記述したものであるが，基本的であることと，理解が容易であることとは，全く無関係である。読者は，このことをあらかじめ心に留めていただければ幸いである。本書は，妥協を排して，理論的に詰めた記述を目指した。この結果，ところどころに一読すると難解と思われる箇所が生じているかもしれない。しかし，本書を幾度となく読み込むことで，必ず腑に落ちる理解が得られるものと信じている。

　こんなジョークがある。[*] ニューヨークで行われたある葬儀に，3人の弁護士が列席した。ひとりはリティゲーター（法廷弁論を専門とする弁護士），もうひとりはコーポレート・ロイヤー（企業取引を扱う弁護士），最後はタックス・ロイヤーであった。ふと，3人は，自分たちの葬儀でどんな弔辞を詠んで欲しいかを話題にした。リティゲーターは言った。「僕は，依頼者のためにいつも誠実な弁論をしたと言って欲しい。」コーポレート・ロイヤーは言った。「僕は，いつも依頼者にとって一番有利な取引を可能にしたと言って欲しい。」最後に，タックス・ロイヤーが言った。「僕は，たった3つの単語を言って欲しい。"Look, he's moving."」

　もともと，租税法は，生易しい科目ではない。また，六法科目や行政法とは，異なる頭の使い方をしなければならない。しかし，租

税法を学ぶことで，このタックス・ロイヤーのように，ウィットに富んだ不屈の精神が，得られるものと思う。

最後になったが，本書の企画以来，お世話になった有斐閣法律編集局書籍編集部京都支店の一村大輔氏に，心からお礼を申し上げる。

2017 年 8 月

著 者 一 同

* David M. Schizer, Border Adjustments and the Conservation of Tax Planning, 155 Tax Notes 1451 (2017).

も く じ

Column も く じ

凡　例

1. 法令は，2021 年 4 月 1 日現在による（ただし，2022（令和 4）年 4 月 1 日
   施行分を含む。）。
2. 略号は，以下の例によるほか，慣例にならった。

1 法　令

所法	所得税法

※第 2 章のみ表記を省略

所令	所得税法施行令

※第 2 章のみ「令」と略記

法法	法人税法

※第 3 章のみ表記を省略

法令	法人税法施行令

※第 3 章のみ「令」と略記

法規	法人税法施行規則
相法	相続税法
消法	消費税法

※第 4 章のみ表記を省略

消令	消費税法施行令

※第 4 章のみ「令」と略記

措法	租税特別措置法
地方法	地方税法
通法	国税通則法
通令	国税通則法施行令
徴法	国税徴収法
憲法	日本国憲法
行訴法	行政事件訴訟法
行手法	行政手続法
会法	会社法
計規	会社計算規則

税制抜本改革法　　社会保障の安定財源の確保等を図る税制の抜本的な改革
　　　　　　　　　　を行うための消費税法の一部を改正する等の法律
財務諸表等規則　　財務諸表等の用語，様式及び作成方法に関する規則
有限組合　　　　　有限責任事業組合契約に関する法律

② 通　　達

基通　　　　　所得税基本通達
消基通　　　　消費税法基本通達
相基通　　　　相続税法基本通達
法基通　　　　法人税基本通達

③ 裁判・裁決

最（大）判（決）　最高裁判所（大法廷）判決（決定）
高判　　　　　　　高等裁判所判決
地判　　　　　　　地方裁判所判決
不服審判所裁決　　国税不服審判所裁決

④ 判　例　集

民集　　　　　最高裁判所民事判例集
刑集　　　　　最高裁判所刑事判例集
行集　　　　　行政事件裁判例集
高民集　　　　高等裁判所民事判例集
高刑集　　　　高等裁判所刑事判例集
訟月　　　　　訟務月報
判時　　　　　判例時報
判タ　　　　　判例タイムズ
シュト　　　　シュトイエル
税資　　　　　税務訴訟資料
事例集　　　　裁決事例集
百選　　　　　中里実＝佐藤英明＝増井良啓＝渋谷雅弘＝渕圭吾編『租税
　　　　　　　判例百選〔第 7 版〕』（有斐閣，2021 年）

著 者 紹 介

岡村　忠生（おかむら　ただお）**第1章・第2章**担当
　　現　在　京都大学法学系（大学院法学研究科）教授

酒井　貴子（さかい　たかこ）**第4章**担当
　　現　在　大阪府立大学大学院経済学研究科教授

田中　晶国（たなか　まさくに）**第3章・第5章**担当
　　現　在　九州大学大学院法学研究院准教授

第1章　租税と法

租税に関する基本的な原則を概観しよう。税負担には
個々人ごとに違いがあるが，それはどのような考え方に
もとづいて設けられているのだろうか（→ *2*）。また，
租税のルールは，どのように作られ，執行されるのだろ
うか（→ *3*）。

1 租　　税

租税とは

私達のまわりには，いろいろな租税がある。
たとえば，消費税には日々接している。所
得税，法人税，相続税といった名前を聞いたことのある人も多いと
思う。これらは国に支払う租税であるが，地方公共団体に支払うも
のとして，住民税，固定資産税，自動車税などがある。

　租税とは何かを明らかにするのは簡単ではない。「○○税法」に
よって課されるものが租税だ，といえそうではあるが，それなら，
法律の名称のつけ方で，租税かどうかを決めてしまえることになる。
しかし，憲法 30 条と 84 条には「租税」の文言があり，租税に対す
る規律がおかれているため，法律が租税かどうかを決めることはで
きない。最高裁は，「租税は，国家が，その課税権にもとづき，特
別の給付に対する反対給付としてでなく，その経費に充てるための

資金を調達する目的をもって，一定の要件に該当するすべての者に課する金銭給付である」（大嶋訴訟（サラリーマン税金訴訟）・最大判昭和60年3月27日民集39巻2号247頁〈百選1〉）と述べている。この説明は，「課税権」という語を用いたため循環論的になっているが，租税の意義を考えるための手掛りを与えてくれる。

租税の特徴

租税の特徴の第1は，権力性である。すなわち，税負担の義務は，国家（地方公共団体を含む。）が一方的に課すものであり，従わない場合には強制徴収が行われる。納税は寄附ではなく，また契約にもとづくものでもない。ただし，日本をはじめとする多くの民主国家では，納税は自主的に行われ，公権力の行使は例外とされている。

第2は，非対価性，無償性である。すなわち，特別の給付に対する反対給付ではないこと，国家が個々人を特定して与える何らかの利益の代価ではないことである。この点で，租税は使用料や受益者負担金とは異なる。

第3は，国家活動の資金調達を目的としていることである。この国家活動の内容として，一般には公共サービスの提供がいわれるが，富の再分配，景気調整，民間部門と公共部門の間や民間部門相互間での資源の再配分も，租税の目的としてあげられる。租税は，制裁を目的とする罰課金とは異なる。ただし，国家が抑制したい行為に課税をし，促進したい行為に減税をすることは，一般にみられる。

租税とは何かを厳密に定義することは，困難である。これまで，納税者が税率を選択できる租税（最判平成21年12月3日民集63巻10号2283頁）や国民健康条例にもとづく保険料（最判平成18年3月1日民集60巻2号587頁〈百選2〉）の租税該当性が争われた。

租税の種類

租税は，主に次の観点から分類される。

第1に，課税をする主体（課税権者）が

誰であるかにより，国税と地方税に分類される。地方税は地方公共団体が課税をする租税で，さらに都道府県税と市町村税に分類される。地方税は，地方税法という国の法律によって一定の規制を受けている。

　第2に，法律上納税義務を負う者（納税義務者）と，経済的な意味で実際に租税を負担する者（担税者）とが一致する（ことが予定されている）かどうかにより，直接税と間接税に分類される。租税が納税義務者以外の者によって負担されることを，租税の転嫁という。たとえば，消費税は，納税義務者である事業者（商品の販売者等）ではなく消費者によって負担されることが予定されているため，間接税とされている。しかし，取引価格は需給関係によって決まるので，事業者も少なくとも短期的には利益を失う。また，所得税は直接税とされているが，たとえば，世帯主が租税を支払えば，その家族にも負担が及ぶであろう。

　第3に，納税者の人的事情が考慮されているかどうかにより，人税と物税に分類される。たとえば，所得税は，支出した医療費や扶養親族を考慮して税負担が算定されるから人税である。しかし，消費税は，納税者の事情を直接考慮することはない。もっとも，食品などに対する軽減税率や，授業料，医療費などを非課税とする制度がある。

　第4に，租税の使途が特定されているかどうかによる分類がある。ほとんどの租税は特定のない普通税である。これに対して，使途がその租税に関する租税法で特定されている租税を，目的税という。なお，消費税は，「制度として確立された年金，医療及び介護の社会保障給付並びに少子化に対処するための施策に要する経費」（消法1条2項）とあるように，使途の範囲が特定されているとまではいえないことから，厳密な意味での目的税ではない。また，租税法

以外により使途が特定された租税を，特定財源という。これらには
受益者に負担をさせる考え方が現れているが，個々人の受益ははか
れないため，租税として課されていると考えられる。

経済活動と区分 第5の分類は，経済活動のどのような場面
を課税の対象とするかにもとづくもので，
最も重要である。その分類は，収得税，財産税，消費税，流通税で
ある。

　収得税（たとえば所得税，法人税）は収入や経済的利益の流入，財
産税（固定資産税，自動車税）は財産の保有，消費税（消費税，酒税）
は物やサービスの消費，流通税（印紙税，不動産取得税）は物や権利
の取得や移転に，それぞれ着目して課される租税である。

　ただし，所得税については，たとえば値上がりした土地を譲渡
（売却）する場合，値上がり益（または売却代価）の収得に対する課
税とまず考えられるが，値上がりは財産保有によるから，財産への
課税の側面があるし，譲渡をしなければ課税はないから，流通税の
性質もある。所得税は，複雑な色彩をもちうる。

2 租税の根拠

① 公　　平

民主主義国家の租税 国家が租税を課す理由や根拠は，国家や社
会，そして人々のあり方と深くかかわりな
がら論じられてきた。租税の正当化根拠は，利益説と能力説（犠牲
説）に大別される。利益説とは，国家が与える公共サービスなどの
利益の対価が租税であるとする考え方である。能力説とは，各人が
租税を負担することのできる能力（担税力）に応じて租税を負担す

べきであるとする考え方である。それゆえ，両者は必ずしも背反するわけではないし，なぜ租税を支払わねばならないのかに正面から答えきっているわけでもない。

最高裁は，「およそ民主主義国家にあっては，国家の維持及び活動に必要な経費は，主権者たる国民が共同の費用として代表者を通じて定めるところにより自ら負担すべきものであ」る（前掲大嶋訴訟・最判昭和60年3月27日）と述べ，国家とその構成員全体との関係において，租税の根拠を説明した。無政府主義や極端な自由主義をとらないかぎり，租税の全面的な否定はできない。国家の存在を認める以上，その経費を構成員が負担しなければならないとすることは，租税の根拠として十分に説得的である。

なお，国家の経費は租税以外の方法（国債等）によっても調達されていること，国民以外にも税が課されていること（国際租税法の領域）にも留意すべきである。

垂直的公平と水平的公平　問題となるのは，納税者1人1人にどれだけの税負担を割りあてるべきかである。これが税負担の公平（equity），あるいは公正（fairness），正義（justice）として論じられる問題である。

公平には，等しい状況にある者には等しい負担をという水平的公平と，異なる状況にある者にはそれに応じた負担をという垂直的公平がある。もし水平的公平だけを追究するのであれば，すべての者に同額の租税を負担させる人頭税でよいことになる。等しい状況にある者にも，そうでない者にも，必ず等しい税負担が課されるからである。しかし，貧しい人々が国家経費の均等分を負担するのは不可能であるし，そもそも，どんな人にも同額の税負担を課すことはかえって不公平だと非難され，政策として現実性はないであろう。

そうすると，税負担には各人ごとの差異を設けるべきであり，ま

たそれは不可避と考えられる。垂直的公平は，この差異をどのような基準によってどれだけ設けるかを問題とする。垂直的公平は税の公平や公正の中心にある理念である。もちろん，見いだされた基準によって等しい位置にあると判断された人々には等しい税負担を課さなければ垂直的公平の意味が失われるから，垂直的公平は水平的公平を前提としている。

② 租税平等主義

公平負担原則

公平の議論は，平等原則を定める憲法 14 条（場合によっては 30 条・84 条）にもとづき，立法に対する制約や法の執行についても主張される。たとえば所得税で，事業を営む人は収入から費用を差し引くことが認められるのに，雇われている人にはそれが認められないので，平等原則に反し憲法違反とならないかが問題とされた（前掲大嶋訴訟・最判昭和 60 年 3 月 27 日）。所得という数値を定める際の立法裁量（憲法により国会に与えられた立法をする権限の範囲）が問われたのである。

また，租税特別措置法による軽減措置の多くは，一部の企業活動にのみ適用されてきた不公平税制であると批判され，2010（平成 22）年には，「租税特別措置の適用状況の透明化等に関する法律」が制定された。

あるいは，相続税の対象となる財産の時価の算定において，課税庁が通達で示し多くの人々に適用してきた方法以外の方法を，特定の場合だけに適用できるかも問題とされた（東京高判平成 5 年 3 月 15 日行集 44 巻 3 号 213 頁）。平等原則が法の執行との関係で問われたのである。

さらに，法の不備を利用した税負担回避に対して，法の規定なしに課税ができるかどうかが問題とされ（租税回避→ **4** ③），これを認

租税の公平さは，公正な分配の観点から判断されるとしても，歳入面
での税制だけでそれを確保することはできない。歳出面では，社会保障
をはじめ，再分配にかかわる様々な制度がある。税制による再分配には
限界があり，特に発展途上国では機能していないといわれている。

さらに，市場を通じた民間の自律的な分配がまず存在し，これを政府
が外側から再分配しているという見方にも疑問が呈されている。市場自
体も国の法制度として存在しており，そこでの分配は，取引できるもの
（財産権）の中味をはじめ，労働や安全，環境，独占，情報開示等に関
する法制により，大きく左右される。税制を通じた（再）分配は，これ
らを含む広い視野で捉える必要がある。そしてこのとき，市場が失敗す
るのと同様，政府も失敗することを考慮する必要がある。増井良啓「税
制の公平から分配の公平へ」江頭憲治郎・碓井光明編『法の再構築
［Ⅰ］国家と社会』（東京大学出版会，2007年）63頁～80頁参照。

以下は，富の分配にどのように作用するか，議論してみよう。

・大学授業料の値上げ

・たばこの値下げ

・離婚の増加

・余命の伸長

・移民の労働，雇用の国外移転

・マラリアの撲滅

める論拠として公平負担原則が主張される。

**水平的公平から
差別の禁止へ**

これらはいずれも，同様の状況にある人に
対して異なる税負担が課されることを問題
とするから，水平的公平にもとづく議論で
あることがわかる。しかし，そこでの公平がいったい何を基準とす
るかには，注意が必要である。

たとえば所得税では，所得という数値は所得税法に従って計算さ

れるのであり，その上位に所得という概念があらかじめ存在しているわけではない（米国とは異なり，憲法に所得という文言はない。）。各人が各様に「所得」をイメージするのは自由であるが，それを基準に公平負担を論じ，法律にない課税や非課税を主張することはできない。

　平等原則を真に問題としなければならないのは，性別や人種など憲法14条が列挙する要素にもとづいた法律上の差別や，社会におけるそうした差別が法の解釈適用に取り込まれる現象である。もし，企業が被用者に与える給与以外の利益に性別による差別があるとすると，課税庁がその利益を非課税と扱えば，この非課税は差別である。また，事実婚や同性婚の扱いについても，議論すべきであろう。

③　効　率　性

効率性・中立性　　人々が無駄なく財を用いることを，効率性（パレート効率性）という（社会学者 V. Pareto による。）。すなわち，ある社会（社会Ⅰ）の成員の誰の効用（財の消費から得られる満足）をも低下させずに，少なくとも1人の効用が増加する社会（社会Ⅱ）があるとき，社会Ⅱは社会Ⅰに比べて効率性の点で改善されているといえる（パレート改善）。そして，この改善を可能なかぎり行ったとき，最も効率的な社会が達成されていることになる（パレート最適）。この状態は，すべての消費者と生産者の限界代替率が等しくなるときであり，それは完全競争市場において達成される。

　このことを前提に，租税における効率性の価値基準として，市場による資源配分をできるだけ歪めないことが主張される。それゆえ，租税の効率性とは，課税が市場経済に中立的であることと同義とみてよい。たとえば，チョコレート・アイスクリームには課税をする

が，バニラ・アイスクリームには課税をしない税制は，中立性を欠き，非効率をもたらすと感じられる（関税定率法別表の9類と18類を比較せよ。）。

死重損失・一括税 この非効率は，死重損失（dead weight loss）または租税の超過負担として明らかにすることができる。すなわち，チョコレート・アイスクリームだけに課税をすれば，それまでチョコレート・アイスクリームを食べていた人の一部は，租税を避けるため，かわりにバニラ・アイスクリームを食べる。これを代替効果という。代替効果が生じると，租税がなければ得られた効用が一部失われる（その人は，バニラをチョコレートほどおいしいと感じない。）。にもかかわらず国家には税収が入らない。これを死重損失または租税の超過負担という。

　死重損失は，納税者が課税対象となる行為をどの程度避けることができるかにより変化する。価格の変化率に対する需要の変化率を，需要の価格弾力性という。需要の変化の度合いが大きければ，弾力性は大きくなる。弾力性の小さい財に課税する方が，死重損失は小さくなり，課税はより効率的となる。

　死重損失の生じない租税を，一括税（lump-sum tax）という。具体的には，人頭税が一括税（均一一括税）にあたる。人頭税は，人が生存するかぎり避けることができないからである。人の潜在的能力に対する租税も，理想的なものは一括税（個別一括税）である。もっとも，これらの租税にも転嫁がある（たとえば子どもの人頭税を親が支払う）から，代替効果の可能性はある。また，租税を負担すればそれだけ貧しくなるから，各財が消費される量や比率が変化すること（所得効果）は，一括税であっても避けることができない。

最適課税論 一括税は最も効率的であるが現実性がないので，効率性論者は，次善（セカンド・ベ

Column ② 死重損失 ▰▰▰▰▰▰▰▰▰▰▰▰▰▰▰▰▰▰▰▰▰

死重損失は，消費に対する課税において，次のように示すことができる。

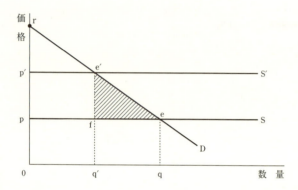

ある消費財の供給曲線をS，補償された需要曲線（価格と所得が変化しても同じ効用水準が得られるような所得補償を行った需要曲線）をDとする。課税前には，DとSの交点eで需給は均衡し，価格はp，需要量はqとなる。△eprの部分は消費者余剰を表している。ここでその財に個別消費税が課されたとすると，Sは上方にシフトしてS′となるため，均衡点はeからe′に，価格はp′に，需要量はq′に移動する。消費者余剰は減少し，△e′p′rとなる。政府の税収は四辺形p′pfe′の部分で，これは社会に還元されるため，資源配分上の損失とはみない。しかし，△e′feの部分は，税収につながらずに消費者余剰が失われており，資源配分上の損失である。これを死重損失または税の超過負担という。

▰▰▰

スト）として死重損失を最小化する租税を追究する。

消費への課税では，消費財による弾力性の差に着目し，弾力性の大きい財（奢侈品など）には軽い課税，小さい財（生活必需品）には重い課税が主張される。たとえば，チョコレート・アイスクリームを食べる人は，課税による価格上昇があってもなお高い割合でそれ

を食べ続け（弾力性が小さい。），バニラ・アイスクリームを食べる人は課税があればチョコレートに乗り換えることが多い（弾力性が大きい。）とすると，チョコレート・アイスクリームに相対的に重い租税を課す方が，両者に同じ税負担を課すよりも，より小さな死重損失で同じ税収を得ることができる。

補正税

人の行為が，市場を経由せず，他人に損失や利益を与えることを，外部性（または外部効果）とよぶ。このうち，与えた損失に対する完全な賠償をしない場合を負の外部性（外部不経済），利益を与えたのに報酬をもらわない場合を正の外部性（外部経済）とよぶ。公害は前者の典型である。後者の例として，伝染病の予防接種が接種をしなかった人の感染率も低下させることがあげられる。外部性は，市場経済が最適な資源配分をもたらさない一例であり，市場の失敗の1つである。

そこで，税負担を課すことで外部性を緩和（内部化）し，市場の失敗を修正することが考えられる。

租税優遇による補正

正の外部性には，補助金のほか，税負担の軽減（租税優遇または優遇という。）を与えることが考えられる。たとえば，予防接種は接種を受けなかった者にも利益をもたらすから，その利益に等しい優遇を与えれば，正の外部効果が内部化される。

しかし，租税優遇とは何か，その金額がいくらかを明らかにすることは，きわめて困難である。このため，外部性を補正する租税優遇を設けることは不可能に近い。租税優遇とされる規定は数多く設けられているが，これらは，政策目的を実現する手段である。

租税利益の移転

租税優遇では，優遇による利益（租税利益という。）の移転も考える必要がある。

たとえば，公害は外部不経済であるから，公害防止装置がもたら

す利益が正しく評価されず，その価格は過少となる。したがって，公害防止装置の製造は正の外部性をもつ。そこで，装置の製造者に優遇を与えることが考えられるが，装置の製造が不採算で赤字なら減税の意味がない。

そのため，装置の取得に優遇を与えることが行われる。この場合，税負担の減少は装置の価格に上乗せされて製造者に移転することが予定される。租税利益を求めて装置の需要が高まり，その価格が上昇するとみられるからである。

この種の説明は他の優遇の正当化にも用いられるが，難点は，租税利益の移転が実証されていないことである。

3 租税法律主義

① 現代の租税法律主義

財政民主主義　法律（国民代表議会（国会）の定める制定法）の根拠にもとづくことなしに，納税の義務を課し，租税を徴収することはできないとする原則を，租税法律主義という。憲法 30 条・84 条がその根拠であり，租税の賦課や徴収に関する重要な事項は，すべて国会が法律によって決めなければならないと理解されている。租税法律主義の最も重要な意義は，納税者となる国民が国民代表議会での議論にもとづいて税負担を決めること（ひいては政府の規模と社会における富の配分や格差のあり方を決めること）にある（財政民主主義）。

予測可能性　現代の複雑な取引において，税負担の予測可能性を与えることは，租税法律主義がはたすべき機能として重要である。税負担をあらかじめ計算に入れて

取引を行うこと（タックス・プランニングという。）ができなければ、経済活動が阻害され（たとえば大半の金融取引や企業買収は実行できない。）、結局、国民生活は貧しいものとなろう。

　もっとも、予測可能性だけを考えれば、法律にもとづく課税が最適とはいえない。法律は一般抽象規範であり、具体的税負担の算出では事実認定や法の解釈適用が決め手となるが、それらは人によって、つまり納税者と課税庁の間で異なりうるからである。とりわけ、立法時には考えられなかったような先端的な取引の扱いには、どうしても不透明性が残る。むしろ、法律をガイドラインとして納税者と課税庁が協議をし、その合意に法的拘束力をもたせるような制度の方が、予測可能性は確保されるであろう。

　もちろん、上述のように、合意や契約によって税負担を決めることはできない。国会における議論の意味が失われるからである。しかし、納税者の問合せに応じ、課税庁が取引に対する法の解釈適用についての見解を事前に示す制度（事前確認制度、advance ruling）は、日本を含む各国にみられる。

② 租税法律主義の形式的側面

　租税法律主義の内容は、「租税」と、「法律又は法律の定める条件」（憲法84条）の検討から明らかにされる。前者は既に述べた。後者は租税を規律するルールに関するもので、①ルールの存在形式（法源）、②ルールが規律すべき対象（課税要件）、③ルールのあり方（狭義の租税法律主義）に分け、まず①から検討を進める。

法　源　法源とは、法の存在形式、すなわち法律、命令、告示などの様々な形式のうち、相手方に対して直接の効力をもつものをいう。租税法におけるルールがいかなる形式をとらねばならないかが、ここでの問題である。

| 法　律 |

法律が法源に含まれることは疑いない。租税に関する法律は，各種の税目（所得税，法人税など租税の種類）に共通する基本的事項，手続，罰則を定める法律（国税通則法，国税徴収法など）と，個別の税目に関する法律（所得税法，法人税法など）に大別される。なお，地方税法は，後述する特殊な性質をもっている。

| 憲　法 |

憲法は，税負担が発生する要件（課税要件，後述）を具体的に定めることはない（定めてもよいが，それは実質的意味での憲法ではない）から，その意味では法源ではない。しかし，憲法に反する立法や法の執行は無効とされうるから，このかぎりで納税者に対して直接効力をもち，法源に含まれる。

| 行政慣習法 |

行政慣習法を法源に含める考え方がある。しかし，その場合，何が慣習法であるかが問題となる。広く一般に承認されることが必要であるが，そのことは明確でないことが多い。また，納税者に不利な慣習法の成立を認めない考え方が有力であるが，あるルールが納税者に有利に働くか不利に働くかは，事案ごとに異なる。

| 判　例 |

判決理由中の個別事案を離れた法の解釈に関する部分が，法源とされる可能性がある。ただし，そのためには，特に最高裁判所の判決の積み重ねにより，判例法が形成される必要がある。

| 命令および告示 |

内閣および各省大臣は，法律の委任にもとづきまたは法律の規定を執行するために，一般的抽象的な内容をもつ命令（法規命令）を定めることができる（行政立法）。内閣が定めるものを政令，各省大臣が定めるものを省令といい，租税法の政令には「○○税法施行令」，省令には「○○

税法施行規則」という名称が付される。また，法律の委任にもとづくものを委任命令，法律の執行のためのものを執行命令という。政令の委任を受けて制定された省令も委任命令である。これらは，法規として行政の相手方を直接拘束するから，法源に含まれる。

ただし，法律の委任にもとづかない命令（執行命令ではないもの），委任の範囲を超えた命令，法律の定めに反する内容の命令は，効力をもたない（最判令和3年3月11日裁時1763号4頁など）。

また，租税法律主義により，法律で定めるべき重要な事項を委任命令により定めた場合，その命令は効力をもたない（→**4の課税要件法定主義**）。

各省大臣や各庁長官が行う決定や指定は，告示の形式で公表される（国家行政組織法14条1項）。たとえば指定寄附金（所法78条2項2号）のように，告示による指定が課税要件に取り込まれる場合，告示は法源に含まれる。

通　達

通達とは，上級行政機関が下級行政機関に対して発する文書による訓令（命令）である。したがって，行政内部では拘束力をもつが，外部の者に法的拘束力をもつことはない。つまり，通達は法源ではない。

租税法の通達は，国税庁長官が各税務署長に発遣するものが主であり，基本通達と個別通達は公開されている。基本通達は，一般抽象的内容をもち，法律や命令に対する国税庁の解釈を示す（解釈通達）。

通達は，課税処分を行う権限をもつ税務署長を，内部的にではあるが法的に拘束するから，税務署長は，納税者の税負担が通達に従っていなければ，通達にもとづく処分を行う。納税者は，処分を避けようとするかぎり，通達に従うことになる。

解釈通達の内容は，公定解釈または有権解釈といわれることもある。もちろん，通達は裁判所を拘束しないから，裁判で争うことは

可能であり，覆された通達もある。

　なお，通達がしばしば社会通念を基準としていることには，注意が必要である（基通28-5など）。

　　　　　　　　　　　　条約は，日本では法律よりも上位の法とされ
　　条　約　　　　　ていることから（憲法98条2項，英米で
は法律と同位），法源に含まれるとする考え方が一般的である。条約は，相手国との交渉により内容が決まること，国会は承認を与えるにすぎないこと，衆議院の優先があることにおいて，法律と異なる。条約による納税義務の賦課は，租税法律主義の例外である。

　また，条約の細部は，当事者国間で合意内容を書簡の交換（交換公文）によって明らかにする場合が多い。後述する委任立法に類似したものであるが，国会の承認は不要である。

　条約は，国と国との約束であり，相手国に対する国としての義務を定めるものである。したがって，たとえば「……に対する税率は，15％を超えないものとする。」といった形の規定がおかれる。また，条約の定めには法律で課税要件を定める場合のような明確性（→④の**課税要件明確主義**）が要求されることはない。たとえば，二重課税防止の方法の定めはごく概括的である。このような条約の規定は，それだけでは税負担を計算できず，国内法の具体的定めを前提としている（自動執行的（self-executing）ではない。）。もっとも，二重課税の防止が全く認められなければ，そのような課税は条約違反を理由に違法または無効とされよう。

　　　　　　　　　　　　地方公共団体は，憲法92条の定める地方
　　条例・規則　　　　自治の本旨に従い，94条の定める自主的
な統治を行うこととされている。その実現のためには，独自に財源を調達する権能（自主財政権）が不可欠であるから，地方公共団体は，憲法により固有の課税権を直接与えられていると解される。こ

の課税権を，自主課税権（課税自主権）という。憲法上の自治権の一部である。

　納税義務を定める条例（税条例）は自主課税権にもとづいて地方公共団体の議会が制定する法規として，納税者を直接拘束し，租税法の法源に含まれる。規則は地方公共団体の長が税条例の実施のための手続等を定めるもので，やはり法源である。法律ではなく条例や規則によって税負担を定めることは，形式的には租税法律主義の例外である。しかし，地方公共団体の課税をその住民を代表する議会が定めるのであるから，租税法律主義の考え方に沿うものである。

| 条例と地方税法 | 自主課税権は国の法律による規律を受けている。その法律が，地方税法である。地方 |

税法は，地方公共団体が課すことのできる税目，課税ベース，税率などについて包括的で詳細な定めをおくので，税条例が定めることのできる事項は，その枠内に限定されている。

　地方税法はまた，自主課税権の行使の形式も規律している。すなわち，課税要件は条例で定めねばならないこと（地方法3条1項），手続等は規則で定めうることである（同条2項）。地方税法に反する課税は違法であるから，そのかぎりで地方税法は法源としての意味をもつ（たとえば，最判平成25年3月21日民集67巻3号438頁〈百選7〉）。

　ただし，自主課税権を著しく拘束する国の立法や行政，特に自主財源（固定資産税など地方公共団体固有の税源）の余地をおよそ認めないようなものは，地方自治の本旨に反し，憲法違反と考えられる。

　なお，地方税法は地方公共団体の課税権を規律する法律であるから，地方公共団体は地方税法そのものを根拠として租税を課すことはできない。税条例の制定が必要である。この点では，地方税法は法源ではない。

③ 租税法律主義の対象

次に，②の問題（拘束力をもつ形式で発せられたルールが，租税についての何を，規律しなければならないか）を考えよう。

課税要件　租税法律主義が法律の形式で定めることを求めるのは，「租税についての重要な事項」である。これを大別すると，税負担の金額（納税義務または租税債務という。）を算定するためのルール（実体法）と，申告や納付，課税処分，徴収処分，権利救済などの手続を定めたルール（手続法）に分けられる。以下では，前者を取り上げる。

納税義務は，課税要件の充足により成立すると観念され，課税要件は，以下の5つの側面から論じられてきた。

納税義務者　納税義務者は，課税要件の人的要素，人的側面である。納税義務者とは，納税義務を課される可能性のある者をいい，実際に課された者に限定されない。

課税要件として納税義務者が問題になる理由は，はじめから納税義務が生じえない者があるからである。これを人的課税除外または人的非課税という。たとえば，公共法人がこれにあたる（法法4条2項）。

課税物件　課税物件とは，課税の対象となる物であり，課税要件の物的要素ないし物的側面である。この語は，実際に実定法の中に用いられているが（通法15条2項7号・23条2項2号など），学問的には，担税力を推測せしめる一定の物件，行為または事実と捉えられる。所得税および法人税の課税物件は，所得である。

課税物件が課税要件の1つとされる理由も，はじめから納税義務の生じない物的課税除外，物的非課税があるからである（所法9条

など）。

| 帰　属 | 納税義務者と課税物件との結びつきを，帰属という。誰に対して課税を行うかを決め |

る。しかし，たとえば所得という課税物件は，少なくとも原理的には，ある１人の納税義務者を離れては観念できない。したがって，所得課税において，帰属が独立した要素であるか，規範であるか事実であるかには，議論の余地がある。

| 課税標準 | 税率が乗じられる数値を，課税標準という。ただし，実定法のいう課税標準には，税率 |

の被乗数ではないものもある（所法22条１項）。

　課税標準は，税額算定の最終段階であり，納税義務者，課税物件，帰属と同次元にあるのではない。それらが総合されたものである。

　課税標準を課税要件の１つとすることで，所得税では，後述する損失の扱いや所得控除が，租税法律主義の対象となる。

| 税　率 | 税率とは，課税標準にかける比率である。比例税率と累進税率がある。累進税率とは， |

課税標準の増加につれて，適用される税率の上昇するものをいい（下降すれば逆進税率），所得税では，課税標準の一定の金額区分ごとに税率を定める段階的な税率（超過累進税率）を用いる（所法89条）。このとき，一番高い部分の税率を，限界税率，全体をならしたときの税率を，実効税率または平均税率という。

　比例税率のもとで一定額の所得控除を与えた場合，控除がない場合より，税負担は累進的となる。累進税率のもとで，一定額の控除の価値（軽減される税負担）は，適用される限界税率が高い者ほど大きい（控除は逆進的に作用する。）。

　なお，税額控除（所得ではなく税額からの控除）にも，租税法律主義が及ぶ。

以上のような課税要件の捉え方は，所得税，法人税に関しては，課税標準が総合されたものである点や，税額控除が取り込まれていない点で，十分ではない。むしろ，「租税についての重要な事項」としての課税要件は，各税目に応じて考えるべきであろう。所得税では，次の諸点が重要な事項である。

すなわち，(1)所得計算の出発点となる収入金額の範囲（所得概念）と除外（非課税），(2)所得獲得のための費用の範囲や控除の方法，損失の扱い，(3)年度帰属（どの年度に収入や費用が認識されるか。），(4)所得分類（所得源泉による課税の差），(5)課税単位と帰属，(6)人的控除（人的事情を考慮するための控除），(7)税率と税額控除，である。

これは，所得税に関する学問体系であり，本書の記述もこれに従う。

④ 租税法律主義の実体的側面

最後に，③の問題（租税についてのルールのあり方，ルールがどのように定められねばならないか）をみよう。従来，もっぱらこれが租税法律主義として論じられ，以下の内容をもつとされてきた。

課税要件法定主義 課税要件法定主義とは，租税の賦課と徴収についての重要な事項を，国会による立法（制定法）で定めねばならないとする考え方である。これは，租税法律主義の中心にある憲法上の要請である。ただし，法源論でみたように，条約や条例は例外であるし，慣習法や判例による補完，修正の可能性もある。

また，どのような事実があれば納税義務が生じるかという要件（課税のための要件事実）を法律だけで完備的に決めることは，事実上できない。このため，法律は，行政にルールの細部の立法（命令

の制定）を委任している。この委任のあり方や限界が，課税要件法定主義の観点から問題となる。なお，課税要件という用語には，法律でしか決めることのできない租税についての重要な事項の意味と，すべての法源に規定された課税のための要件事実（「学資に充てるため給付される金品」（所法9条1項15号）のような類型的に記述された事実）の2つの意味がある。

委任については，まず，いわゆる一般的白紙的委任（概括的，包括的委任）は許されず，委任は個別具体的でなければならない。国会による立法の意味がなくなるからである。ただし，両者の区別は困難である。たとえば，所得税法68条や法人税法65条の委任は包括的である（大阪高判昭和43年6月28日行集19巻6号1130頁参照）。

次に，税率のような基本的事項は，原則として命令委任ができない。命令委任は，ルールの細部について行われるべきものである。ただし，具体的な税負担の計算では，細部を定めるルールの方が重要となる場合が多い。なお，この点では，法源ではない通達も大きな影響力をもつ場合がある。

以上に対して，委任命令が許されるかは，その委任をするだけの合理的必要性があるかによらざるをえないとする考え方がある。たとえば，関税定率法5条～9条の2は，税率の変更や納税義務の免除といった基本的事項を政令委任しているが，外国との関係を反映して急速に税率の変更等を行う必要があることから，委任の合理性が認められよう。

委任の認められる範囲を超えまたは法律の内容に反する命令は認められない（→②の**命令および告示**）。

課税要件明確主義　課税要件明確主義とは，国会による立法の原則として，租税に関する定めはできるだけ一義的に明確でなければならないという原則である。国会が不明

確な立法をすれば，租税に関する重要な事項を法律として定めなかったのと同じになるからである。なお，課税要件を課税のための要件事実と考えれば，課税要件明確主義とは，行政立法を含む立法の明確さを要求する原則と考えることになろう。

　問題になるのは，法律中に存在する不確定概念である。たとえば，税負担を「不当に」減少させる（所法 157 条 1 項・3 項，法法 132 条 1 項など）や，「不相当に」高額（法法 34 条 2 項・36 条）という文言である。不確定概念がある場合，課税庁に裁量が認められるかが問題となる。

　まず，裁判所の審査に服さない裁量（自由裁量）を課税庁に与えることは，租税法律主義に反すると考えられる。

　次に，課税庁の下した判断がある一定の範囲内にあるときには，裁判所はそれを尊重しなければならないという裁量（羈束裁量，法規裁量）については，租税法の専門技術性を理由に肯定する見解がありうる。しかし，租税法の技術性は法としての技術性であるから，裁判所が判断を差し控えるべき理由にはならない。したがって，裁判所による処分の取消しが「裁量権の範囲をこえ又はその濫用があつた場合」（行訴法 30 条）にかぎられることはないと考えられる。

租税法律不遡及の原則　　租税法律不遡及の原則とは，租税法律主義の役割の 1 つを予測可能性の確保にあると考え，これを害する遡及立法（行政立法を含む。）は許されないとする原則である。たとえば，4 月 1 日に成立した法律が外貨の購入に特別な課税を行うと定め，それが 1 月 1 日に行われた購入にも適用される場合は，遡及立法である。

　もっとも，年度を単位とする所得課税では，何が遡及立法にあたるか，遡及立法の許される場合があるかには，議論の余地がある。所得税法等の改正は，毎年 3 月下旬に成立し，4 月 1 日に施行され

るが、そのように成立した損失控除制限を3月10日に生じた損失に適用できるだろうか。最高裁は、これを合憲とした（最判平成23年9月30日訟月58巻10号3603頁）。

| 合法性の原則 |

合法性の原則とは、執行上の原則として、租税法が強行法規であることを理由に、課税のための要件事実が充足されているかぎり、課税庁には租税を減免したり徴収しない自由はないとする原則である。執行の不正、賦課徴収の不公平を防ぐ原則といえる。

しばしば問題とされるのは、課税庁と納税者との和解、協定である。合法性の原則からは、法的根拠のない減免や徴収猶予をもたらす和解、協定は、無効となる。

| 合法性への「制限」 |

合法性の原則に対して、3つの問題がある。第1に、納税者に有利な慣習法や先例法があるときは、それらが優先するという考え方がある（→②の**行政慣習法**）。

第2に、納税者に有利な違法な取扱いを、課税庁が多数の納税者に対して行ってきたとき、一部の納税者のみに法律どおりの取扱いを行うことは、平等原則に反して許されないとする考え方がある（大阪高判昭和44年9月30日高民集22巻5号682頁〈百選9〉）。

第3に、信義誠実の原則による制限があり、次に論じる。

以上の3つの考え方は、いずれも納税者に有利な場合に、実定法に従った課税（適法な課税）を後退させるものであるから、合法性の原則と緊張関係に立つ。

ある納税者を有利に扱うことが、他の納税者の負担を増すことになるのであれば、課税の直接の相手方たる納税者の有利不利にもとづいて判断をすることは疑問となる。合法性の原則の背景にあるのは、課税の直接の相手方、特に国に対して強い影響力をもつ納税者

への有利な取扱いが，他の多数の納税者に不利益を与え，税制全体
への信頼を失わせるという懸念である。

信義誠実の原則　　　信義誠実の原則（信義則）または信頼保護
とは，課税庁が違法ではあるが納税者に有
利な言動を行い，納税者がこれを信頼して経済関係を形成または維
持した場合，その信頼は保護されるべきであるから，課税庁はその
納税者に対してもはや適法な課税を行うことができないという考え
方である（民法1条2項参照）。

この原則は，もしその適用がなければ適法である課税を妨げるも
のであり，合法性の原則と緊張関係に立つ。裁判所はその適用に慎
重である（最判昭和62年10月30日訟月34巻4号853頁〈百選17〉）。
この原則による保護が認められるかでは，次の点が重視されている。

第1は，誤った内容の公の見解の表示である。これを，誰が，ど
のように行ったかが問題とされる。

第2は，納税者がその見解を信頼し，これにもとづいて作為また
は不作為により経済的関係を形成または維持したことである。その
見解がなければ，納税者は，後に行われた課税の対象となる取引を
行わなかったといえるか，課税を受けないための措置をとりえたか
が問題となる。

第3は，信頼やその後の行為について，納税者側の帰責事由（た
とえば，事実を隠していたこと，誤りに気づいていたこと）がないかであ
る。

納税者の権利保護　　　納税者の権利保護のための適正な手続が設
けられることも，租税法律主義の要請であ
る。違法な課税を是正する手段がなければ，租税法律主義の意味が
失われるからである。また，課税や徴収における適正手続の要請を
含めて，手続的保障が求められているともいえる。

しかし，国と納税者は手続において対称的な位置にあるのではない。納税者には課税処分に対する争訟提起の期間制限があり，更正の請求（納税者が申告した税額を自己の有利に変更するよう求める手続）や不服申立前置（不服申立てを経なければ出訴できない。）の制度がおかれている。こうした制限や制度にとらわれず，不当利得返還請求や国家賠償といった手続により権利救済をはかることが試みられている（最判平成 22 年 6 月 3 日民集 64 巻 4 号 1010 頁〈百選 121〉は国家賠償を認めた。）。

　さらに，争訟提起により適法性が確定しない段階でも，その租税は払わねばならないことにも注意が必要である。納付しなければ，裁判所の関与なしに強制徴収が行われる。

権力性と公共サービス　こうした手続のあり方は，課税の権力性を示すものである。この点で，納税義務は私法上の債務とは異なる。権力性は，反復する大量の事務をかぎられた人員で迅速に処理しなければならないこと，そのため法的関係の早期安定が必要となることを理由に正当化されてきた。しかし，手続が遅れたことで司法審査の機会を奪い，法律が定めた税負担の実現を放棄することには，疑問がありえよう。

4　租税法の解釈と適用

1　租税法の解釈

厳格解釈　他の法律がそうであるように，租税法についても，ルールとして定められた言葉の意味内容を明らかにしなければならない。これを解釈という。解釈の作業では，ルールに書かれた言葉の意味をどのように確定するかと，

それがどれだけの広さや幅をもちうるか（中心となる意味からどこまで離れることができるか）の，関連する2つの問題が生じる。いずれにおいても，どのような考え方，原理にもとづいて解釈を行うかが問われる。

　比較的争いが少ないと思われるのは，解釈の幅である。租税法の解釈では，法文から離れた自由な解釈は認められず，基本的には厳格な文理解釈（言葉の通常用いられている意味，言葉の意味の中心に従った解釈）が要求され，類推（類推解釈）はもちろん，拡大解釈や縮小解釈も原則として許されないと理解されている。

　その理由は，租税法律主義に求められる。すなわち，もし解釈に法文から離れた広い幅を認めれば，帰するところ法律によらない課税を容認することになり，租税については法律で定めるとした租税法律主義が損なわれるからである。

租税法の趣旨・目的　　しかし同時に，多くの学説は，このような厳格な解釈では法文の意味を1つに確定できない場合が存在しうること，そして，その場合はその規定の趣旨・目的を参酌して解釈を行うべきこと（目的論的解釈）を認める。つまり，厳格な文理解釈では明確な解釈ができなかったり，複数の解釈が成り立ちえたりする場合も，直ちに課税要件明確主義に反して無効とはせず，さらに解釈作業を継続すべきであるとする。その理由は，国会が租税法の立法により，それを適用する者（納税者，課税庁，最終的には裁判所）に解釈の義務を与えたと考えられるからである。

　しかし，その場合には，法文に用いられた言葉は，通常の意味から離れて理解される。それが離れすぎれば，新たな立法と変わらないことになり，逆に国会の立法権を侵してしまう。このことから，目的論的解釈を認める場合も，法文に用いられた言葉から引き出し

うる意味（言葉としての意味の限界）を超えることはできないと考えられる。もっとも，最高裁は，外国税額控除（国際的二重課税の防止のために外国に支払った租税を日本が税額控除する制度）について，法の文言上は適用があるときにも，法の趣旨目的から著しく逸脱することを理由に，適用しないことを認めた（最判平成17年12月19日民集59巻10号2964頁〈百選19〉）。

　問題となるのは，日本の国会が，法の趣旨・目的を明らかにしないことである。立案にあたった行政機関や担当者が国会外で公表した解説などを，国会（立法者）の意思とみることはできない。

　なお，問題となる規定固有の目的ではなく，税収の確保や財産権の保護のような租税法全体を通じた一般目的（そうした目的を仮に承認するとして）による目的論的解釈も，認められないと考えられる。

　そうすると，認められた幅では，解釈ができない場合に，どうするかが問われる。

疑わしい場合　「疑わしきは国庫の不利益（納税者の利益）に」，という法諺がある。「疑わしきは被告人の有利に」と同様，事実認定における原理としては，この原理が成り立つ可能性はある。

　租税法の解釈に関しても，この原理を適用すべきであるという主張がある。これに関して，疑わしい場合とは何か，そのような場合の存在を認めるのかで意見が分かれている。前述の法解釈の義務からは，それを簡単に認めることができないことになる。

　法文の理解としてAとBの可能性がある場合，どちらが納税者に有利かは場合によって異なる。たとえば，ある金融資産からの収益が配当とされた場合と譲渡益とされた場合のどちらが有利かは，それを受け取った納税者ごとに異なる。

　また，課税要件明確主義により疑わしい規定を無効としても，そ

のことが納税者に有利かどうかはわからない。租税法の法律要件は，税負担を重くする方向にも軽くする方向にも働きうるからである。

「疑わしきは国庫の不利益に」による解釈は，租税法律主義が求める厳格解釈を踏み越えている可能性がある。また，このような一般的な方針を解釈の原則に据えることは，そのための立法がないかぎり，租税法律主義のもとで承認できないと思われる。

解釈の限界　しかし，文理解釈も目的論的解釈も働かない場合がないとはいえない。「国庫の不利益に」は，その場合にとるべき最後の方針となるであろう。その場合，関係したすべての納税者の税負担を有利に計算することになる。たとえば先の例では，配当かどうかは納税者ごとに異なることになる。

このような解決は，租税法の解釈ではない。法解釈といえるだけの一貫性や整合性をもたないからである。それは，課税の停止（租税法が事実関係を捉える作用の停止）とみるべきである。

「国庫の不利益に」による解決は，租税法律主義の観点から理由づけることができる。すなわち，解釈によってルールを見いだすことができない場合，無理をしてどちらかに決着をつけることは，新たな立法に等しく，租税法律主義に反するため，そこで課税を停止せざるをえない，と考えられる。

しかし，これはごく例外であり，たとえば立法府の不作為により既存の規定が新たな経済活動に対応できず，ルールを見いだすことができないといった場合にかぎられるであろう。失われる税収は，立法の怠慢の代価であり，そのような代表者を選出した国民全体が負担しなければならない。

経済的観察法　ドイツ旧租税調整法1条2項は，「租税法律の解釈にあたっては，国民観，租税法律

の目的および経済的意義ならびに諸事情の変転を考慮しなければならない」と定め，同条3項は，「要件事実の認定についても，前項と同様とする」と規定していた。このような解釈，適用のあり方を，経済的観察法（wirtshaftliche Betrachtungsweise）という。これらの規定は，ナチス期に乱用された（課税要件を無視した課税の根拠とされた）経緯がある。戦後も，経済的観察法の内容や作用する場面に関して活発な議論が行われ，結局，1977年租税通則法全文改正において，規定自体は廃止された。

　日本でも，1961（昭和36）年の国税通則法制定時に，経済的観察法に相当する規定の導入が税制調査会からいったん答申されたが，見送られた経緯がある。

　ドイツで経済的観察法に多くの内容を含める考え方（経済的意義を強調する考え方）は，日本で「実質主義」として主張される次のような考え方に相当する。すなわち，法律の文言や納税者が形成する法律関係は「形式」にすぎないものであるから，課税はそれに捉われるべきではなく，経済的な「実質」によって行われるべきであるという考え方である。「形式」対「実質」，「法」対「経済」は，租税法の底流にある対立である。

② 租税法と私法

固有概念と借用概念　　租税法においても，用いられる言葉に明文の定義を与えることが行われる（たとえば所法2条）。与えられた定義は，その法令において固有の概念となる（固有概念）。課税要件を明確にし，予測可能性を高めるためには，重要な言葉はすべて，なるべく明確な定義を与えるべきことになる。

　しかし，定義が与えられていない言葉も多い。そうした言葉は，前述のように言葉の通常用いられている意味によって解釈するのが

原則であり，それができない場合には目的論的解釈の可能性が出てくる。

　ただし，定義が与えられていない言葉が，他の領域，特に民事法領域における用語や概念として用いられているものである場合，これを借用概念という。たとえば，「住所」（所法2条1項3号），「配偶者」（同項33号）という言葉は，これにあたるとされている。

　借用概念のうち他の領域で確立した概念となっているものは，租税法においても同じ意味に解釈しなければならないとされる。その理由として，借用概念は，立法時に他の領域における意味内容を知ったうえで用いられており，異なる意味を与えるのであれば，そのための定義がおかれたはずであること，借用概念に租税法独自の解釈を認めると予測可能性を損なうこと，法秩序の一体性を確保すべきことがあげられる。

　また，根本的な理由として，課税要件規定が，私法において形成された法律関係を基礎とし，これを取り込むものとして作られている（事実そのものを直接取り込むのではない）とする理解がある。租税に関する法律関係は，私法と租税法との二層的構造になっていると認識するのである。

借用概念の問題点

　しかし，以下の点は問題となる。

　第1に，実定法以外（たとえば会計学や経済学，自然科学）の概念が無定義で用いられている場合がある。その領域での意味に従うとすれば，国会が定めた法律以外のものが課税要件を構成することになる。当初はそのことを知って課税要件を定めたとしても，その後，当該領域で意味内容が変わることがある。これは，必ずしも民主的な手続を経たものではない。

　第2に，実定法上の用語についても，借用元の法領域における意味が，法改正や解釈の変更によって変化する。たとえば，会社法の

立法は，それが課税要件の一部を構成することを考慮して行われたわけではない。

第3に，借用元の領域における概念が確立されたものであるのか，確立とは何をいうのかが問題となる。

外国法の概念

第4に，外国法における概念をどのように扱うかがある。これは，差し迫った深刻な問題である。たとえば，米国の州会社法のいくつかでは，「配当」は必ずしも利益から支払われるわけではない。婚姻の要件（配偶者の概念），登記の効力（所有の概念）も異なる。

密接に関連して，準拠法の問題がある。準拠法は国際私法によって定まるが，今日，外国法を準拠法とする行為は多い。たとえば，瑕疵ある法律行為の要件や効果は，国によって異なる。課税においてそれを受け入れるかが問題となる。

特に問題となるのは，外国法を準拠法とし，その外国法では有効な取引に対して，課税庁が，日本の民法を適用すれば通謀虚偽表示（民法94条1項）等により無効となることから，取引無効を前提に課税をする場合である。

私法の解釈

これらに加えて，根本的な問題となるのは，私法における解釈のあり方である。つまり，私法において解釈される概念が，課税要件，ひいては租税法律主義にもとづく租税法全体を支えることができるほど堅固なのかである。租税法の課税要件が私法上の法律関係にもとづくとする認識（二層的構造の認識）が問われる。

一般に，私法では租税法よりも遥かに自由な解釈が行われている。僅かな実定法規定を手掛りに，解釈（場合によっては法の発見）により，様々な要素を衡量した妥当な解決がはかられる。それゆえ，私法では確立した概念とされても，その意味の幅は広い。これが課税

の基礎とされた場合，課税要件について厳格な解釈を求めた意味が損なわれるおそれがある。

　さらに危惧されるのは，そこでの考慮要素に課税の目的がもち込まれ，課税庁が，課税処分の権限を背景に，私法の解釈者として登場することである。

仮装行為

　この問題が窺われるものとして，仮装行為に対する否認の一部がある。しかし，その議論の前に，そうした問題が生じないような仮装行為の否認をみておこう。

　否認とは，納税者が申告等においてとった立場とは異なる立場により，課税庁が税負担を算定し直すことをいう。たとえば，ある支出が必要経費に該当しないという税務署長の判断は，否認である。この否認は，その支出についての事実認定と必要経費の要件へのあてはめまたは要件の解釈として行われている。

　否認は，仮装行為に対しても行われる。仮装行為とは，架空の外観を作り出すための行為をいう。たとえば，課税の基礎となる会計帳簿に，架空の経費支出を記入することは，仮装行為である。この場合，税務署長は，必要経費が発生していないという事実を認定し，その控除を否認する。

　いずれの場合も，否認の法的根拠は，課税のための要件を定めた規定そのものである。なお，仮装行為は，意図的に行われる場合をさすことが多い。その場合，ほ脱犯の成立が問題となる。

法律行為の仮装

　私法の解釈が問題となるのは，法律行為が仮装される場合である。通謀虚偽表示がその典型である。この場合，虚偽表示は課税上何ら意味をもたず，隠された真実の法律関係に従って課税が行われるとされる。たとえば，第三者が銀行から融資を受ける担保とするために，その第三者と通

謀して，土地を譲渡する意思がないにもかかわらず譲渡したように
みせかけることを目的として登記名義をその第三者に移転した場合，
土地の譲渡に対する所得課税は，違法として取り消されている（東
京地判昭和44年4月30日判時563号31頁）。

　たしかに，このような場合，登記の外観ではなく，真実の法律関
係に従った課税をすることに，問題はないと思われる（もっとも，
そうではない課税もある。たとえば固定資産税では，登記名義に従った課
税〔表見課税という。〕が行われる。）。また，そのための特別な根拠規
定を別に用意しなければならないとも考えられない。

　しかし，法律行為の仮装とされるほとんどは，課税庁が否認を行
う場合である。たとえば，この例で土地が値下がりしていて，譲渡
をすれば損失が生じ，別の譲渡利益を相殺して税負担が軽くなると
しよう。当事者が譲渡を行ったとして損失を計上しても，課税庁は
通謀虚偽表示を理由にこれを否認するであろう。

　この場合，当事者の真正な意思や契約の本来の内容を確定し，法
律行為が仮装かどうか，真実の法律関係が何かを認定することが必
要になる。しかし，そのような認定は，民事事件で裁判所が行うと
きにも，時間と手間の費やされる微妙な作業となる。課税処分では，
行政手続法の適用除外のため（通法74条の14第1項，行手法13条2
項4号），当事者に意見陳述の機会が与えられないこともあり，慎
重さをいかに確保するかが課題となる。

私法上の否認

仮装行為の否認はドイツでは経済的観察法
に属するものとされるが，「真実」の法律関
係にもとづく課税という考え方が，日本ではさらに拡大している。
当事者間では全く争いのない契約を，課税庁が私法上の事実認定や
契約解釈によって無効または不存在とし，別の契約におきかえて課
税処分を行うこと，つまり，当事者が申告等において基礎とする私

法上の法律関係を否認することが行われる。

　課税庁の典型的な主張は，次のようなものである。問題となる契約や取引は，税負担の軽減または排除（のみ）を目的とするから，その効果を欲する意思（効果意思）を欠く。したがって，それは外観だけの虚偽であり，不存在または無効である。当事者の真に意図した法律関係は別に存在し，より大きな税負担を発生させる。その法律関係を，課税庁は課税処分の基礎となる事実として認定することができる。

　このような契約解釈では，税負担回避の目的が，いわば決め手とされている。しかし，税負担回避の目的を契約における意思の欠缺に結びつけることには，強い疑問がある。納税者が税負担の軽い取引を選択することは通常かつ自然であり，税負担が軽くなるからこそ，その取引の効果を真に欲したともいえるからである。

　また，課税庁による契約解釈は，課税関係だけにとどまり，当事者間や第三者との私法上の権利義務を変えるものではない。その意味で，これは私法の契約解釈ではない。行政処分として，契約当事者の主張する私法上の法律関係を否認し，それとは異なる法律関係にもとづく租税を課しているのである。ただ，そのために私法の柔軟さが利用されているのである。

瑕疵ある法律行為　借用概念の問題や私法上の否認は，租税法の課税要件が私法上の法律関係にもとづくとする二層的構造の認識に根ざしている。しかし，この認識には，一貫性があるだろうか。

　この問題が現れるのは，瑕疵ある法律行為についてである。課税のための要件事実の基礎にあるとされる私法上の法律行為に無効の瑕疵がある場合（たとえば，民法90条・94条1項など），この考え方では，最初から要件の充足はないはずである。また，取り消しうる

場合（民法5条2項・9条・13条4項・95条・96条1項など）も，取消しがあれば，遡及して要件の充足はなかったことになり，税負担も遡及的調整が必要となるはずである。

　ところが，判例通説はそうではない（最判昭和46年11月9日民集25巻8号1120頁〈百選33〉）。所得課税の場合，そこに経済的成果の有無という要素がもち込まれ，それが決定的な役割をはたす。すなわち，無効な法律行為であっても，また取り消しうる法律行為が取り消されても，所得課税では経済的成果の発生が重要であるという理由にもとづき，特別な規定がない限り，遡及的調整は行わず，経済的成果が失われた時点で，損失等を計上することになる。

二層的構造の限界

　さらに，窃盗や横領などの違法所得への課税について，通説は，所得税法が所得原因の適法違法を区別していないとする理由を追加する。たしかに，これらの行為によって得た財貨は，経済的成果である。しかし問題は，私法上は発生している相殺的債務（返還義務や損害賠償義務）を，なぜ考慮しないのかである。また，仮に弁済の意思や可能性がないことから相殺的債務を無視できるとしても，少なくとも窃盗や横領のように所有権が移転しない場合，二層的構造の認識を貫くのであれば，課税はできないはずである。

　ここに，二層的構造の認識の限界をみてとることができる。瑕疵ある法律行為への課税も，ドイツでは経済的観察法により説明されている（ただし，ドイツは課税のための明文の規定を設けている。）。それが日本でも，顔を出しているのである。

外国の私法と租税法

　二層的構造の認識でさらに問題となるのは，外国法が土台とされる場合である。外国では配当が必ずしも利益から支払われるのではないことは触れたが（**→外国法の概念**），さらに，たとえば債権債務という最も基本的な

法律関係をみても，外国には人的責任（摑取力）のない債務（non-recourse loan）が存在する。合併などの企業組織に関する法制も大きく異なる。日本の企業や投資家は，このような制度を積極的に利用している。

これらの場合，課税のために外国の法制度を捉えるうえで，日本の私法の概念をどう用いるかが問題となる。もし日本の私法の概念をあてはめるのであれば，その幅や柔らかさが問題となろう（**→私法の解釈**）。たとえば，配当の概念が争われた株主優待金事件でも，課税の基礎とできるような配当の概念は，私法から引き出せていないと思われる（最判昭和 35 年 10 月 7 日民集 14 巻 12 号 2420 頁と東京高判昭和 39 年 12 月 9 日行集 15 巻 12 号 2307 頁を比較）。そうすると，同じ方法で外国会社の行う「配当」を判断することもできないであろう。

課税に固有な観点をどのように反映するか，あるいは，それは考慮外におく（べき）かも問題となる。特に，日本の課税が外国の課税と不整合を起こす場合，不整合は乱用されるものと覚悟した方がよい。たとえば，ある主体が，日本の課税では法人，外国の課税では非法人（その主体を透過して構成員に課税）と扱われる場合，その主体に損失を生じさせ，日本と外国で二重に控除することが考えられる。

| 固有概念の充実 |
かつてドイツの経済的観察法は，私法からの概念の借用は，やむをえずしていることであって，応急手段にすぎないから，私法の解釈に固執すべきでないと主張した。経済的観察法は，ナチス期の乱用から，日本では消極的に評価されてきた。たしかに，私法とは異なる解釈をすることは，法的安定性を阻害するようにみえる。

しかし，借用はあくまでも借用にすぎず，租税法が用いる用語の

定義は租税法自体で行うべきであるという考え方は，決して誤っているわけではない。借用された概念は，租税法律主義が求める厳格さを備えず，また，税負担に関する国会の審議を経たものでもない（財政民主主義が十分に及んでいない）からである。公権力行使の根拠である租税法が，私的自治のための柔軟さをもつ私法を土台とすることには，無理があるとも思われる。

③ 租 税 回 避

租税回避とは　　課税のための要件事実（この③では「課税要件」という。）の充足を避けることによる税負担の不当な軽減または排除を，租税回避という。租税回避については，２つの要素が重要である。

第１は，課税要件の充足がないことである。もし充足があれば，納税義務が成立し，不納付（租税債務を負うが，納付をしない。）が問題となる。脱税（租税ほ脱）も，課税要件は充足されているので，租税回避ではない。

第２は，税負担の軽減または排除が，不当なことである。もし不当でなければ，単なる節税であり，問題とされる余地はない。

したがって，租税回避は，課税要件の充足の有無によって脱税と区別され，不当性の有無によって節税と区別される，いわば中間領域にある概念である。租税回避をもたらす納税者の行為を，租税回避行為という。

もっとも，これは租税回避であって，絶対に脱税でも節税でもないという例を，今日の取引から示すことは困難である。ドイツで過去にいわれた一例であるが，直系親族間での土地譲渡が非課税である場合に，兄弟間で譲渡をするため，いったん父親に譲渡をするというものがある。

不 当 性

では，なぜこのような中間領域を観念するのだろうか。租税法律主義のもとで，税負担は課税要件によって決めているにもかかわらず，その充足がない場合の一部を取り出して問題とする理由は，どこにあるのだろうか。

1つの根拠は，実定法にある。同族会社の行為計算否認の規定（法法132条1項，所法157条1項など）には，「行為又は計算で，……税の負担を不当に減少させる結果となると認められるもの」という文言がある。この要件に該当する場合，税務署長はその認めるところにより課税標準の計算等を行うことができる。「不当に」という文言が，判断の決め手とされている。つまり，実定法は，税負担減少の結果をもたらす行為には，不当性のあるものとないものがあるとの区別をし，これを前提に，不当性のあるものに対して，一定の対処を行っている。

不当とは，行政法では，行政裁量の行使に認められた瑕疵で，適切ではないが違法とまではいえないものの意味で用いられる。このことからは，行為計算否認規定における「不当」も，違法でこそないが，著しく妥当性を欠くという意味に理解されよう。

しかし，このような行為がそもそも存在するのか，また，具体的にどのような場合をいうのかについては，議論が絶えない。課税要件の充足がない以上，問題とすべきでないという見方も有力である。また，行為計算否認規定は，「不当に」という文言の不確定さから租税法律主義に反すると主張されたこともある（東京高判昭和53年11月30日訟月25巻4号1145頁）。この規定のいう「不当」が認められるのは，ごく例外的な場合に限定すべきであろう。

私法の乱用

租税回避については，さらに次のような説明（論者によっては定義）が与えられる。①租税法上通常と考えられる法形式（私法上の取引形式）を選択せず，

②通常の法形式を選択した場合と同様の効果を達成し，かつ，③通常の法形式に結びつけられている税負担を軽減または排除すること，である。

　これは，二層的構造の認識にもとづき，租税法は，私法上通常と考えられる取引に対して課税要件を設けているという理解を前提とするものである。租税回避では，税負担軽減のため，私法上の法律関係の形成可能性が乱用されているとみるのである。この見方に立てば，「不当」とは，私法の乱用（私法において予定された法形式を意図的に用いないこと）であるということになろう。

　しかし，上の3要素を文字どおり受け取ると，かなり広い範囲のものが租税回避とされそうに感じられる。また，そもそも私的自治の原則のもとで，なぜ通常でない取引をすれば不当とされるのか，理解に苦しむかもしれない。また，金融取引などで開発される新しい取引（商品）が税負担を軽減する場合，租税回避とされないかも懸念される。

　こうしたことから，租税回避は，これを禁止するための規定がない場合には，許されない行為では決してなく，租税法上承認された行為にほかならないとする考え方が一般的である。その場合，「不当」の意味は後退し，租税回避は，課税要件規定の整備を促すための指標としての役割をはたすことになろう。

| 優遇の乱用 |

米国のように私法が州ごとに異なるため二層的構造をとらない国においても，租税回避（tax avoidance）といわれる現象はある（タックス・シェルターともいわれる。）。その多くは，租税法上の明示的または黙示的優遇措置（たとえば，非課税措置，機械設備等のための支出を使用可能期間より短い期間で費用とする措置，借入金の取扱い）を，その立法では予定されていなかったと考えられる方法で利用するものである。つまり，優遇

措置が不当に拡大されているのである。ここでは，私法ではなく，租税法の課税要件規定そのものが，乱用されている。

　私法の乱用に不当なものがあるのであれば，租税法の乱用にも，不当と評価されるものはあるはずである。そうすると，租税回避は，私法の乱用にかぎられないと思われる。先のドイツの例も，直系親族間の譲渡に対する非課税（一種の優遇措置）が，兄弟間にまで不当に拡大されているのである。

租税回避の否認　　租税回避についても，否認はある。たとえば，前述の行為計算否認規定は，税務署長にその認めるところにより課税標準等を計算することができるとしている。

　注意すべきことは，これが課税要件該当性に関する否認ではないことである。現実には課税要件は充足されていないが，にもかかわらず，いわば充足したことにして，税負担を発生させるという否認である。つまり，租税回避の否認とは，課税要件充足の擬制である。

　行為計算否認規定のような規定がない場合，租税回避を否認できるかには争いがある。否認を認める立場は，たとえば公平負担の見地から，同様の経済的効果が生じているのであれば，課税要件充足の有無にかかわらずに課税をすべきであるとする。

　しかし，租税法律主義からは，法で定めた課税要件の充足がないのに課税をすることは，認められないと考えられる。それは，新たな課税要件を設けるに等しい。今日，このことに正面から反対する見解は，ごく少数と思われる。

　さらに，租税回避の否認を認める規定（一般的な否認規定）の立法も，租税法律主義からは決して好ましいことではない。ドイツには，否認規定に対して，立法の貧困証明書であるとの論難をあびせた学説がある。

なお，前述した私法上の否認の手法によっ

広義の否認

ても，租税回避の否認と同じことができる
ことに注意すべきである。たとえば，先のドイツの例について，事
実認定や契約解釈により，真実の法律行為は兄弟間の譲渡であった
として否認をすれば，租税回避の否認と同じになる。

したがって，私法上の否認は租税法律主義を潜脱するものである。

租税回避への対処

しかしながら，実定法が「不当な」税負担
の軽減という概念を設けており，一般論と
しても，およそルールがあればその潜脱（法律回避）の可能性があ
る以上，租税回避への対処は必要と考えられる。

その場合，いうまでもなく，課税要件規定の整備がまず行われる
べきであり，それができれば租税回避は自動的になくなる（その行
為は租税回避ではなくなる。）。

なお，この点からは，租税回避にも一定の積極的な評価が可能で
ある。租税回避は，租税法の不十分な点を明らかにするものであり，
立法が適切に対応すれば，課税要件の完備性，租税法の完成度が高
まるからである。

商品としての租税回避

しかし，今日，租税回避は，商品として販
売されている。これは，タックス・シェル
ターとして米国で広くみられるが，日本にも入りつつある。投資会
社や会計事務所等（プロモータという。）が税負担軽減のスキーム
（一連の取引）を専門家と多額の費用をかけて開発し，多くの場合，
守秘条項を付して販売するのである。守秘条項は，商品のスキーム
が代価を支払わない者に利用されないためである。

従来の租税回避が何らかの経済的効果（たとえば物の譲渡）を達成
しつつその税負担を避けるものであったのに対して，こうした商品
の多くは，商品としての汎用性（誰にでも販売できること）のため，

税負担軽減のみを目的とし，経済的効果や成果が生じないように，かつ危険負担や手数料以外の金銭支出がないように設計されている。

　また，プロモータが主導的な役割をはたし，納税者本人は内容をよく理解しないまま（場合によっては詐欺的な方法で）商品を購入させられている例が，少なくとも米国ではかなりある。これも，従来とは大きく異なる。

租税回避行為の規制　租税回避を問題とする理由を行為の不当性に求める場合，このような商品に対する規制を検討すべきことになる。

　もちろん，否認は1つの規制であるが，租税法律主義からは強い疑問がある。仮にどうしても否認が必要であれば，少なくとも一定の予測可能性を与えるため，課税庁は商品内容やプロモータを公表し，納税者に事前の警告を与えるべきであろう。これは，米国や英国などの国々で行われている。

　不当性（行為に対する非難）という観点からは，むしろプロモータによる租税回避商品の販売自体を規制の対象とすべきであろう。これも米国，英国などで行われており，日本でも，今後導入が検討されるものと思われる。その一環として，プロモータや納税者本人に対して，一定の範囲で，税負担軽減効果の高い取引スキームに関与していることを報告させる制度（義務的開示制度，MDR（Mandatory Disclosure Rules）という。）を導入・強化することが，OECDを中心に世界的に進められている。租税回避に適切に対応してゆくためには，日本もMDRを導入することが必要であろう。

所得税は、「所得」に対して課せられている税金である（所法7条）。法人税法も、やはり「所得」を対象としている（法法5条など）。所得とは何だろうか。また、消費税や財産税、取引税との関係はどうだろうか。所得課税の基本的な考え方を検討しよう。

---

1 課税ベース

① 包括的所得概念の登場

所得源泉説から包括的所得概念へ

所得は国の基幹税に耐える課税ベースとされてきたが、その概念（範囲）は一貫したものではなかった。もともと所得税は、定期的回帰的な収入、たとえば利子や地代、賃金を課税の対象として、主にヨーロッパで発達してきた。一時的臨時的な所得、たとえば相続や贈与、財産の譲渡による利益は、長い間、所得とは考えられていなかった。このような所得の捉え方は、所得が発生する原因、所得の源泉に着目して所得概念を画するものであるから、所得源泉説または制限的所得概念とよばれる。

しかし、20世紀に入ると、より広い課税ベースが求められるよ

うになる。一方で世界大戦をはじめとする軍事のため，膨大な税収が必要となり，他方で国際化や資本市場の発展は所得源泉を多様化させた。こうした背景から登場したのが，包括的所得概念（the comprehensive income concept）である。包括的所得概念のもとでは，所得はその源泉を問わずに課税の対象とされる。

総合所得税の理想　包括的所得概念は，所得税の構造をも変える。それまでは，各源泉ごとに独立して所得を計算し，税率を適用する分類所得税が採用されていた。典型的な場合，たとえば利子に対する所得税と賃金に対する所得税とは，別個独立のものであった。これに対して，包括的所得概念のもとでは，源泉の区別なくすべての所得と損失とを合計（通算）し，これから人的控除（扶養控除，医療費控除など）を行い，税率（累進税率）を適用する総合所得税が必要となる。

　総合所得税は，同じ所得金額を有する者は，所得源泉にかかわらず同じように課税されること，納税者の人的事情が適切に考慮されること，相当の累進課税が実施可能であることから，分類所得税よりも公平であり，再分配の効果も高い。シャウプ勧告（米国コロンビア大学教授 Carl S. Shoup を長とする使節団が 1949 年 9 月，GHQ に提出した報告書。戦後税制の基本となった。）は，総合所得税を理想としていた。

2　包括的所得概念の理論

心理的満足　包括的所得概念は，ただ現実の必要から課税ベースを拡大しようとしたのではない。包括的所得概念は，それまでの制限的所得概念に対する根本的なアンチ・テーゼとしての理念をもつものであった。

　包括的所得概念における所得の原義は，人の心理的満足にあると

みるべきである。たとえば，給料をもらったときや使ったとき，また貯蓄したときなどに，満足が感じられるであろう。このような所得の捉え方は，近代経済学で用いられる効用の概念の影響を受けている。

金銭評価

所得を課税ベースとして考えると，心理的満足をそのままで用いることはできない。金銭価値による評価が必要である。

　このため，包括的所得概念は，企業会計的な利益計算を利用することになる。その原型は，1892 年にドイツのシャンツが体系化した純資産増加説にもとづく所得計算に求められる。純資産増加説とは，2 時点間（期首と期末）の純資産（資産－負債）の増加を企業の利益と捉える考え方である。包括的所得概念は，この「利益」に，個人の消費を加えて，所得とした。これらはすべて，金銭価値，原則として市場価額（時価）で捉えられる。各人の感じ方の多様さは，一切捨象される。

　しかし，心理的満足という所得の原義が全く意味を失っているのかというと，決してそうではない。たとえば，半ば強制されていやいや参加した会社の慰安旅行（費用は会社負担）を，経済的な利益（36 条 1 項）として課税できるだろうか（フリンジ・ベネフィット→ 4 ①）。心理的満足は，法の解釈においても，重要な意味をもっている。

所得＝貯蓄＋消費

所得と貯蓄および消費との間には，所得＝貯蓄＋消費という関係が，恒等的に成り立つ。たとえば，給料を 50 万円もらって，そのうち 10 万円を貯金し，残りを使ったとすると，消費した額は 40 万円である。また，所得が何もないのに，生活費に 20 万円使ったとすると，貯金がそれだけ減っているはずである。一定の期間に，ある人が獲得した所得の

額は，その期間のはじめと終わりの2時点間の貯蓄の変化額と，その期間中に行われた消費の額を，足し合わせたものである。

このような貯蓄＋消費という所得の捉え方は，経済力の2時点間の純増分の金銭価値というヘイグ（1921年の論文）の考え方を，サイモンズ（1938年の書物）が発展させたものである。包括的所得概念は，上記恒等式の右辺（貯蓄と消費）を捉えることにより，左辺（所得）に対する無差別，つまり所得源泉による差異を設けない課税を主張し，所得源泉説を理論的に突破したのである。

③ 包括的所得概念の問題

執行の問題　包括的所得概念は，所得（包括的所得）こそ，各人の状況を最もよく反映するものであり，公平あるいは公正の観点から最も優れた課税ベースであるとする。しかし，そのような課税は，実施することができるだろうか。

最大の問題となるのは，純資産増加の測定において，保有する財産（まだ売却していない財産）の値上がり益をどうするかである。これには，2つの問題がある。

第1は，執行上の問題である。納税者の保有するすべての財産の価格を毎年調べなければならず，膨大なコストが納税者と課税庁に発生すること，また，実際の市場取引を行ったうえでの価額ではないから，正確さに欠けることがあげられる。

第2は，納税資金の問題である。資産値上がり益は，まだ現金化されていないから，課税の対象とされた場合，納税者は別に納税資金を用意しなければならない。

実現主義　主にこれらの理由から，包括的所得概念そのものにもとづく所得税は不可能とされ（反論はある。），保有する資産の価格変動については，それが譲渡さ

れる時を待って課税の対象とすることとされている。これを実現主義という。

実現（realize）のもともとの意味は，商品などの資産が現金または現金同等の流動性のある資産（対価）と交換されることである。しかし，租税法ではより広く，ある資産について，その権利を保有する者が替わること（民法で「移転」，「譲渡」，「譲り渡し」とされる行為）を意味する。贈与のような無償の移転も譲渡である。発生はしているが，まだ実現されていない利益を，未実現利益という。

包括的所得概念は，実現主義による修正を受けることにより，本来よりも課税時期が遅れることになる。一般に，課税時期が遅れることを，課税繰延（deferral）という。

> **ヒューマン・キャピタル**

実現主義は，執行の便宜のために課税を繰り延べるものであり，包括的所得概念の理想からは一種の妥協とされてきた。しかし，実現主義を放棄した場合，ヒューマン・キャピタル（人の市場価値）に対する課税の問題が生じる。

人のもつ能力，あるいは広く属性には，市場価値が存在するものがある。そのことは，たとえば職業的能力が交通事故によって損なわれた場合，それが損害額として金銭評価されることから明らかである。

では，実現主義を放棄した場合，そうした能力の向上による価値の増加は，課税の対象とされるだろうか。すべての資産の未実現利益を課税の対象とするのであれば，人の市場価値だけを別異に扱うことを，包括的所得概念から導くことはできないであろう。

> **帰属所得**

未実現利益とならんで，執行の困難による非課税と説明されてきたものに，帰属所得（imputed income）がある。帰属所得とは，自己の財産や自己の能力

から，市場をとおさずに得られる経済的な利益をいう。例としては，自分の家に自分で居住することによる利益（帰属家賃という。），自分で調理した食事を自分で食べることによる利益といったものがあげられる。こうした利益は，直ちに消費されている。

帰属所得は，一般に非課税とされているが（ただし，外国には帰属家賃に課税をする例がある。），その理由は，こうした利益，いいかえれば消費の捕捉や評価が困難であるためと説明されてきた。実際，たとえば調理を職業としない人が行った調理の価値は，評価困難であろう。

究極的な帰属所得としてあげられるのが，レジャー（勤労をしないこと）である。レジャーからは，たしかに心理的満足が得られ，それが消費に該当することは否定できない。その価値は，もし勤労していれば得られたであろう所得として評価せざるをえない。したがって，レジャーへの課税は，潜在的能力への課税につながる。なお，家族など親密な関係で行われるケアなどの利益が，帰属所得とされることがある。課税単位（→ *9*①の**課税単位**）を家族などとみているためと考えられる。

帰属所得への課税が執行上の問題から困難であること，また人の潜在的能力に関する深い問題を含んでいることは，未実現利益と同じである。

消費型所得概念　所得税は取得の時点で課税をするから，たとえば給料をもらっただけで，それを使わなくても課税される。しかし，そうではない考え方もある。給料を使うまでは，いいかえれば，貯蓄しただけでは，所得はないという考え方である。これを消費型（支出型）所得概念，それにもとづく租税を消費型所得税という。消費型所得概念は，消費支出（狭くは金銭支出（cash-flow），広くは現物や役務による支払いを含む。）のみを所

　たとえば，第 1 年度はじめに 100 の給与を獲得する納税者について，それをすぐに使った場合と，利子率 10％で貯金しておいて，第 2 年度のはじめに使う場合を比較しよう。取得型所得税の税率を 3/10（100 の所得を獲得した場合，その中から 30 を租税として支払う。），消費型所得税の税率を 3/7（70 の消費をした場合，それとは別に 30 の租税を支払う。）とする。取得型所得概念では，第 1 年度に 30 の課税があるから，すぐに使うのであれば，70 である。これは，消費型でも同じである。ところが，1 年間貯金をする場合を比べると，取得型では，70 を貯金し，利子が 7，それに対する課税が 2.1 あるから，使えるのは，74.9 である。これに対して，消費型では，100 全部を貯金することができ，利子 10 が加わって 110 となる。そこから 77 を使い，33 の租税を支払う。ここで，1 年後の消費の現在価値を，利子率に等しい割引率 10％を使って計算すると，取得型では 74.9/1.1＝68.1 であるが，消費型では 77/1.1＝70 となり，課税は，消費のタイミングに対して中立的となる。これは，資源配分の観点からも，効率的である。

得と観念し，したがって，貯蓄に充てた部分は，所得ではないと考える。逆に，貯蓄の取り崩しによる消費も，課税の対象たる所得とする。

　これとの対比で，取得時点で所得を捉える考え方を，取得型（発生型）所得概念，取得型所得税とよぶ。両者の違いは，所得を，収入や獲得という入ってくる方でみるか，それとも，消費や支出という出てゆく方からみるかである。

　消費型所得概念の取得型所得概念に対する優位を説く論者は，現在の消費と将来の消費に対する課税の中立性を，その論拠とする。論者によれば，取得型所得概念は，貯蓄に不利であり，貯蓄に対して消費を優遇しているとされる。

しかし，現在の消費と将来の消費に対する課税の中立性が成り立つためには，現在価値割引率と預入利子率が一致していること，これらが一定であること，実効税率が一定であること（累進課税がないこと），財産課税がないことといった，非現実的な仮定が必要となる。

消費課税と賃金税

消費型所得概念は，「所得＝貯蓄＋消費」の右辺に着目した包括的所得概念を受け，その一部（消費）だけを所得とした。では，そのとき左辺（所得源泉）はどうなるだろう。

消費型所得税，さらに日本の消費税やヨーロッパの付加価値税（以下「消費課税」という。）は，資産性所得を非課税とした所得税，つまり，賃金税と概ね同じものであるといわれる。これが正しいとすると，賃金税は賃金という所得源泉だけを課税の対象とするから，制限的所得概念（所得源泉説）へ後戻りすることになる。

そのことを簡単に検討しよう。賃金を直ちに消費した場合，賃金税でも消費課税でも，課税は同じである。賃金を翌年に消費する場合，たとえば 100 の賃金を利子率 10％で貯金する場合，税率を 30％とすると，賃金税では，受取時に 30 の課税があり，70 が貯蓄され，翌年非課税で 77 が消費される。消費課税では，受取時は非課税，100 が貯蓄されて 110 となるが，33 の課税があり，やはり 77 が消費される。したがって，この例のかぎりでは，賃金税と消費課税は同じ税負担を発生させる。

資産性所得に対する非課税は，富裕層を優遇し，勤労者を重課することになるから，不公平であると批判できる。先の検討が正しければ，消費課税にも同じ批判があてはまることになる。消費課税は所得再分配効果に欠けるといわれている。

Column ④   「消費税」は消費課税か？ ■■■■■■■■■■■■■■■■■■■■■■

　消費税法にもとづく「消費税」は，消費に対する課税であるとされている。しかし，納税義務者は消費者ではなく事業者であり，税額の計算は，「事業として対価を得て行われる資産の譲渡及び貸付け並びに役務の提供」（消法 2 条 1 項 8 号）の対価の額に対する税額から，課税仕入れに係る税額を税額控除して算出される。したがって，消費者に対して商品の贈与があっても，原則として消費税額は生じない（対応する仕入れ税額控除は可能）。このことから，「消費税」が消費自体ではなく，消費「支出」を対象としていることがわかる。また，消費税の実質的な課税ベースは，事業者において仕入税額控除できない項目，すなわち，支払賃金と資金調達費用などになるから，事業者による付加価値への課税であることも否定できない。税負担の消費者への完全な転嫁も，経済学的にはありえない。このようにみると，むしろ個人に対する直接税として，消費課税を構築すべきかもしれない。

■■

| 二元的所得税 |

　所得源泉による区別をする所得税として，二元的所得税がある。二元的所得税は，所得源泉を金融資産性所得（利子，配当，有価証券譲渡益など）と，勤労性所得（給与や事業による所得）に区別し，前者を軽課（比例税率）し，後者を重課（累進課税）する所得税である。

　注意すべきであるのは，この考え方が，効率性や社会厚生の分析（だけ）でなく，執行を含む税収確保の「効率」という観点を色濃く反映していることである。すなわち，金融資産性所得軽課の理由は，それが「逃げ足の速い所得」だからとされるが，そこには金融資産が国外移転しやすいことだけでなく，国外移転した金融資産を捕捉しづらいことが含意されている。

　二元的所得税が北欧諸国で実施されており，社会保障が比較的充実した社会を背景としていることにも注意をすべきである。

2 所得算定過程

　ここからは，実定法である所得税法を取り上げる。まず，所得税法の仕組みを鳥瞰しよう。特にこの箇所は，法規集で確認しつつ，読み進んでほしい。

> **各種所得の金額**

所得税法の骨組みは，21条1項が示している。同項1号は，所得をその源泉によって，10種類に分けている。それぞれの種類を各種所得の金額という。23条〜35条が，それぞれについて異なる計算方法を定めている。ここには，分類所得税的な性質がみられる。

　しかし，所得金額の計算の通則として，各種所得の金額にある程度共通した定めがおかれている（36条〜38条）。収入金額または総収入金額（意味は同じであるから，以下では「収入金額」という。）の定めは，全部の所得種類に共通である。

　所得算定の原則的な方法は，収入金額から，費用（経費ともいう。）の性質をもつものを控除することである。費用の典型は，必要経費である（37条）。必要経費の控除は，事業所得（27条2項），不動産所得（26条2項），山林所得（32条3項），雑所得の一部（35条2項2号）の計算にみられる。譲渡所得では取得費および譲渡費用（33条3項）が控除される。必要経費と取得費も，通則に定めがおかれている。

　一時所得では，「その収入を得るために支出した金額」（34条2項）が控除される。配当所得では，「負債の利子」が控除される（24条2項）。

　給与所得（28条2項），退職所得（30条2項），公的年金に係る雑所得（35条2項1号）では，以上のような実際の費用の控除ではな

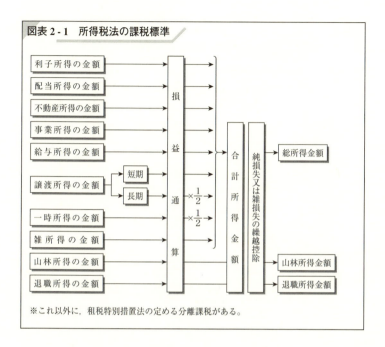

図表 2-1　所得税法の課税標準

利子所得の金額			
配当所得の金額			
不動産所得の金額	損		
事業所得の金額	益		
給与所得の金額	通	合	純損失又は雑損失の繰越控除
譲渡所得の金額　短期　長期 ×1/2	算	計所得金額	
一時所得の金額　×1/2			
雑所得の金額			
山林所得の金額			
退職所得の金額			

（右側へ）総所得金額 ／ 山林所得金額 ／ 退職所得金額

※これ以外に，租税特別措置法の定める分離課税がある。

く，一定額の控除が認められている。利子所得では，控除はない（23条2項）。

分離課税　　租税特別措置法には，主に利子所得，配当所得，譲渡所得に関する規定があり，以下で述べる所得税法の計算とは分離して税負担が計算される。これを分離課税という。たとえば，株式の譲渡による利益は分離課税を受ける。分離課税の対象となる所得は，所得税法の外にある所得種類とみることができる。

損益通算　　各種所得の金額が求められると，次に損益通算を行う（21条1項2号）。損益通算とは，一定の方法により，ある所得種類のマイナスを他の所得種類のプラ

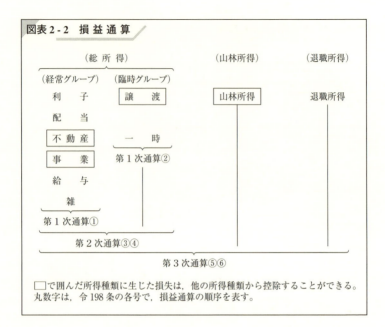

図表 2-2　損益通算

| | (総所得) | | (山林所得) | (退職所得) |

（経常グループ）　（臨時グループ）

利　子　　　　譲　　渡　　　　　山林所得　　　退職所得

配　当

不動産　　　　一　　時

事　業　　第 1 次通算②

給　与

雑

第 1 次通算①

第 2 次通算③④

第 3 次通算⑤⑥

□で囲んだ所得種類に生じた損失は，他の所得種類から控除することができる。
丸数字は，令 198 条の各号で，損益通算の順序を表す。

スと相殺することをいう（69 条，令 198 条）。たとえば，事業所得の損失は，給与所得を減少させる。

　損益通算には一定の制限が設けられており，損失控除に関して重要である。たとえば雑所得の損失は他の所得と通算できない。

　損益通算は，10 種類の各種所得の金額が相互に関係する唯一の機会であり，所得税法が総合所得税的な性質をも有することを示している。

総所得金額　損益通算および次に述べる損失繰越控除後の利子，配当，不動産，事業，給与，雑の各所得の金額と譲渡所得の金額のうち資産の保有期間が短期のもの（22 条 2 項 1 号）およびそれ以外（長期）の譲渡所得と一時所得の金額の合計額の 2 分の 1 を合計した金額を（同項 2 号），総所得金額と

する。長期譲渡所得と一時所得に対する課税を，2分の1課税とい
う。なお，退職所得では，収入金額から控除額を差し引いた金額の
2分の1のみが「退職所得の金額」となる（30条2項）。

損益通算および損失繰越控除後の退職所得，山林所得を，それぞ
れ退職所得金額，山林所得金額とする（22条3項）。

損失の繰越控除 ただし，その年の前年以前3年内の各年に
おいて損益通算後に引き切れなかった損失
（純損失という。2条1項25号）は，総所得金額，退職所得金額，山
林所得金額から，一定の順序で繰越控除を行う（21条1項2号・70
条，令201条）。繰越控除とは，ある年度の損失を，後の年度の所得
と相殺することである。なお，純損失をそれ以前の年度の所得から
相殺する繰戻控除の制度も設けられている（140条以下）。

繰越控除は，雑損失（災害，盗難等による損失。2条1項26号・72
条）についても認められている。雑損失は，各種所得の計算（所得
源泉）で生じた純損失とは性質が異なり，いわば生活の中で生じた
損失である。繰越控除では，その年の前年以前3年内の各年に生じ
た雑損失の金額で控除しきれなかったものを，総所得金額，退職所
得金額，山林所得金額から順次控除する（71条，令204条1項2号）。

損益通算および損失繰越控除後の総所得金額，退職所得金額，山
林所得金額は，課税標準とよばれる（ただし，これらに税率が乗じら
れるのではない。）。

所 得 控 除 所得控除（納税者の人的背景を考慮するため
の控除）の金額が，総所得金額，山林所得
金額，退職所得金額から順次控除される（87条2項）。なお，所得
控除全般を通じて，高い税率を適用される者ほど，税負担の軽減が
大きいという問題があるため，次に述べるように，いくつかの所得
控除は，所得が大きくなると逓減・消失することとされている。さ

らに，税額控除方式への変更も議論されている。これらの控除は税負担の軽減によって納税者に利益を与えているが，税負担の生じない者（低所得者）にも利益を与えようとすると，給付を行うことになる。児童手当は，その一種である。

　所得控除の第1のカテゴリーとして，基礎控除（86条），扶養控除（84条，措法41条の16），配偶者控除（83条），配偶者特別控除（83条の2）があげられる。これらは，納税者自身や扶養義務のある家族の最低限度の生活のための所得は担税力をもたないという考え方から設けられたとされている。しかし，現行の金額で最低限の生活を維持できるか，逆に，富裕な人からも基礎控除をしなければならないかは疑問である。実際，基礎控除は，所得が高額になれば，逓減・消失するし，配偶者控除と配偶者特別控除についても，逓減や消失の規定が置かれている。また，扶養控除の対象に年齢16歳未満の者が含まれない（児童手当が支給される）ことも，所得控除という方法のもつ限界（たとえば，最貧層には何の恩恵も及ばないこと）を示している（2条1項34号の2）。

　これらの控除の対象となる扶養親族や控除対象配偶者は，納税者と生計を一にする者でなければならない（2条1項33号・34号）。また，ここでの親族や配偶者は，借用概念とされ，民法上の親族に限定されている（最判平成9年9月9日訟月44巻6号1009頁〈百選50〉など）。なお，1人が複数の者の扶養親族または控除対象配偶者に該当する場合について，控除を1つに制限するためのルールが設けられている（85条4項・5項）。

　第2のカテゴリーは，第1の延長にあるもので，障害者控除（79条），寡婦控除（80条），ひとり親控除（81条），勤労学生控除（82条）である。最低生活費が大きくなるためとされる。なお，寡婦控除では，事実婚が考慮される（2条1項30号イ(3)）。

第3に，雑損控除（72条→8①の**雑損控除**）と医療費控除（73条）がある。これらは，納税者の人的損失を考慮するものである。ただし，一定の額以下であれば，考慮されない。また，たとえば自費による医療のように，より豊かな者の利用機会が大きく，税負担の軽減も大きいという問題がある。

第4は，社会保険料控除（74条），小規模企業共済等掛金控除（75条）で，これらは，法律によって加入が義務づけられている負担の控除である。

第5は，生命保険料控除（76条），地震保険料控除（77条），寄附金控除（78条）である。これらは，以上の控除とは異なり，納税者の選択による支出に対する控除であるから，そのような支出を奨励するための優遇措置としての性質をもつ。これらには限度額が設けられており，たとえば寄附金控除は，総所得金額，退職所得金額および山林所得金額の合計額の40％までしか認められない（78条1項1号）。なお，一定の寄附金については，所得控除にかえて税額控除（所得金額ではなく，税額から控除すること。）を選択することができる（措法41条の18第2項・41条の18の2第2項・41条の18の3）。

税率・税額控除　所得控除後の金額が，税率の適用の対象となる課税総所得金額，課税退職所得金額または課税山林所得金額となる（89条2項）。

退職所得と山林所得が，損益通算と純損失の繰越控除を除き，それ以外の所得と交じりあうことはなく，他の所得種類とは別に，税率が乗じられることに注意すべきである。これは，所得税法の内部における分離課税である。

算出された税額から，配当（92条）と外国税額（95条）の税額控除が行われ，最終的な税負担の金額となる。なお，政策目的による特別な税額控除も設けられている（住宅の耐震改修について措法41条

の 19 の 2，試験研究に関する事項について措法 10 条など）。

平均課税
長期的に発生した所得に対して一時に累進税率を適用すると，平均して課税を受けた場合に比べて税負担が重くなる。これを，束ね効果（bunching effect）という。この効果を緩和するために，変動所得（著作権からの一時的な所得など年々の変動の著しい所得で政令が限定列挙するもの。2条 1 項 23 号，令 7 条の 2），臨時所得（一時に取得する契約金等の臨時に発生する所得。2 条 1 項 24 号，令 8 条）に対する平均課税の制度が設けられている（90 条）。計算は複雑であるが，基本的な考え方は，これらの所得の 5 分の 1 に対して税率を乗じた金額を 5 倍する（5分 5 乗という。）という方法である。計算が複雑になるのは，平均課税の対象外である所得との区別が必要だからである。

なお，山林所得については，分離課税であることから，単純な 5分 5 乗方式がとられている（89 条 1 項）。長期譲渡所得と一時所得の 2 分の 1 課税も，束ね効果の緩和のためである。

3 収入金額

① 基礎的考察

所得概念規定
収入金額は，各種所得のいずれにおいても，計算の出発点となっている。措置法上の分離課税でも，これに変わりはない。収入金額に関する 36 条は，すべての所得種類に共通する通則規定であり，所得の範囲（所得概念）を定めた規定ということになる。

36 条 1 項は，収入金額を「収入すべき金額」と定めるのみであるから，論理的に循環しており，定義とはなっていない。このため，

「収入」または「収入すべき金額」という文言についての解釈が必要となる。

　前述した未実現利益や帰属所得の非課税も，この解釈として導かれる。また，これから検討するように，ほかにも解釈によって収入金額に含まれない（非課税となる）場合がある。

　もっとも，原則として収入金額の概念は包括的に捉えられ，除外にはそのための規定が必要と考えられる（神戸地判昭和59年3月21日訟月30巻8号1485頁）。

　36条1項の定める収入金額の内容は，「別段の定め」がある場合はそれに従う。たとえば39条〜44条・64条〜67条の4が重要であるが，それ以外の規定や措置法にも多くの定めがある。

経済的な利益

収入金額には，金銭だけでなく，物や権利その他経済的な利益の価額が含まれる（36条1項かっこ書）。「価額」とは時価を意味するが，その算定の時点は，物や権利を取得し，またはその利益を享受する時とされている（同条2項）。「経済的な」の内容は明らかではない。たとえば，親密な関係で受けるケアは，経済的な利益ではないとされる可能性がある。

収入と金銭

収入金額が，金銭か，金銭以外の経済的な利益かで，違いはあるか。いま，ある財産権を相手方に移転し，その代金の支払いを受ける取引（売買）を考えよう。たとえば，AさんがBさんに物を売って金銭を得たとする。Aさんには，金銭が収入金額となる。しかし，金銭を支払って物を得た相手のBさんには，収入金額はない。

　ところが，当事者が互いに金銭以外の財産権を移転する取引（交換），たとえば，AさんとBさんが物と物を交換した場合を考えると，どちらにも収入金額がある。代価として得られた物は，経済的

な利益とされ，交換時の時価が収入金額に算入される。

　この違いは，最初，直感的に理解するのが非常に難しい。金銭を対価に取得した物が経済的な利益でないのは，なぜなのだろう（物々交換ではそうなのに！）。法の文言には手掛りすらない。解釈論としても，36条のもとで金銭と物とを非対称的に扱うことができるのか，それにいかなる合理性があるのか，考えていけば，さらに疑問は深まる。

**相殺？
出て行ったもの？**

　1つの説明は，金銭を支払って物を得ても，両方をあわせて考えると，つまり，出て行った金銭と入ってきた物との「経済的な利益」を相殺すると，何も残らない，だからネット（差引，純額）で経済的な利益はない，という見方である。

　しかし，物々交換の場合も，同じ価値のものを交換しているかぎり，ネットで経済的な利益はない。相殺の考え方は，ここでは無理である。

　このことから窺われるのは，収入から所得を考えていることが，本質を外しているのではないかということである。Bさんのことをみてほしい。収入という行為を考えているかぎり，どちらの取引でも物が入ってきている。にもかかわらず，金銭を出せば収入金額はなく，物を出せばある。収入金額があるかどうかは，入ってきた方ではなく，出て行った方で決まるのではないか。

所得の発生

　この基礎的考察は，所得の本質を示唆している。それは，保有していた物や生産した物の価値の増加である。取引で新たに得たものではない。わかりやすくいうと，買った時の値段や作るための費用と，売った時の値段の差である。物が取引で出て行く（譲渡される）時，価値の増加を，入ってくる対価を利用して，捉えようとしているのである。所得は，

保有や生産による価値の増加として発生しており，入ってくる対価（収入）は，その反映にすぎない。収入という言葉は，たしかに入ってくる物を想起されるが，本当は，出て行った物が鍵を握っているのである。

　サービス（役務）の提供でも，同様に，提供をすることが，所得を生み出すと考えられる。ここでも，収入は，発生した所得を間接的に捉えるものにすぎない。

　金銭は価格の変動がないから，金銭を出した場合は，収入金額を考える必要がない。手形，小切手，クレジットカードによる支払いや，それ以外の金銭債務（会計では買掛金という。）の負担も，金銭を出した場合と同じに考えられる。

　なお，価値の変動には，インフレなどによる貨幣価値の変動を含めない。貨幣自体が，価値変動をはかる基準である。

2　権利の確定

2つの役割　　　36条1項の「収入すべき」の文言は，「収入する権利の確定した」という意味に理解されている。権利とは，法律（主に私法）上の権利である。これは，現在は廃止されている国税庁通達に由来し，最高裁も採用する解釈である（たとえば最決昭和40年9月8日刑集19巻6号630頁）。これを権利確定主義という。ここで，「収入すべき」の文言は，2つの役割をはたしている。

　1つは，収入金額の範囲を画する役割である。権利の確定がなければ収入金額ではないことになる。

　もう1つは，いつ収入金額を認識するのかを決める役割である。「収入した」とはされていないことから，現金主義（現金を収受するまで収入（収益）を認識しないという処理）ではないことになる（→ *6*

①の所得の発生と認識）。

　この2つは，はっきりと区別する必要がある。収入金額とされないのであれば，永久に課税を受けることはない。しかし，まだ課税時期にないというのであれば，将来，課税を受けることになる。以下では，前者を検討しよう。

権利のない収入　権利確定主義は，対価に対する法律上の権利の確定を求める。このことをそのまま受け取ると，法律上の権利が確定しなければ，収入金額ではないことになる。

　しかし，前述した所得の発生は，対価の法律上の性質によって左右されないはずである。たとえば，取得後に値上がりした農地を譲渡したが，農業委員会の許可を受けていない場合，譲渡は無効であるから（農地法3条6項），対価に対する権利の確定はない。けれども，だからといって，土地が値上がりしていること，つまり所得が発生しているという事実を否定することはできない。

管理支配　そこで，「収入」（対価）に着目しつつ，権利確定がない場合にも課税ができるようにするため，管理支配基準がもち出される。管理支配基準とは，対価に対する現実のまたは経済的な支配（納税者のコントロールのもとに入ること）があれば，収入金額と認識するという基準である。しかし，2つの問題がある。

　第1は，もちろん，管理支配とは何かである。おそらく多様な理解の可能性があり，法的安定性の点で権利確定よりも劣っていると思われる。

　第2は，管理支配基準がいつ用いられるかがはっきりしないことである。この基準は，権利確定主義を全面的におきかえるのではなく，権利確定主義では不都合なときに，いわば補完的に主張される。

しかし，それがどんなときかは明確ではない。この点も，法的安定性を損なう。

違法な収入金額　管理支配基準が用いられる領域として，違法な行為によって得た収入金額（違法所得ともいわれる。）がある。たとえば，詐欺，強迫，さらに，窃盗，横領によって得た財物がこれにあたる。

今日，一般に，違法所得も課税の対象とされる。これは，所得源泉の無差別を標榜した包括的所得概念の1つの帰結でもある。しかし，窃盗，横領で得た財物は，所有権の取得がないため，権利確定主義では収入金額とすることができない。そこで，管理支配基準を用いて，収入金額とするのである。しかし，権利確定主義を尊重し，所有権の取得がなければ収入金額としないという解釈も可能であり，実際，1970（昭和45）年改正前の国税庁通達は，そのように扱っていた。

なお，管理支配基準も，権利確定主義と同様，収入金額の範囲を画する役割だけでなく，課税時期の確定の役割をもはたしている。

3　相殺的債務

借　入　借りたお金は，収入金額に含まれない。物を借りて使ってしまっても（消費貸借），その物の価額が収入金額とされることはない。これも，最初は理解しづらいことである。

借りたお金や物は，借りた人がそれを保有する権利を取得している。また，それらは，借りた人自身の財物と同様に管理支配を受けている。これらを収入金額から除外するという明文の規定はない。

収入金額が生じないことの説明として，借入による財産増加は，そのことにより発生した返済の債務により相殺され，純資産の増加

が認められないことが考えられる。注意すべきことは，収入金額の概念が純資産の増加を含意しており，流入した財貨とそれによって発生した債務（相殺的債務）との相殺計算が暗黙のうちに行われることである。

ただし，借入が真正なものでないときや，その全部または一部が借入と認められないときは，この相殺は生じない。したがって，返済の意思がない場合や返済能力が認められない場合には，別の定めがないかぎり，借入とされた額は収入金額となる（贈与の可能性もある。）。

また，借入を返済しても，収入金額は生じない。債務の消滅による経済的な利益が，債務返済による積極財産の減少と相殺されるためである。ただし，第三者による弁済や現物による弁済では，債務の金額が収入金額となることがある。

違法な収入と債務

前述のように，違法な原因にもとづいて取得した金銭その他資産も，管理支配基準により，収入金額を構成する。

しかし，この場合も，財物の返還や損害賠償などの相殺的債務は生じうる。相殺的債務が確実に発生し，その履行を免れることができない場合，借入の場合と同様，収入金額は認識できないと考えられる。さらに，たとえばこれらの犯罪が発覚して取得物を返還した場合，収入金額はさかのぼって失われると考えられる。

両建計上

財産犯の被害者には，財貨が失われたことによる損失が発生する。しかし，同時に，財物の返還や損害賠償の請求権が発生しうる。請求権が生じたときは，被害に遭ったことだけでは損失を出すことはできず，そのためには債権の行使可能性がないといった事実がさらに必要と考えられる（基通51-7・72-6による見積り）。具体的には，加害者が特定で

きない場合などは被害額を損失（雑損控除の対象など）とするが，特定できる場合には損害賠償債権を計上し，加害者の資力などにより全部または一部の履行可能性がないことが判明した時点で，あらためて損失の計上を行うことになろう。

このような処理は，簿記において，損害の金額を借方に，その賠償債権の金額を貸方に，それぞれ相殺的に計上することから，両建計上とよばれることがある。

4 非 課 税

9条1項は，各号に掲げる所得に対して，所得税を課さないと定めている。ここで「所得」といわれているものの大半は，収入金額である。

ただし，一部は純額（収入から費用を引いた金額）としての譲渡益である（同項9号・10号）。これらに生じた損失は，ないものとされる（9条2項）。

なお，租税特別措置法や，社会保障法などの租税法以外の法律にも，非課税規定が存在している。また，以下で検討するように，法令上の非課税に該当しなくても，収入金額となるかには吟味が必要である。

1 フリンジ・ベネフィット

フリンジとは
被用者が被用者としての地位にもとづいて使用者から受ける給付には，給与以外の経済的利益も存在する。これをフリンジ・ベネフィット（fringe benefit，付随的給付）またはフリンジという。

たとえば，年金や保険の雇用者負担，教育，食事，娯楽，住居，

商品の無償または低額提供，通勤費の支給などがある。さらに，た
とえば駐車場の提供やオフィスの空調といった労働条件の改善
（working condition fringe）も問題とされうる。

　フリンジは，収入金額の概念（所得概念）の検討には格好の素材
である。

心理的満足

　　　　　　　　　　　　フリンジに対する課税は，被用者自身にと
　　　　　　　　　　　　って，それが「経済的な利益」（36条1項）
となるかにより判断するのが原則である。包括的所得概念の提唱者
であるサイモンズは，皇族のオペラ鑑賞を警護する侍従武官を例に
あげている。侍従武官がもしオペラ好きであれば，付添いとして一
流のオペラに接することは大きな心理的満足であり，所得（経済的
な利益）とみるべきであろう。しかし，もしオペラが嫌いであれば，
それは単なる勤務であり，通常より苦痛を感じるかもしれない。心
理的満足の有無は，多くのフリンジに関して問題となる。

任意性

　　　　　　　　　　　　関連する要素として，フリンジが被用者の
　　　　　　　　　　　　任意によるものかどうかがある。福利厚生
として従業員一律に行われるスポーツや慰安旅行から得られる心理
的満足には，人によって大きな違いがあり，中には参加を望まない
者もいる。たとえば，海外への慰安旅行の非課税を認めた判決は，
被用者は行事に参加せざるをえない面があり，その経済的な利益を
自由に処分できないことを理由としてあげている（大阪高判昭和63
年3月31日訟月34巻10号2096頁）。

　通達は，社会通念上一般的と認められるレクリエーションの利益
を非課税としている（基通36-30）。ただし，自己都合による不参加
者に対して参加にかえて金銭を支給する場合や役員だけを対象とし
て行事の費用負担を行う場合は，参加者と金銭を受け取った非参加
者の全員が課税される（選択不可の原則）。

通達が触れていない福利厚生も，被用者に非課税とされている。たとえば，使用者の有するスポーツ施設などの福利厚生施設の利用がある。ただし，役員だけしか利用できないといった場合，無差別扱いの原則から，課税が行われる（基通36-29）。

強制加入である健康保険や公的年金の使用者負担部分についても，任意性の欠如がいえる。これらは，明文の根拠はないが，被用者に課税されていない。

評　価

任意性の議論は，フリンジが課税を受ける場合にも，その評価（金額算定）について問題となる。収入金額とされる金額は，経済的な利益の価額（時価）とされている（36条2項）。しかし，たとえば，業績不振の企業がボーナスを引き下げ，かわりにその企業の商品を渡した場合，商品の時価（販売価額）で課税をしてよいかどうかは問題である。こうした報酬を望まない従業員も多いからである。

たとえば，通達は，食事の支給（基通36-38・36-38の2），社宅の提供（基通36-40〜36-48），値引販売や提供（基通36-23・36-29）について，一定の対価を収受していれば非課税とする。

費用弁償

被用者の職務遂行上必要な費用に充てるためまたは被用者が支出した費用を弁償するため，使用者が被用者に支給する金員は，被用者に固有の経済的な利益とならないかぎり，課税されることはない。たとえば，運送業者に雇われた運転手がパンクの修理代を支払い，後に弁償を受けても，非課税である。その理由は，特別な事情のないかぎり，被用者の職務遂行の費用は使用者負担とされており，支出の主体は使用者であって，被用者はそれを一時的に立て替えているだけとみられるためである。非課税に法令上の根拠はなく，その必要もない。収入金額が生じていないからである。

なお，給与所得には必要経費控除がないから（→ 7⑤），もし費用弁償を収入金額と捉えると，対応する費用控除ができないことも理由となろう。被用者が費用を支出しても，控除の途はない。

　費用弁償の例として，旅費をあげることができる。職務を遂行するために行う旅行などの費用で，その旅行について通常必要と認められる金員は非課税とされている（9条1項4号）。

　ただし，ここでの旅費は，交通費にかぎらず，宿泊費や日当その他の諸雑費を含むとされている（基通9-3参照）。したがって，旅行をしなくても発生する支出を含み，消費の要素を払拭できない。非課税規定がおかれたのは，このためと考えられる。旅行中のそうした支出は日常生活におけるより不可避に大きくなるから，選択の余地が狭まることとあわせると，非課税は合理的と考えられる。

　なお，いわゆるわたしきり旅費（年額または月額で支給され，余っても返還されないもの）について，通達は，出張などの実情に照らして明らかに必要とされる部分を非課税としている（基通28-3）。

使用者の便宜

　以上は，フリンジを被用者側からみたものであるが，使用者側の事情も判断の要素となる。それは，使用者の便宜という観点である。たとえば，残業夜食や宿直施設のように，被用者にとって消費の要素は否定できないが，その提供がもっぱら使用者の便宜のために行われる場合，非課税とすべきであるという考え方である。

　米国では，使用者の便宜のためのフリンジ全般を，一定の要件のもとで非課税とする規定が存在する。被用者の消費の要素を捨象する基準を示す規定と考えられる。

　日本にも，職務上の欠くことのできない現物の支給を非課税とする規定がある（9条1項6号，令21条）。使用者の便宜の一部をカバーしているだけであるが，被用者の消費の要素が混在するため，

非課税規定が設けられたと考えられる。ただし，費用弁償にあたる場合も含まれている。通達は，実定法による非課税の範囲を拡大している（基通9‐7・9‐8・9‐10）。

通達はさらに，残業や宿日直の食事を非課税としている（基通36‐24）。使用者の便宜の観点から，「収入金額」を解釈したものと位置づけられる。

子育て支援・学資金・
教育研修

法令や通達の扱う例を，さらに取り上げよう。

国や自治体から支給される金品で保育を主とする子育てを助成するもの（たとえば，ベビーシッター利用料の助成）は，非課税である（9条1項16号）。

学資に充てるため給付される金品は，給与その他対価の性質を有するものを除き，収入金額に算入されない（9条1項15号）。学術奨励の観点から非課税とされている。その範囲は平成28（2016）年度改正により拡大され，使用者から通常の給与に加算して受けるもの（「学資金」という。）は，使用者の役員および使用人とこれらの者の親族に対するものを除き，対価の性質があっても収入金額に含まれないこととされた（同号かっこ書）。この改正までは，対価の性質があればすべて課税されていたため，被用者たる地位にもとづいて与えられた場合，原則として課税の対象とされていた。たとえば，短期大学の授業料について，裁判所はほとんど吟味をすることなく対価性を認めていた（東京地判昭和44年12月25日行集20巻12号1757頁）。

もっとも，非課税とされるのは，通常の給与に「加算して受けるもの」と規定されており，通達は，通常の給与に代えて給付されるものは非課税とはならないとしている（基通9‐14）。このため，どのように両者を区別するかが問題となろう。

今日，大学や大学院への企業派遣が著しく増加しているが，事業との関連性があれば，企業が大学等に直接支払った授業料などは，被用者が「加算して受けるもの」に該当しないとしても，被用者に課税されることはないと思われる。実際，非課税の範囲が拡大される以前の通達は，使用者が被用者の職務に直接必要な技術や知識の習得，免許や資格の取得のための研修会，講習会や大学等の聴講費用に充てるものとして被用者に支給する金員を，非課税としていた。この非課税の判断は，被用者の利益の有無ではなく，教育研修の目的や必要性が使用者の業務遂行にもとづくかによると考えられる。これは，使用者の便宜の観点である。

交際費

被用者が職務として行う交際行為（得意先等との飲食や娯楽など）は，いくつかの要素をあわせもっている。飲食や娯楽は本質的に消費であるが，侍従武官の例のように，経済的利益とは認められない場合はある。また，交際行為は使用者の事業のためであるから，使用者の便宜とも考えられる。

実務において，被用者が受ける経済的利益の捕捉は困難であり，役員等が自らの遊興を目的とする場合を除いて，課税はないと考えられる。現金による交際費支給についても，通達は，これを原則給与としつつ，使用実績の明らかなものを非課税としている（基通28-4）。

通勤手当

非課税規定（9条1項5号）が存在しなかった時代，最高裁は通勤手当が給与所得に含まれるとした（最判昭和37年8月10日民集16巻8号1749頁）。しかし，既にその当時，通達は国家公務員の通勤手当を基準とする非課税扱いを定めていた。これは，一定の通勤手当が収入金額に該当しないという理解を示している。その理由は，被用者にとっての費用

としての性質が含まれているためと考えられる。

　しかし，住居地の選択は基本的には被用者の任意であるから，消費の部分も含まれているはずである。現在は，法令が形式基準で非課税の範囲を決めている（令20条の2）。

　なお，比較的緩やかな非課税が認められる旅費との区分も問題となりうる。通勤費とは，住所地から通常の勤務地までの交通費と考えられるが，季節労働等で一定期間住所地を離れる場合などが問題となろう（非常勤役員等について基通9-5）。

損害賠償金

被用者の行為に基因する損害賠償を使用者が負担した場合，その行為が使用者の業務遂行に関連し，かつ，被用者に故意または重過失がなかった場合には，被用者に経済的な利益はないものとされる（基通36-33）。通達は，これ以外の場合を被用者に対する給与としつつ，その支払能力から被用者に負担させることができない場合も，非課税としている。

通達課税の問題

以上のように，フリンジについては，通達が様々な規定をおいており，いわゆる通達課税の領域となっている。特に問題となるのは，非課税に関する表現（「（税務署長は）課税しなくて差し支えない。」……課税してもいいのか？）や，「社会通念上相当と認められる」という基準である。

　通達が法令の非課税を拡大している例もみたが，たとえば無利息融資等（基通36-28）については，疑問が残る。また，役員等に対する豪華な社宅の提供は，公平課税の点で社会的に問題となったこともある。

② 債務の免除

強制換価手続と譲渡損益

資力を喪失して債務を弁済することが著しく困難である場合，強制換価手続における資産譲渡にもとづく一定の所得が非課税とされる（9条1項10号）。たとえば，4千万円の金銭債務を返済できないため，取得価額1千万円，時価3千万円の担保物が譲渡された場合，譲渡益（値上がり益）である2千万円がこの規定により非課税となる。この非課税の反射として，譲渡損失は控除することができない（同条2項2号）。

債務消滅による利益

債務の一部または全部を免除されることは，債務の消滅または減少という経済的な利益をもたらすから，原則として収入金額を構成する（東京地判昭和54年3月5日税資104号580頁）。しかし，破産法の規定による免責許可や資力を喪失して債務を弁済することが著しく困難である場合に債務の免除を受けたときは，これによる経済的な利益は，一定の範囲で非課税とされる（44条の2，措法28条の2の2）。債務の免除により受ける経済的な利益は形式的なものであり，これを課税所得として捉えることは実情にそぐわないという説明が行われている。

また，納税者が租税の支払能力を失っている場合には，納税の猶予（通法46条）や滞納処分の執行の停止（徴法153条）の適用可能性がある。

納税者が死亡し，その納税者が残した財産で債務が弁済されなかった場合（相続人が弁済した場合や相続が放棄された場合）も，課税は行われていないものと思われる。

③　関連者間の移転

扶養義務の履行

扶養義務者相互間において扶養義務を履行するため給付される金品は，非課税である（9条1項15号）。個人を単位とする税制では，このような金員も受領者の純資産を増加させる。家族間の財貨の移転にどこまで課税をするかは，課税単位に関係した問題である。なお，次にみるように，扶養義務の履行の範囲を超えた金品の移転も，贈与として非課税となる。贈与税については，扶養義務履行の非課税要件として「通常必要と認められる」ことが求められている（相法21条の3第1項2号）。

扶養義務の履行や贈与は，履行や贈与をした納税者の所得の処分であり，包括的所得概念のもとで消費と考えられるから，控除は認められない。受領者への非課税をこれに対応したものとみるかは，1つの論点である。

相続・贈与

相続，遺贈または個人からの贈与により取得する財産は，非課税である（9条1項17号）。著しく低い価額による財産の取得や債務免除も，贈与とみなされて（相法7条・8条），この規定の適用を受ける。

④　損害の補てん

保険金・損害賠償金

保険金および損害賠償金等で，心身に加えられた損害または突発的な事故により資産に加えられた損害によるものは，非課税である（9条1項17号）。非課税の趣旨は，一般には，担税力の考慮にあるとされるが，そこから具体性のある解釈や立法論を引き出すことはできないであろう（「税制調査会答申及びその審議の内容と経過の説明」（1961年12月）参照）。

しかし，理論的に説明できる部分もある。

原資の回復

たとえば，1億円で取得した資産が取得直後に相手方に全部の責任がある事故によって全損し，賠償として同じ資産を取得した場合，所得の発生は何もない。1億円の損害賠償金や保険金の支払いを受けた場合も同じである。ただし，損害による損失の控除があれば，受け取った金銭や資産を非課税とすることはできない（51条1項・3項，72条1項等参照）。

より抽象的には，次のようにもいえる。所得課税が対象とするのは，所得すなわち利益あるいは増加益であり，原資や元本を課税の対象とすることはできない。損害賠償や損害保険給付は，原資を回復するものであるから，もともと所得ではない。

心身に加えられた損害

心身に加えられた損害にも，同様の説明ができる。損害に対する賠償や保険給付は，損害の原状回復をはかり，補てんをするものであるから，納税者には純資産の増加や消費は認められず，所得の発生がないとする説明である。実際，米国には，このような損害賠償金を所得ではないとした判決がある（*Murphy v. I.R.S.*, 460 F.3d 79（D.C. Cir. 2006））。ただし，特に精神的損害の評価は困難である。

しかし，9条1項18号による非課税はここでは止まらない。損害を受けた資産が取得後に値上がりしていたため，取得に要した費用を超える金額の損害賠償金を受け取ったときも，全額が非課税である。所得補償等の損害などがなければ課税の対象となる収入も，損害賠償や保険金として支払われれば，課税されない（基通9-22）。理論的には説明できないところである。

なお，損害賠償額の算定において，税負担をどう考慮するかが問題となろう。

| 損害賠償金の範囲 | 解釈上問題となるのは，「損害賠償金（これらに類するものを含む。）」の具体的範囲

である（令30条）。たとえば，居宅が不法占拠された場合，損害賠償として受け取るか使用料として受け取るかは，法形式だけの違いとも考えられる。

　「必要経費に算入される金額を補てんするための金額」（令30条）が非課税の対象から除かれる理由は，控除と非課税が二重になるためである。たとえば，事業主が交通事故に遭って休業し，その加害者が，休業期間について事業主がその被用者に支払わなければならない賃金を，損害賠償金として事業主に支払った場合が，これにあたる（基通9-19）。

　なお，事業所得等の収入金額にかわる一定の保険金等については，非課税の対象ではない（令94条1項）。たとえば，商品の盗難に対する保険金は，収入金額に算入される。

　損害賠償が事実上，資産の譲渡代価等に含まれる場合があるが，裁判例は実質的な判断を行っている。たとえば，公害企業に買い取らせた土地代価を損害賠償とは認めなかった事例（釧路地判平成4年3月17日税資188号666頁），和解により受け取った損害賠償金を売買代金とした事例（札幌地判平成3年2月5日シュト355号36頁）がある。保険金や損害賠償金の支払いを受ける者と，損害を受けた者とが異なる場合も，非課税が認められる場合がある（基通9-20）。

5 費用控除

① 基礎的考察

費用控除とは

　　　所得計算において，収入金額を獲得するために費やされた財貨や負担された債務を費用といい，それを収入金額から控除することを費用控除という。費用控除は，原資すなわち投下資本の回収部分に課税が及ぶことを避ける目的から行われる。原資への課税は，所得課税ではない。

　ただし，原資への課税を所得税法で規定することはできる。現行所得税法も，完全な費用控除を認めているわけではない。

費用収益対応

　　　費用は，収入金額（会計では収益）を獲得するために費やされたものであるから，収益との対応が必要である。会計では，これを費用収益対応の原則という。費用は，この対応のあり方により，原価，費用（狭義の費用）および損失に区分される。法人税法は，この区分に忠実に作られている（法法22条3項各号）。

原　　価

　　　原価とは，会計では，資産の取得または生産のために費やされた財貨を，金銭的に量定したものをいう。以下では，これを取得原価という。

　取得原価は，その資産の販売による収益が実現された時に，費用とされる。取得原価は，販売という事実を通じて，収益と個別的に対応する。たとえば，第1年度に取得した資産を第2年度に販売した場合，取得のための支出が費用とされるのは，第2年度である。取得原価は，第1年度には未費消であり，第2年度に費消される。

　これに対して，所得税法は，取得原価を，取得費（譲渡所得の場

合）または取得価額（譲渡所得以外の場合）とよぶ。

　また，租税法で原価または売上原価というときは，その年度に控除される取得原価をさしている（37条1項，法法22条3項1号）。会計での費消原価にあたる。

費　用

費用（狭義の費用）とは，このような収益との個別的対応関係が認められないため，期間の経過に従って控除されるものをいう。たとえば，店舗の地代家賃，水道光熱費，販売員の給与等がこれにあたる。ただし，租税法では，債務の確定が必要とされている（37条1項第2かっこ書→4の**債務の確定**）。

損　失

損失とは，非自発的で偶発的に発生する資産の減少または債務の発生をいう。天災等による資産の滅失や債権の貸倒れがその典型である。たとえば事故による設備の毀損を考えると理解できるように，収益獲得との間には，不可避性ないし緩やかな関連性が認められるにすぎない。売掛金の貸倒れや商品の滅失のように，経常的に生じるため，費用との区分が困難な場合もある。

　損失の控除については，法人税法には包括的な規定がおかれているが（法法22条3項3号），所得税法にはなく，損益通算の制限や消費生活上の損失との関係から複雑な構造になっている（→ **8**）。

所得税法上の控除項目

原価と費用が，所得税法上，どのように規定されているかをみよう。費用控除が認められる項目として，必要経費と取得費がある。

　なお，いずれにも該当しなければ，たとえ費用性があっても，後述する損失として控除される場合を除き，控除されることはない。

　また，たとえば給与所得のように，必要経費と取得費のどちらの控除も認められていない所得種類がある。

必要経費には，原価と費用の両者が含まれ
る（37 条 1 項）。すなわち，「売上原価その
他当該総収入金額を得るため直接に要した費用」は原価を，「販売
費，一般管理費その他これらの所得を生ずべき業務について生じた
費用」は費用のことを述べている。

　必要経費控除は，収入金額と同様，「別段の定め」がある場合は
それに従う。別段の定めにあたるのは，所得税法では主に 45 条
～57 条・63 条～67 条であるが，租税特別措置法にも定めがある。

　必要経費の範囲は，事業活動（業務）と直接関係をもち，かつ，
事業遂行上必要といえるかによって画されてきたが（たとえば，東
京地判平成 23 年 8 月 9 日判時 2145 号 17 頁），業務との直接関係は要さ
ないとした裁判例が現れている（前掲判決の控訴審東京高判平成 24 年
9 月 19 日判時 2170 号 20 頁）。相当因果関係内の経費といわれること
もある（富山地判昭和 48 年 2 月 9 日行集 24 巻 1 = 2 号 61 頁）。必要経費
をめぐって多数の争訟が発生してきたが，個人消費との区分に関す
るものが多い（消費と費用→③）。なお，必要性に加えて通常性を要
求する考え方がある（→④の**不法行為のための費用**）。

取得費とは，取得に要した金額ならびに設
備費および改良費であり，原価にあたる。
取得費は，譲渡所得だけにかかわる控除項目である（38 条 1 項）。
取得費が必要経費とは別に設けられていることから，譲渡所得では
狭義の費用の控除は認められないことがわかる。

　取得費の規定は，所得金額の計算の通則に位置づけられている。
このことから，譲渡所得がきわめて重要な所得種類であることが窺
われる。

2 資産とその費用控除

資産とは　資産という語は，財産や富を想起させる。しかし，租税法や会計では，支出（債務負担を含む。）は行われたが，費用収益対応の原則から，費用控除や費用認識が認められない状態にある金額（未費消原価）を意味する。つまり，資産とは，その年度に控除できなかった支出であり，将来の費用である。同一の支出があるとき，資産が増加すれば，税負担は重くなる。

支出を資産として計上することを，原価集合（または資産化）という（→①の原価）。原価集合した金額が，取得価額（取得費）である。いいかえれば，取得価額（取得費）は，資産を金額として表現したものである。取得価額を各年度に費用とすることを，原価配分という。所得税法は，資産を，棚卸資産，有価証券，固定資産，繰延資産としている。

売上原価　その年度に販売された棚卸資産（2条1項16号，商品や製品）に対応する取得原価を，売上原価という。たとえば，商品の仕入れのための支出は，それが販売された時，売上原価として必要経費に算入される。

売上原価の算出（原価配分）は，棚卸計算法による（47条）。棚卸計算法とは，期首の有り高と仕入れを加え，期末の有り高を控除することにより，当期の売上原価を算出する方法である。控除額を決める鍵は，期末の有り高を評価する方法になるが，取得原価にもとづく原価法だけでなく，時価と原価の低い方を用いる低価法が認められている（令99条1項2号）。

有価証券についても，類似した方法がとられる（48条）。

Column ⑤　研究開発と資産概念 ━━━━━━━━━━━━━━━━━━━━━━━━

　研究開発によって特許権等の知的財産権を得た場合，費用収益対応の原則からは，研究開発のための支出を知的財産権の取得費として計上し（支出時に必要経費とするのでなく），知的財産権のもたらす収益に対応して償却（必要経費に算入）すべきことになる。同様のことは，ノウハウ等のいわゆる無形資産についてもいえるはずである。さらに，新しい市場の開拓のための支出，たとえば市場リサーチや広告宣伝のための支出も，その効果（新市場からの収益）に応じて，費用とすべきことになる。従業員の研修や教育も，将来に効果を発揮する。

　これらのうち，特許権など知的財産権の一部は，減価償却資産たる無形固定資産（令6条8号）とされている。しかし，「研究開発費等に係る会計基準」（企業会計審議会，1998年）は，研究開発費はすべて発生時（支出時）の費用としなければならないとしており，租税法でも原則として会計基準に従った処理をすることから（法法22条4項参照），研究開発費は支出時に必要経費とされ，特許権が資産となるのは，他の主体から取得した場合にかぎられることになる。

　市場開拓の支出は，開発費として繰延資産とされているが（令7条1項2号），開業費とともに任意の償却が可能であり，支出時に全額を費用とすることもできる（50条，令137条3項）。これら以外で将来に効果が発揮される支出は，任意の償却が不可能な繰延資産（令7条1項3号・137条1項2号）に該当しないかぎり，支出時の必要経費になると考えられる。

　こうした処理は，費用収益対応の原則からは疑問である。しかし，仮に資産化を求めた場合，どの範囲の支出が対象となるかは不明確である（失敗した研究も，その後の成功に役立つかもしれない。）。また，将来のどの時点まで，どれだけの収益を生み出すかも，予測困難である。会計で支出時の費用処理が求められた理由は，こうした点が客観性，比較可能性を損なうことにあった。租税法でも，そうだろうか。租税法における資産の概念が問われている。

━━━

Column ⑥　負の課税（negative tax）━━━━━━━━━━━━━━━━━━━━━

　第1年度末日に1,000の資金を借り入れ，株式を取得する。借入利子率と株式の値上がりを，どちらも10％としよう。税率は35％とする。1年後，株式を1,100で売却し，借入の元利合計1,100を支払うから，経済的には利益はない。

　課税上も，株式を資産計上し，収益と費用が対応して計上されるなら，損益は発生しない。

　ところが，投資額を資産計上しなければどうなるだろうか。第1年度，1,000の投資額は即時に費用になるので，これを相殺する所得がほかに存在するなら，税額は350軽減される。したがって，借入額は650でよいことになる。

　第2年度，株式売却による収入金額は1,100，原価は0となる。支払利子65が費用となる。したがって，第2年度におけるこの投資による所得は1,035，税額は362.25である。債権者に支払う金額は元利合計で715である。そうすると，結局，22.75が手元に残ることになる。つまり，経済的には，あるいは課税前には何ら利益を生み出さない投資から，課税後においては22.75の利益が得られたわけである。

　こうした現象は，負の課税（negative tax）とよばれる。負の課税は，タックス・シェルターの構成要素として利用される。

━━

減価償却

　減価償却資産（2条1項19号）とは，固定資産のうち複数の年度にわたって用益を発揮し，数量的減少がない性質をもつものをいう。減価償却によって費用を認識する（49条）。減価償却とは，資産の取得原価をその利用可能な期間（耐用年数）に配分し（原価配分），これを減価償却費として控除してゆくことである。たとえば，10年間使える設備の取得原価は，10年間にわたって費用とする（これを「償却する」という）。繰延資産（2条1項20号）もほぼ同様に費用を認識する（50

条）。

| 減価償却の方法 | 減価償却費は，会計では，取得費（取得価 |

減価償却費は，会計では，取得費（取得価額ともいう。）から残存価額（スクラップとしての価値）を控除した金額を耐用年数で除した金額（定額法），または，取得費に一定の数値を乗じた金額（定率法）のいずれかを主な方法として算定される。取得費は，毎年度，減価償却費を減じた金額となる。定率法で乗ずる数値は，耐用年数を経過した時点で取得費が残存価額となるよう設定される。

　しかし，租税法では，残存価額はゼロとされる（ただし，最後の1円は償却できない場合がある。令134条1項2号イ）。このとき，定額法は可能であるが，定率法は成り立たない。このため，耐用年数の逆数を2倍（取得年度によっては2.5倍）した数を用いる特殊な定率法（200％または250％定率法）が用いられている（令120条の2第1項2号ロ）。

| 取得費調整 | 減価償却資産を譲渡した時に算定される譲 |

減価償却資産を譲渡した時に算定される譲渡損益の計算のため，資産の取得費（取得価額）は，減価償却を行った金額だけ減額される（38条2項1号）。これをしなければ，資産の減価が，減価償却と譲渡損失で，二重に控除されるからである。

　取得費調整は，減価償却ができない資産についても，しなければならない（同項2号）。取得費調整がされた金額だけ，譲渡による利益は大きくなる。これは，個人消費による資産の減価を控除させないためである（→③の**譲渡損失としての消費**）。

③　消費と費用

| 家事費・家事関連費 | 個人を対象とする所得税では，個人消費 |

個人を対象とする所得税では，個人消費（家事費）のための支出を所得獲得のための

費用である支出から区別することが問題となる。たとえば，勤労のための食費や被服費を費用として控除するかどうかである。費用の範囲を問うことは，消費の範囲を問うことでもある。

　両者の区分は，必要経費に関しては，収入金額との関連性によって画される（37条1項）。しかし，中には両方の性格を帯びたものが存在する。法は，こうした支出を「家事上の経費及びこれに関連する経費」（45条1項1号）とし，必要経費に算入しないこととしている。

　ただし，その主たる部分が業務の遂行上必要であり，かつ，その必要である部分を明らかに区分することができる場合には，その部分に相当する経費を必要経費に算入できる（令96条）。通達は，「主たる部分」に関して，50％超の基準を示している（基通45-2）。

　個人消費との区分をめぐり，水道光熱費，地代家賃，通信費，家事使用人に対する給与，交際費，寄附金，購読料，交通費（自家用車の費用）などに関して多くの紛争が発生している。以下では，理論的な問題を検討する。

追加的消費支出

所得獲得活動のために，追加的な個人消費支出が行われる場合がある。たとえば被服費や外食費，育児費で，勤労等の所得獲得活動がなければ発生せず，またそうした支出をしなければ勤労等ができない部分がある。こうした追加的支出（勤労をしない場合との差額）は，収入との間に相当因果関係をもつといってよい。

　しかし，所得獲得活動がなくても，衣食住や育児のための支出はある。したがって，これらの支出は，本質的に個人消費の性質を帯びている。前述のように，所得税法は家事費を必要経費控除の対象から排除しているが（45条1項1号），これは，費用性がある場合にも控除を認めない趣旨であると解される。

| 控除否認の根拠 | そのことは，次の２つの理由から説明される。 |

第１に，執行の便宜があげられる。すなわち，所得獲得のためにいくらの追加的支出が必要であったのかを明確にすることは，実際にはきわめて困難であり，執行上大きなコストが掛かる。このことから，一律に否認するという理由である。

第２に，所得税法の構造からの理由がある。すなわち，こうした支出はきわめて多くの納税者に発生し，また個人的な性格をもっていることから，費用控除として扱うことは適当ではなく，むしろ人的控除（所得控除）や，さらには税額控除として考慮すべきであるという理由である。たとえば米国では，共働きの夫婦が負担した育児費を，税額控除として税負担調整することができる。

なお，フリンジにはこうした支出を補てんするものがあり，非課税とされる場合がある（→ 4①）。

| 二重の関連 | 所得獲得活動のために不可欠であり，それ自体は本質的な個人消費ではないが，なお |

納税者の個人的選好にもかかわる支出が存在する。たとえば，通勤のための費用がそれにあたる。給与所得者の通勤費は控除できないが，使用者から支給された場合には，一定の範囲で非課税となる。

| 勤務としての消費 | 納税者の主観にまで立ち入らなければ，消費支出かどうかが明らかではないものがあ |

る。たとえば，得意先を接待するための交際費では，接待から満足を得る者もあれば苦痛を感じる者もある。したがって，そうした支出が消費の要素をもつかどうかは，本来は所得の原義に立ち返り，各人の心理的満足を問題とするしかない。しかし，実際には不可能である。なお，接待を受けた側についても，それを現物所得として課税すべきかどうかについて，同様の問題が生じる。

譲渡損失としての消費

消費生活において使用する資産，たとえば居住用建物も，譲渡をすれば譲渡所得課税の対象である。譲渡所得には必要経費控除は認められていないが，譲渡損失には控除の可能性が生じる。消費によって生じた価値の低下を控除すれば，消費支出の控除となる。

そこで，譲渡所得の基因となる資産が家屋や機械などのように使用や時の経過により減価するときは，その保有期間中の減価額を控除したものを，取得費とする（38条2項→[2]の**取得費調整**）。

取得費調整により，その額だけ所得が大きく出ることになる。このことは，資産利用による減価（資産を使った分）を家事費ないし消費とみて，それが譲渡損失となることを防止していると考えられる。自己保有資産を使用することによる経済的な利益（帰属所得）に対する代替的課税と考えることもできる。

生活用資産の取得費調整では，調整額が通常の耐用年数を 1.5 倍した期間を基礎として算定される（38条2項2号，令85条）。1.5 倍するのは，非事業用資産の損耗度が事業用よりも少ないことが通常であるからと説明される。

消費の控除不可と課税ベース

このように，必要経費控除と取得費控除のいずれにおいても，消費支出の控除は認められない。所得税の課税ベースは，収入金額を包括的に捉えたうえで，そこからの控除を制限することにより成り立っている（何でも控除できれば，課税ベースはなくなる）から，消費は，控除ができないことにより，所得という課税ベースを形成しているのである。この考え方を進めると，費用控除の要件として業務関係性や必要性は不要であり，個人消費に該当しないことだけを求めればよいことになる（米国法律家協会 Federal Income Tax Statute Tentative Draft 6, May 5, 1952）。

4 費用控除の制限

費用控除には，様々な制限がある。ここでは，法令や実務のうえ
で重要なものを取り上げる。

債務の確定　　　37条1項第2かっこ書は，必要経費から
　　　　　　　　債務の確定しないものを除いている（法法
22条3項2号かっこ書も同じ。）。これを，債務確定要件という。この
要件は，必要経費の範囲を確定すると同時に，その控除時期を規律
する役割もはたしている。

通達は，その解釈として，その年末までに，①債務が成立してい
ること，②具体的給付をすべき原因となる事実が発生していること，
③金額を合理的に算定できること，の3要件が満たされることを要
求している（基通37-2）。

①に関して，たとえば，具体的な費用の額が確定していても，そ
れを誰に支払うかが決まっていなければ，債務としては成立してい
ないとされる。②に関して，たとえば，販売商品のアフターサービ
スをするという契約だけでは，費用の見積計上はできないとされる。
③に関して，たとえば，交渉中の損害賠償金は，金額の確定がない
とされる。ただし，損害賠償金については，加害者が相手方に申し
出た金額までは，金額の確定があったとされ，加害者の必要経費に
算入されうる（基通37-2の2）。

引当金　　　　　債務確定要件の例外として，別段の定めが
　　　　　　　　設けられている場合には，それに従い，将
来の損失や将来の費用の見込額を，引当金として計上し，必要経費
とすることが認められる。引当金として計上する処理を，引当金へ
の繰入れという。所得税法では，次の引当金が認められている。

第1に，将来の貸倒れによる損失を貸倒引当金に繰り入れ，必要

経費に算入することができる（52条）。貸倒引当金には，債務者に会社更生法にもとづく弁済の猶予等が行われた貸付債権（個別評価貸金等）の貸倒損失に係る引当金（同条1項）と，それ以外の一般的な債権（一括評価貸金）の貸倒損失に係る引当金（同条2項）がある。

　第2に，被用者が退職をしたと仮定した場合の退職給与支給額の見積額の一定の部分を，退職給与引当金に繰り入れ，必要経費に算入することができる（54条）。

　これに対して，法人税法では，引当金が大きく制限されている（法法52条・53条）。

不法行為のための費用　その支出や支出の目的とする行為が違法であるが，なお収入との関連による費用性が認識できる場合がある。たとえば，賄賂や脱税工作金，暴力団に対する顧問料，利息制限法を超える利息などである。こうした費用の控除の可否が問題となる。米国では，法律上の要件である通常（ordinary）の解釈によって，判例が public policy とよばれる法理を形成し，違法支出の控除を制限してきた。

　日本は，違法支出の控除を直接制限する法規定をもたないことはもとより，通常性の要件も規定されていないため，制限を行うとすれば，その根拠をどこに求めるかが問題となる。これまで課税庁や裁判所は，控除を認めない理由づけとして，①そうした違法支出は課税前の所得を増加させるものではないこと，②控除は違法行為を承認し助長すること，③法人税では公正な会計慣行（法法22条4項）に反することをあげてきた（東京高判昭和63年11月28日高刑集41巻3号338頁，上告審最決平成6年9月16日刑集48巻6号357頁〈百選55〉。なお横浜地判平成5年8月12日税資204号3484頁参照）。

　しかし，これらには反論も可能であり，法律上の根拠なしに控除を否認することには異論も強い。

なお，腐敗防止国連条約の批准にともない，平成18（2006）年の改正により，国内公務員や外国公務員への賄賂は必要経費に算入しないことが規定された（45条2項，法法55条5項も同旨）。

租税公課等 一定の租税公課，損害賠償金，独占禁止法にもとづく課徴金（外国政府等に納付するものを含む。）などは，必要経費に算入することができない（45条1項2号～13号，令98条）。このうちペナルティの性質をもつものについては，控除を認めるとその制裁効果が減殺されることが理由とされる。損害賠償についても，控除を認めると，税負担の減少を通じて国家が一部を負担することになるためとされる。

訴訟・係争費用 事業や業務に関連した弁護士費用等の訴訟・係争費用について，実務は，以下の処理をしている。

民事事件の費用について，通達は，家事関連費等の必要経費不算入（45条1項）に関連する紛争に係るものは，必要経費算入を認めないこと，また，資産の取得や譲渡に関する紛争に係る費用については，取得費または譲渡費用に算入することを示している（基通37-25）。取得費に算入されたものは，取得費や償却等として控除される。

したがって，たとえばある資産の所有を争って発生した訴訟・係争費用は，勝訴をした側では資産取得費となるが，敗訴をした側は，事業や業務に関連するかぎり，必要経費となる。

刑事事件の費用について，通達は，無罪や処分を受けない場合にかぎり必要経費に算入するとしている（基通37-26）。有罪になると控除できない。理由は，罰課金等の必要経費算入を認めない規定（45条1項7号）を前提に，弁護士費用等はこれを軽減するための費用であるからとされる。

なお，米国では，刑事被告人が弁護士を雇うことは憲法上の権利であることから，有罪となった刑事裁判に関連する費用についても，控除が認められる。

6 実現と譲渡

① 実 現 主 義

所得の発生と認識

上場株式をみればわかるように，資産の価値は常に変化し，所得や損失が発生している。そこで，これをどの時点で課税の対象として認識（recognize）するかが問題となる。この認識は，原則として，資産の権利者の交替（譲渡）の時点で行われる（→ *1*③の**実現主義**）。この時点が，通常は，前主のもとにおいて生じた資産の価値変化に対した課税をするための最後の機会になるからである。本書では，この時点を，（租税法上の）実現という。

逆にいえば，資産に発生した所得や損失は，譲渡時までは課税の対象とされないことになる。納税者が，保有資産の時価を評価し，取得価額との差額（評価益，評価損）を所得または損失として計上することもできない（法法25条・33条参照）。

譲渡時に保有期間中発生した所得を計算（清算）するためには，資産の取得原価（取得価額）を，譲渡時まで維持しなければならない（取得原価主義）。実現主義と取得原価主義とは，コインの表裏である。

譲渡と権利確定

譲渡の事実によって課税時期を決める実現主義と，課税時期についても対価に着目する権利確定主義（権利の確定→ *3*②）との関係が問題となる。最高裁

は，「その収入の原因たる権利が確定的に発生した場合には，その時点で所得の実現があった」とする理解を示し（最判昭和49年3月8日民集28巻2号186頁〈百選102〉），両者を整合的に位置づけようとしている。

実現の具体的内容として，物の販売については引渡基準（その物を引き渡した時に収益を計上する基準）がとられている。そこで，同時履行の抗弁権（民法533条）により，引渡によって対価の権利が確定すると理解すれば，権利確定主義と実現主義とは，この場面では調和する。

管理支配基準も課税時期を決める役割をはたしうる。ただし，ここでも，権利確定との使い分けが問題となる（→ 3②の**管理支配**）。

贈与などの無償譲渡は，対価に着目するこれらの基準で捉えることができない。これは，権利確定主義や管理支配基準の限界である。

前受収益　将来の役務提供の対価を受領した場合，会計では，原則として役務提供時まで収益を認識しない。たとえば前払家賃を受け取った場合，対応する期間が来るまで収益には算入されず，前受家賃という負債（将来の一定の期間，家を貸す債務）として計上される。現金の増加はこの負債によって相殺される。負債は将来の収益ということができる。

租税法でも，原則として同様の扱いがなされる。前払いを受けた時点では相殺的債務が発生するため，それが収入金額に算入されることはない。

管理支配と債務の評価　しかし，受領した対価に，将来の期間との明確な対応が認められず，かつ，返還の可能性が僅かしかない場合，受領時点で受領の全額が収入金額に算入される。たとえば，治療に数年を要する歯科矯正の代価が一括受領され，返金の可能性が僅かである場合，受領時に全額を収入金額と

した裁判例がある（徳島地判平成 7 年 4 月 28 日行集 46 巻 4 = 5 号 463 頁）。

　この判決は管理支配基準を認めたものとされるが，判断の鍵となったのは，相殺的債務（返金の可能性）にあったと考えられる。管理支配の意味について，相殺的債務との関係で検討が必要であろう。

② 実現主義の例外

　実現主義の例外が別段の定めとして定められている。その中には，実現の時点より課税を早めるものと，遅らせるものがある。特に後者を課税繰延（deferral）または非認識（non-recognition）という。

現金主義

　現金主義は，現金の受領を基準とする収益認識の方法である。一定の利子，配当に適用される（36 条 3 項）。

　青色申告（適正な帳簿にもとづく申告）をする小規模事業者にも，現金主義が認められている（67 条）。費用の計上も，現金主義による。

　現金主義では，課税時期が遅れるか早まるかは場合による。納税資金は確保されるが，課税時期を操作できる問題がある。

長期大規模工事

　工事の請負では，通常，工事が完成して引渡が行われる前に，その進行に応じて対価が授受されている。このため，会計では，工事の進行に応じて収益を計上する工事進行基準が認められている。

　租税法では，一定の長期大規模工事（製造およびソフトウェアの開発を含む。）に対して，租税法の定める工事進行基準の適用が強制される（66 条，令 192 条）。また，これに該当しない工事についても，工事進行基準の適用を選択することができる。

農産物の収穫

米，麦などの一定の農作物を，農業を営む者が収穫した場合には，収穫時点で，その農作物の価額が収入金額に算入される（収穫基準。41条）。これも，課税時期を早める例外である。

棚卸資産等の自家消費

棚卸資産（商品，製品，原材料など。2条1項16号）等を，家事のために消費した場合（たとえば，ケーキ屋さんが自分で作ったケーキを食べてしまった場合），その価額が収入金額に算入される（39条）。これは，未実現であると同時に，帰属所得でもあるので（→ *1* ③の**帰属所得**），帰属所得課税の一例といえる。

みなし譲渡課税

相続，贈与が起こると，資産の権利者が替わる。したがって，相続，贈与は，被相続人や贈与者に対して，その保有期間中に生じた資産の価値変化に対する課税をするための最後の機会となる。そうすると，相続，贈与は譲渡に該当すると考えるべきことになる。シャウプ勧告は，相続，贈与時に資産が時価で譲渡されたとみなす課税を導入した（みなし譲渡課税）。なお，譲渡を（租税法上の）実現と同視する本書の立場では，相続，贈与も実現の一事象となる。

　しかし，みなし譲渡課税は一般に受け入れられず，対象が著しく縮減され，現在にいたっている。すなわち，現行法でみなし譲渡課税を受けるのは，法人に対する贈与，限定承認に係る相続，一定の遺贈および法人に対する著しく低い価額の対価（時価の2分の1未満，令169条）による譲渡（低額譲渡）にかぎられている。

　みなし譲渡課税を受けた資産を取得した個人は，取得費を時価とする（60条4項）。相続，贈与では取得に要した費用がないので，この規定がなければ取得費はゼロであるが（38条1項），両当事者をあわせてみたときの二重課税が問題とされうることから，時価と

することが認められたものと考えられる。

棚卸資産については，より広い範囲で時価による譲渡としての課税が行われる（40条1項1号）。相手方の個人は，時価を取得費とする（同条2項1号）。

また，一定の有価証券などを贈与，相続または遺贈により非居住者に移転した場合や，納税者自身が国外に転出する場合，時価による譲渡があったものとみなされる（60条の2，60条の3）。

取得費の引継ぎ　みなし譲渡課税の対象とされない相続，贈与，遺贈により取得された資産は，前主の取得費と取得時期を引き継ぐ（60条1項1号。carryover basis, transferred basis）。すなわち，相続，贈与による資産の取得者は，被相続人や贈与者がその資産を取得した時に，その時の取得に要した費用により，取得していたものとみなされる。この結果，取得者は，前主のもとで生じた資産の価値変化にも，課税を受けることになる。

たとえば，1億円で取得した土地が譲渡時に時価10億円になっていた場合に単純承認による相続が行われると，相続人は被相続人の資産取得費を引き継ぐ。後にこれを8億円で譲渡すれば，7億円の譲渡所得が課税の対象となる。

配偶者居住権の目的となっている建物とその敷地については，同様に引き継いだ取得費に対して，一定の調整を行う（60条2項・3項）。

なお，受贈者が贈与者から資産を取得するための付随費用は取得費に加算されるとした最高裁判決がある（最判平成17年2月1日訟月52巻3号1034頁〈百選47〉）。60条1項の文言には明らかに反するので，法律の文言にとらわれない解釈として興味深い。

相続人が相続後直ちに資産を処分した場合，相続税とあわせて，100％を超える税負担が発生しうる。たとえば，この例で相続直後

最高裁平成 22 年 7 月 6 日判決（民集 64 巻 5 号 1277 頁〈百選 34〉）
は，年金として支払われる死亡保険金を相続人が受け取った場合，相続
時点において相続税法に従って評価された年金の現在価値が相続税の課
税の対象となるから（ただし，実際の税負担は生じていない。），これと
「同一の経済的価値」であるものに対して所得税を課すことは，所得税
法 9 条 1 項 16 号に照らして認められないと判示した。この判決の考え
方からは，他の資産が相続，贈与により移転した場合についても，その
資産が将来もたらす収益の現在価値が相続税法の規定により評価されて相続税また
は贈与税の課税の対象とされているならば（現実の二重課税は必要な
い。），その収益に対する所得税の課税を，資産の移転を受けた者に行う
ことはできないこととなる。たとえば，土地を相続により取得した場合，
土地から得られる将来収益の現在価値が相続税の対象とされているので
あれば，相続人がその収益を得た時点で，その収益に所得税を課すこと
はできない。そして，もし，相続税法に従って評価される土地の時価が，
土地から得られる将来収益の現在価値なのであれば，地代などに所得税
を課することは，およそできないことになる。にもかかわらず，一般論
として，資産の価値とはその資産から得られる将来収益の現在価値であ
る，という考え方を否定することはできない。

　財務省は，「平成 23 年度税制改正の解説」において，所得税法 67 条
の 4 が「相続等により定期預金，株式等その他の金融資産を取得した場
合において，その相続等に係る被相続人等に生じている未実現の利子，
配当その他の所得は，実現段階で相続人等に課税される旨」の規定であ
ると述べた。前掲最高裁判決との関係について，検討が必要である。

に売却すると，10 億円に対する相続税と，9 億円に対する所得税
が課される。このため，相続財産を一定期間に処分した場合，相続
税に相当する金額を取得費に加算する規定が設けられている（措法
39 条）。

法人からの贈与には，取得費の引継ぎはない。60条1項が，「前条第1項に規定する資産」（＝「居住者の有する……資産」）を対象にしているからである。

非課税規定の作用

取得費引継ぎの対象となる相続，贈与では，非課税規定（9条1項17号）の作用に注意が必要である。資産移転時には，たしかにこの規定によって取得者に対する課税は行われない。しかし，それは取得者の得た利益全部を必ず非課税とするものではない。取得者は，再譲渡時に，譲渡人の保有中に発生していた値上がり益をも課税の対象とされる。逆に，譲渡人のもとで損失が生じていれば，それを利用することができる。

低 額 譲 渡

個人に対する低額譲渡で損失が生じた場合，損失はなかったものとみなされる（59条2項）。贈与（みなし譲渡となる場合を除く。）も対価のない譲渡であるから，同じ扱いを受ける。譲受人は，譲渡人の取得費と保有期間を引き継ぐ（60条1項2号）。

しかし，時価より低い対価による譲渡でみなし譲渡または損失否認の適用を受けないものは，取引がそのまま認められる。たとえば，取得費1億円，時価1億円の土地を，個人Aが個人Bに7千万円で売却した場合，Aは受け取った対価から取得費を控除した3千万円の損失を認識し，Bの取得費は7千万円である。Bは時価と支払った対価の差額3千万円の経済的な利益を得るが，非課税規定（9条1項16号）により，所得税の課税を受けない（贈与税の課税はある。）。

高 額 譲 渡

個人間の資産譲渡で，対価として資産の時価を超える金銭または金銭債権を取得した場合（高額譲渡という。），低額譲渡に関する規定は働かないと考えられる（金銭の低額譲渡とはされない。）。

そこで，これを①時価による売買と差額部分の贈与と構成するか，

②取引をそのまま認め，譲受人における時価を超える取得費を認めるかが問題となる。

②では，譲受人はその資産を時価で第三者に売却し，損失を作り出すことができる。たとえば，Aが保有する時価1億円，取得費1億円の資産を，Bに1.5億円で譲渡し，Bが直ちに第三者に時価1億円で再譲渡すると，Aに5千万円の所得，Bに5千万円の損失を作ることができる。これに対して，①で5千万円を贈与として切り分けると，このような損益は発生せず，AもBも所得課税を受けることはない。このため，①が適当と思われる。

法人税での扱い

法人間で，適正な時価とは異なる対価による資産の譲渡が行われた場合をみておこう。

無償譲渡または低額譲渡の場合，譲渡法人は時価（通常得るべき対価の額）による譲渡として収益（所得税での収入金額）を算定する（法法22条の2第4項）。同時に，譲渡資産の時価と対価との差額（実質的に贈与をしたと認められる金額）が寄附金とされ（法法37条7項・8項），控除を制限される（法法37条1項→第3章 3）。譲受法人は，寄附金とされた金額に対して受贈益として課税を受ける（法法22条2項）。

高額譲渡の場合，譲受法人は，支払った対価のうち資産の時価を超える部分の金額を寄附金とされ，控除が制限される。資産の取得価額は時価となる。譲渡法人は，資産の時価だけでなく，寄附金とされた金額も（つまり，対価の全額を）収益に計上する。

いずれにおいても，譲渡法人が譲渡を機会として資産時価を収益に計上することは，資産譲渡に対する所得課税の原則を示している。しかし，控除を制限された費用（寄附金）が相手方で課税されることから，二重課税といわれることがある。

| 固定資産の交換 | 1年以上有していた土地建物等の一定の固定資産を，同種の固定資産（交換のために取得したものを除く。）と交換し同一の用途に供した場合，譲渡がなかったものとみなされる（58条1項）。こうした交換は，譲渡ではあるが，課税機会として適当ではないためと考えられる。

この制度も，相続，贈与の取得費引継ぎと同様，実定法が定める課税繰延の例とされる。しかし，その意味は異なる。すなわち，譲渡人のもとで発生した損益は，たしかに譲渡時の課税が繰り延べられるが，譲渡人のもとで発生した損益は，譲受人に引き継がれるのではなく，譲渡人において止まる。両資産の取得費は，付け替えられる（substituted basis, exchanged basis）。

| 時価主義・減損処理 | 資産の価値の変動に対して，実現を待たずに課税を行う考え方を，時価主義という。時価主義は，一定の有価証券やデリバティブ取引，短期売買商品（短期的な価格の変動を利用して利益を得る目的で取得した金，銀，白金等）に対する法人税で導入されている（法法61条・61条の3～61条の5）。時価主義では，取得価額は時価となり，常に変動する。

また，主に長期保有資産について，その取得価額に回収可能性のない兆候が認められた場合，これを時価まで切り下げることを，減損処理という。租税法では，減損処理をしても控除が認められないことがある（法法33条，法令68条）。

3 譲渡の意味

本書は，「譲渡」の意味を，資産の権利者が交替することと考えている。実現主義で鍵となる譲渡は，原則として所有権の移転である。しかし，以下の場合が問題とされてきた。

Column ⑧　損失の「贈与」　╼╼╼╼╼╼╼╼╼╼╼╼╼╼╼╼╼╼╼╼╼╼╼╼╼

　以下のように，Aが100で取得した資産をBにいったん譲渡し，Bが
その後時価で再譲渡した場合を考えよう。

A				移転利益	B		
取得費	譲渡対価	譲渡時の時価	譲渡所得	（贈与）	取得費	再譲渡対価	再譲渡所得
100	0	300	0	300	100	300	200
100	90	300	0	210	100	300	200
100	140	300	40	160	140	300	160
100	400	300	200	−100	300	300	0
100	0	30	0	30	100	30	−70
100	10	30	0	20	100	30	−70
100	20	30	−80	10	20	30	10
100	40	30	−70	−10	30	30	0

　表から明らかなように，低額譲渡，高額譲渡のいずれでも，譲渡人と
譲受人の所得の合計額は，再譲渡対価から譲渡人の取得費を控除した金
額となる。これを超える金額に対する課税を受けることはない。それゆ
え，非正常取引を利用すれば，譲渡人と譲受人は，譲渡人において発生
した損益に対する課税を，一定の範囲で任意に分配することができる。
　特に，取得費が引き継がれた場合，譲渡人において発生した損益への
課税が譲受人に行われる。損失も移転される。たとえば，取得費100，
時価ゼロの資産が贈与されると，Bの税率が30％でほかに相殺できる
所得があれば，Bは30の価値（税負担軽減の利益）を得ることになる。
もちろんBに，経済的な損失はない。損失という租税上の性質（租税属
性）だけが「贈与」されているのである。

╼╼╼

典型担保

　まず，所有権の権能の一部が移転するとみ
られる場合をみよう。それには，抵当権等
の担保的作用をする制限物権を設定する行為（典型担保）がある。

担保権を設定された資産は，借入額に応じて価値が下がるからである。特に値上がりした資産を担保とした借入は，客観的な資産価値評価や納税資金の点からみて，課税時期として必ずしも不適当ではない。しかし，担保権の設定は譲渡とされず，課税はない。

担保物の所有権が移転する譲渡担保はどうか。裁判例は，所有権の移転が形式的であるとして，譲渡担保を譲渡とみることに消極的であり（東京地判昭和 49 年 7 月 15 日行集 25 巻 7 号 861 頁），譲渡があったというためには，もとの所有者において資産の受戻しが不可能となったことが必要であるとする（東京地判昭和 50 年 12 月 25 日税資 83 号 786 頁）。

　通達は，担保資産を債務者が従来どおり使用収益すること，および，利子または使用料の定めがあることを要件に，譲渡はなかったものとする（基通 33 - 2）。この要件が満たされない場合，譲渡とされると思われる。いずれにしても，法は資産の譲渡があれば課税をすると明確に規定しており，担保目的の譲渡を例外とはしていないことに注意すべきである。

　一般にはファイナンス・リースとよばれる一定のリース取引（資産を一定の期間使用させる取引で，途中解約が禁止され，使用者がその資産からもたらされる経済的な利益を実質的に享受することができ，かつ，使用人がその資産の使用にともなって生ずる費用を実質的に負担する等の要件を満たすもの。67条の 2 第 3 項）は，資産が使用者に譲渡されたと扱われる（67 条の 2 第 1 項）。また，一定のセール・リースバック（資産の売買と，その買主から売主への上記の要件を満たすリース取引）では，売買とリースはなかったものとされ，譲受人から譲渡人への金銭の貸付けと扱われる（67 条の 2 第 2 項）。したがって，いずれの場合も，課税上は使用者が資産を所有するものと扱われ，減価償却控除は，使用者に認め

られる。

　売買とされたリース取引では，譲渡人は，延払基準の方法により経理することができる（65 条 1 項）。すなわち，譲渡の対価の額全体に対してその年に支払期日が到来する部分の額の占める割合を，対価の額および原価の額に乗じた金額を，それぞれその年分の収入金額および費用の額とする方法などによる経理である（令 188 条 1 項）。この場合，その対価の額を利息に相当する部分とそれ以外の部分とに区分して，総収入金額および必要経費を算定する（65 条 2 項）。

　このような取扱いは，ファイナンス・リースが譲渡に近似していることを反映している。会計における取扱いに倣ったものである。

共有の成立

資産を他の者との共同所有に移すことは，その資産に対する完全な所有権を失うと同時に，その資産に対する持分を取得することである。こうした資産移転を直接規律する規定はない。

　民法上の任意組合への出資では，資産全体が組合に譲渡され，出資者はあらためて持分権を取得したと考える全部譲渡説と，他の組合員に帰属する部分のみが譲渡されたと考える一部譲渡説，そして無譲渡説がありうる。組合員たる共有者が，出資後は出資資産に対する具体的な所有権の権能を失い持分を有するにすぎなくなるとみられる場合，あるいは，持分が 1 つの独立した財産権である場合には，全部譲渡説が適当と思われるが，立法が必要であろう。既存の組合に新たな組合員が加わった場合には，組合資産が新組合員に譲渡されたと考えるかどうかも問題となる。

　民法上の共有では，各共有者はいつでも分割を請求でき（民法 256 条），共有者の協議が調わない場合には裁判所に分割を請求できること（民法 258 条）から，共有関係の形成においても，譲渡はな

い（取得費引継ぎ）とする考え方もありうる。

| 共有物の分割 共有物の分割についても，直接規律する規
定はない。現物分割で共有権者が共有資産
に対する持分と引換えに共有資産の一部を取得するとみられる場合
は，譲渡にあたると考えられる。価額分割（共有物を売却して代価を
分配する方法）や代償分割（共有者の1人が共有物全部を取得し，他の共
有者に代価を支払う方法）では，少なくとも金銭等を受け取った者に
ついては，必ず譲渡があったものとされる。

　もっとも，現物分割では，共有財産に対する自己の持分が顕在化
したにすぎないとみて，譲渡はないと考えられる（土地に関して，基
通33-1の6）。少なくとも，民法上の共有では，上述のように，各
共有者がいつでも分割を請求できるといった法律関係におかれてい
ることを理由に，譲渡なしの扱いが可能と思われる。

| 遺 産 分 割 遺産を現物分割する場合，民法上，分割を
受けた相続人は，被相続人から財産を直接
承継する（民法909条）。これを根拠に，所得税法上も，遺産の現物
分割では，共有物の分割の問題はないとされてきた。

　これに対して，遺産の一部または全部を換価して配分する価額分
割では，共有物の価額分割と同様，各相続人は，相続により取得し
た相続財産に対する権利を譲渡したことになると構成され，配分額
に応じた譲渡所得が課税の対象となる。

　代償分割（共同相続人の1人または数人に，他の共同相続人に対して債
務を負担させる遺産分割）では，通達は，受け取った代償金に対する
譲渡所得課税は行わず，また，支払った代償金を取得費に算入しな
いとしている（基通38-7(1)）。たとえば，A，Bが2分の1の相続
分をもち，Aが1億円の遺産すべてを相続する代償として，Bに5
千万円を支払った場合，Bに譲渡所得課税はなく，遺産全体に対し

て取得費引継ぎの規定が適用され，Aの取得費は被相続人の取得費を引き継ぐ。民法909条により，Aは遺産を被相続人から直接取得したとされ，Bの代償金も，遺産の分割の結果であるから，相続により取得したものであって持分の譲渡代価ではないという構成である。つまり，A，B間での譲渡はないという理解である。

負担付贈与　贈与契約において，受贈者が一定の給付をする債務を負担するものを，負担付贈与という。たとえば，ローンの残っている不動産を贈与し，受贈者がローン残金を支払うといったものである。この場合に贈与者が贈与によって債務から解放されることは，経済的な利益として36条にいう収入金額となる（基通59-2もこの趣旨である。）。

　最高裁は，負担を対価と位置づけ，「60条1項1号にいう『贈与』には贈与者に経済的な利益を生じさせる負担付贈与を含まない」と判示した（最判昭和63年7月19日判時1290号56頁〈百選44〉）。したがって，負担付贈与は，負担の額が明確であれば，これを対価とする売買と同様に扱われ，取得費や保有期間の引継ぎはない。

離婚にともなう慰謝料　離婚にともなう財産の移転として，慰謝料の支払いと，財産分与（民法768条）がある。

　現物による慰謝料の支払いは，譲渡所得の課税機会である譲渡にあたる。たとえば，いっしょに住んでいた夫名義の登記のある住居を，慰謝料として妻に登記も実体も移転した場合，住居の取得費と移転時の時価との差額が，住居を所有していた側の譲渡所得として，課税の対象となる。住居の時価が収入金額とされる。

　その理由として，離婚にともなう慰謝料の支払いが確定した時に，夫の側には慰謝料支払債務が発生するが，引き続いて起こる住居の移転により債務が消滅するので，この慰謝料債務から解放されるこ

とが経済的利益にあたるとされる（最判昭和50年5月27日民集29巻5号641頁〈百選45〉およびその下級審判決）。その金額は，慰謝料債務の金額，すなわち，慰謝料として移転することになった資産の時価ということになる。

　なお，妻の側には，離婚の成立により慰謝料請求権が発生し，その価額は，夫の側に呼応して，住居の時価とされることになろう。この請求権の発生は，損害賠償として非課税である（9条1項17号）。妻における住宅の取得費は，夫からの引渡時の時価となる。

財産分与　　最高裁は，財産分与についても，慰謝料と同様の理由づけによって，分与をした者への譲渡所得課税を認めた（前掲最判昭和50年5月27日）。通達もこれを確認している（基通33-1の4）。

　これに対して有力説は，固有の意味での財産分与（夫婦共通財産の清算の意味における財産分与）としての財産の移転は，その実質は夫婦共有財産の分割，つまり，相手方配偶者の潜在的権利を顕在化させ，それを正式に帰属させることであって，譲渡にはあたらないと批判を加えている。

　なお，分与を受けた側は，所得税の課税を受けていないと思われるが，根拠は明らかではない。分与を受けた側の取得費は，分与時の時価となる（ただし，東京地判平成3年2月28日行集42巻2号341頁）。なお，財産分与には，贈与税の課税はない（相基通9-8）。

7 所得分類

① 利子所得

利子所得とは　利子所得とは，公社債や預貯金の利子，合同運用信託等の収益の分配に係る所得をいう（23条1項）。

これらに該当しない受取利子，たとえば個人が他人に貸した金銭の利子は，利子所得ではない。貸付けが事業として営まれるかどうかにより事業所得または雑所得となる。

たとえば事業資金の預金利子のように，利子が他の所得を獲得する活動の一環として収受される場合がある。この場合も，利子は利子所得に分類される。利子所得への分類は，他の所得分類に優先する。

利子所得の範囲　利子所得の範囲は，商品としての定型性に加えて，消費寄託契約（民法666条）であることにより画されてきた（東京高判昭和39年12月9日行集15巻12号2307頁，ただし千葉地判昭和37年12月25日行集13巻12号2277頁）。

これに対して，通達は，受入れを金融機関が行うことを重視している（基通2-12）。源泉徴収の観点を考慮したものと思われる。

課税方法　利子所得では，収入金額がそのまま所得の金額とされ，費用控除は認められない（23条2項）。

利子所得は，所得税法による源泉徴収を受けるが（181条1項・182条1号など），さらに，措置法により分離課税の対象とされ，低い比例税率による源泉徴収により課税関係が終了する（措法3条）。

これを，一律源泉分離課税という。費用控除がないことが，その前提となっている。ただし，国外において支払われる利子等は，日本の源泉徴収が及ばないことから，所得税法による総合課税が行われる。

金融類似商品・割引債 金融類似商品といわれる定期積金等（174条3号～8号）と割引発行される公社債（割引債）の償還差益は，利子所得ではないが，同じ性質をもつことから，国内で支払われるものは，利子所得と同様の一律源泉分離課税が行われる（措法41条の10・41条の12）。

② 配当所得

配当所得とは 配当所得とは，法人から受ける剰余金の配当を中心とする所得である（24条1項）。配当所得が設けられている理由の1つは，その源泉となる法人利益が，通常は既に法人課税を受けていることにあると考えられる（ただし，法人で非課税であった利益も，配当されれば配当所得となる。）。

　配当所得への分類は，他の所得種類に優先する。たとえば，事業上保有する株式からの配当も，配当所得である。

配当の概念 配当には，「違法配当」という語があることにも窺われるように，私法上確固とした概念があるわけではない。いわゆる株主優待金事件で，最高裁は「取引社会における利益配当と同一性質のものであるとはにわかに認め難い」と述べた（最判昭和35年10月7日民集14巻12号2420頁）。外観に着目した判断である。

　通達は，配当には，株主に対しその株主である地位にもとづいて供与した経済的な利益が含まれるとしている（基通24−1）。したがって，法人に利益がない場合や株主平等原則に反する配当も，配当

課税を受けることになる。

　他方で，通達は，株主たる地位にもとづいて供与される利益であっても，株主優待券（無料乗車券や入場券など），値引販売等は，法人が利益の処分として扱わないかぎり，配当には含まれないとしている（基通24-2）。その理由はおそらく，源泉徴収の便宜にあると考えられる。

問題点　配当概念の根本的な問題点として，株式とは何かが自明ではなく，社債との間に線が引けないことがある。これは，外国法人に関して顕在化している。

　日本の会社法上の手続に則った正式な配当が配当所得となることは，現在のところ争われていない。しかし，資本剰余金（利益ではないもの）を原資に配当が行われることがある。このため，みなし配当の制度がある（25条）。

課税方法　配当所得の金額は，収入金額から，元本株式の取得に要した一定の負債利子を控除した金額である。また，配当税額控除（配当控除といわれる。）が認められる（92条）。ただし，後述する源泉分離課税の適用を受けた場合，負債利子控除と配当税額控除は認められない。

負債利子との対応　負債利子控除では，納税者が支払った借入金利子のうち，配当所得に対応する部分の算定が問題となる。一般に借入と資産取得との関連をつけることは困難であるが，現行法は，いずれかの株式取得との関連が認められた借入の利子を，保有する株式全体からの配当と対応させている（総体対応。令58条）。年の中で株式を処分すれば，それ以後の部分の利子は控除できない。

　なお，株式の譲渡所得に対応する負債利子は，譲渡所得等の収入金額から控除する（措法37条の10第6項2号・3号，基通24-6）。

| 配当税額控除 | 配当税額控除（配当控除）は，法人・個人 |

配当税額控除（配当控除）は，法人・個人の二重課税を緩和する措置であり，きわめて簡便な株主税額控除（インピュテーション）と考えられる。配当所得のうち，日本の法人税の対象となる利益から支払われたとみられるものは，その10％または5％（証券投資信託では，利子やキャピタル・ゲインを含むため，5％または2.5％）を，税額控除することができる（92条）。

税額控除の率が変わるのは，そうしなければ高い税率を適用される者ほど有利になるためである。

源泉分離課税

配当所得は，所得税法による源泉徴収の対象となる（181条1項・182条2号など）。

措置法は，一定の配当所得に，選択による源泉分離課税を定めている（措法8条の5第1項）。すなわち，対象となる配当を確定申告に含めないことで，源泉徴収のみにより課税関係は終了する。このため，確定申告不要制度とよばれる。これ以外にも軽課措置がある（措法9条の3など）。

また，措置法は，利子に近い性質をもつ配当所得を一律源泉分離課税の対象としている（措法8条の2・8条の3）。

③ 不動産所得

不動産所得とは

不動産所得とは，不動産等の貸付けによる所得で，事業所得または譲渡所得に該当しないものをいう（26条1項）。船舶や航空機の貸付けによる所得も含まれる。

貸付けとは，他人に使用させる一切の場合をいい，たとえば，家屋の壁を広告のために利用させることも含まれる（基通26-5）。

もともと，現在の所得税法のもとになった
1947 年法（この時総合所得税が導入された。）

資産合算制度

では，不動産所得は，事業所得，雑所得とともに，事業等所得として一括されていた。不動産所得という所得種類が設けられたのは，資産所得合算課税制度のためである。この制度は，1950 年と 57 年から 89 年までの間，存在した。

この制度は，移転の比較的容易な資産性所得を家族間で分散し，高所得区分税率の適用を回避する行為を防ぐため，資産性所得を世帯単位で合算して課税するものであった。この制度のため，事業等所得のうち資産性のものが不動産所得として切り分けられたのである。

資産合算課税は，1989 年に廃止された。廃止の理由に，①税務執行の簡素化，②税率の累進性緩和，③勤労性所得では青色専従者（57 条）によりある程度の所得分割が可能なことがあげられた。

2 つの不動産所得

事業等所得は事業所得と雑所得にも区分されたが，これと平行に，不動産所得も，事業としての性質をもつものと，事業にいたらないもの（業務という。）に区別される。この区分は，資産損失（51 条 → **8 ②**），専従者給与（57 条），事業廃止（63 条），青色申告特別控除（措法 25 条の 2 ）について，意味をもつ。

課 税 方 法

不動産所得の金額は，総収入金額から必要経費を控除した金額である。所得税法の原則的な課税方法である。

ただし，いわゆるバブル抑制策の一環として，不動産所得の損失のうち土地等の取得に要した負債の利子は，損益通算が認められない（措法 41 条の 4 ）。

④ 事 業 所 得

物的な所得分類 利子，配当，不動産の所得種類では，ある
取引において得られた収入，あるいは支出
された費用から，それがどの所得種類に属するかを判断することが
できた。たとえば，銀行から得た利子は常に利子所得であり，賃貸
しているアパートの修繕費は，必ず不動産所得の必要経費である。
つまり，これらの所得分類は，問題となる取引を吟味することで，
いわば物的に行うことができる。取引を行った納税者がどのような
人かという人的な側面は，問題にならない。いかなる人がどのよう
な背景で獲得しても，利子は利子所得，配当は配当所得である。

人的な所得分類 ところが，不動産所得では，事業として不
動産の貸付けが営まれているかどうかによ
り，課税が変わることをみた（→③の**2つの不動産所得**）。納税者の
人的な背景が問題とされるのである。

　このことから窺えるように，事業という概念の本質は，ある1つ
の取引の性質とは関係がない。事業とは，納税者という人をみたと
きに，その人が事業という活動を行っているかどうかという，納税
者の人的属性に係る概念である。

　したがって，ある取引が事業所得に帰するかどうかは，その取引
だけをみても判断できない。納税者が事業といえる活動を行ってお
り，しかも，その一環として問題となる取引をしたかにより，判断
しなければならないのである。たとえば，住んでいる住宅を売れば
譲渡所得であるが，不動産業者が住宅を売れば事業所得である。

　立法政策論としては，事業資金の預金利子を事業所得とするよう
な所得分類もありうる。所得分類が，所得の物的な特性だけで行わ
れるか，それとも人的な背景を考慮するのか，またどの程度考慮す

るのかという点は，所得分類のあり方を決める重要な観点である。

事業所得とは

事業所得とは，「事業で政令で定めるものから生ずる所得」のうち，山林所得と譲渡所得を除いたものをいう（27条1項）。政令には，「継続的に行なう事業」という循環的な包括規定がおかれている（令63条12号）。したがって，法令中に積極的な定義を見いだすことはできない。

　事業所得の金額の算定方法は，総収入金額から必要経費を控除した金額である。

事業性

判例や学説は，次の諸点から，積極的な形で事業所得の性質を示そうと試みている。すなわち，①規模や設備，組織性（特に雑所得との区分），②自己の計算と危険，独立性（給与所得との区分），③営利性，有償性（一時所得との区分），④継続性，反覆性（譲渡所得，一時所得との区分）である。

事業所得への吸引・区分・排除

事業所得の性質は，資産・勤労結合所得であるといわれ，資産性所得と勤労性所得が混在する場合，全体を一括して事業所得とするのが一般的である。たとえば，賄い付き下宿からの所得は，そのすべてが事業所得となる。また，事業に付随する取引からの所得は，事業所得に吸引される。たとえば，金融業者が担保権の実行等により取得した不動産を譲渡した利益は，事業所得である（基通27-4）。

　ただし，1つの取引から獲得された所得を，事業所得部分と譲渡所得部分に区分して課税する方法（二重利得法）による処理を認める判例がある（松山地判平成3年4月18日訟月37巻12号2205頁〈百選42〉。基通33-5）。また，外交員や集金人について，事業所得と給与所得の区分を認める通達がある（基通204-22）。

事業所得から排除される場合として，利子，配当所得への区分が優先することは既に述べたが，譲渡所得との関係でも，事業用固定資産（店舗や設備など）の譲渡による所得は，譲渡所得である。

給与所得との区分　給与所得との区分をめぐり，主に課税方法の差異（必要経費控除か，給与所得控除か）を原因として，多くの事件が発生してきた。主な裁判例として，弁護士の顧問料収入を事業所得としたもの（最判昭和56年4月24日民集35巻3号672頁〈百選38〉），オーケストラの楽員の報酬を給与所得としたもの（最判昭和53年8月29日訟月24巻11号2430頁），電気メーターの検針人の報酬を事業所得としたもの（福岡地判昭和62年7月21日訟月34巻1号187頁）がある。

これらでは，前述した事業所得の性質である自己の計算と危険や，契約の内容（雇用契約か），使用者の指揮命令，空間的時間的拘束といった要素が考慮されている。しかし，課税方法の差異を考慮し，費用弁償がなされているか，その納税者に固有の必要経費が発生するかといった点も，考慮されるべきであろう（なお，家内労働者等に関する措法27条がある。）。

譲渡所得との区分　譲渡所得は，明文で事業所得から除外されている。ところが，今度は譲渡所得の規定が，棚卸資産（2条1項16号）の譲渡等，営利を目的として継続的に行われる資産譲渡による所得を譲渡所得から除外している（33条2項1号）。棚卸資産の譲渡からは事業所得が生じる（なお，準棚卸資産について令81条）。

固定資産（2条1項18号）として保有していた土地を，販売目的で造成した場合，棚卸資産に転化したものとして，一括して事業所得としての課税が行われる（基通33-4）。ただし，前述の二重利得法の可能性がある。長期間保有した固定資産を，造成等をせず譲渡

した場合も，譲渡所得とされる（基通33-3）。

⑤　給 与 所 得

| 給与所得とは |
給与所得は，俸給，給料，賃金等と規定されている（28条1項）。個人の非独立的ないし従属的な勤労の対価としての性質をもつ所得と解されている。これは，事業所得の要素である自己の計算と危険と対照をなす。

　なお，勤務関係の多様化を背景に，給与所得を，一定の勤務関係にもとづく勤務に対して受ける報酬と広く捉える理解もある。

　給与所得の原因となる支払者との関係には，雇用関係だけでなく，法人の役員などの委任や準委任も含まれる。また，給与以外の手当なども含まれる。

| 報 奨 金 等 |
使用者が被用者に支払う金員でも，勤務の対価たる性質をもたないものは給与所得ではない。この点で問題となるのが，職務発明等の場合である。

　通達は，被用者が職務上の発明をし，その特許権，実用新案登録等を使用者が取得する対価として支払われるものは，被用者の職務範囲を問題とせず，一時に支払われる場合には譲渡所得，継続的であるものは雑所得としている。被用者自身が権利を取得し，使用者がその使用料を支払う場合も，雑所得とされる（基通23～35共-1）。

| ストック・
オプション等 |
被用者（役員を含む。）が使用者たる法人から受け取るストック・オプションについては，まず，経済的な利益の算定と課税時期が問題となる。原則論としては，オプションを無償交付された場合，交付時にその時価が収入金額とされるはずである。

　しかし，一定のオプションについて，権利行使時における取得株式の時価から権利行使価額を控除した金額を収入金額とする旨が規

定されている（令84条2項）。この定めから，課税時期が，権利付与時ではなく権利行使時であると理解される。

　措置法は，さらに一定の権利行使による株式取得による利益にも，一定の範囲で所得税を課さないこととしている（措法29条の2）。

　所得分類については，役員や被用者に付与されたオプションの行使利益が給与所得にあたるかが争われている。しかし，オプションという形態から所得分類を行うことはできない。オプションの経済的な利益と職務遂行との関連性により判断することになる（最判平成17年1月25日民集59巻1号64頁〈百選39〉，基通23～35共−6参照）。

　また，法人に役務を提供し，対価として一定の譲渡制限付株式を取得した個人は，その譲渡制限が解除された日に，その時の価額で課税を受ける（令84条1項）。

課税方法　給与所得の金額は，収入金額から給与所得控除額と特定支出控除額とを控除した金額である（28条2項・57条の2第1項）。必要経費控除は，認められない。

　給与所得控除の金額は，収入金額に応じて逓減する割合で定められ，収入金額が850万円を超えると増加しない。このとき上限となる金額は195万円である（28条3項5号）。

　特定支出控除額は，その年中の特定支出の合計額が給与所得控除額の2分の1を超える場合に，その超える部分の金額である（57条の2第1項）。

　多くの給与所得者は，源泉徴収（183条～189条など）と年末調整（190条～193条）によって課税関係を終了している。

給与所得控除　給与所得控除の金額は，仮に必要経費控除が認められた場合のその金額より大きいこともある。青色事業専従者（57条1項）や法人成りは，給与所得控

除を目的とする場合が多い。

　給与所得控除の根拠としては，①概算的な費用控除，②勤労性所得の担税力の弱さの考慮，③源泉徴収による捕捉率の高さの考慮，④源泉徴収による早期納付に対する金利調整，の4点がいわれてきた。なお，「平成23年度税制改正大綱」は，「勤務費用の概算控除」と「他の所得との負担調整のための特別控除」の2つとした。

概算経費控除

①については，給与所得に費用というものをそもそも観念しうるかが，まず問題となる。そのような費用は，通常は雇用者が負担しているからである。費用はないとした場合には，給与所得控除の説明として，職業費といった給与所得者に固有の費用的項目を考えることになる（大嶋訴訟（サラリーマン税金訴訟）・控訴審である大阪高判昭和54年11月7日行集30巻11号1827頁参照）。

　被用者にも費用があるとするのであれば，実額控除を認めない理由が問われる。最高裁は，給与所得控除を全体として概算経費控除とみたうえで，実額控除を認めないことは，憲法の平等原則に反しないとした（大嶋訴訟・最判昭和60年3月27日民集39巻2号247頁〈百選1〉）。その理由として，給与所得者の数が膨大であるため，選択的実額控除を認めると執行上の困難や徴税経費の増加を生ずること，各自の主観的事情や立証技術の巧拙によってかえって租税負担の不公平をもたらすことがあげられている。

担　税　力

②については，勤労性所得は，人間自身をいわば「元本」として生み出されるが，これを換金することはできないし，病気やけがにより直ちに収入が絶たれてしまう点で，資産性所得とは異なることがいわれる。また，余暇の犠牲や心身の消耗・苦痛がともなう点も指摘される。

　ただし，こうした点は，他の勤労性所得にもあてはまる。このよ

うな要素は，まさに人的なものであるから，働き方が多様化する中，人的控除（所得控除）として考慮すべきである。

さらに，担税力の弱さの考慮を，所得控除として行うべきかも問題となる。所得控除では，高い税率を適用されるほど税負担が軽減されるが，人的背景を考慮するのであれば，むしろ低所得者の方が担税力減少の割合が大きいともいえるからである。

捕捉率格差 ③については，捕捉率格差が存在するのかが，まず問題となる。しかし，最高裁は，それが「本件記録上の資料から認められないわけではな〔い〕」と述べた（前掲大嶋訴訟・最判昭和60年3月27日）。

しかし，それを課税上，給与所得控除として考慮すべきかどうかは，大いに問題となる。シャウプ勧告は，捕捉率格差を控除等として考慮することは，あたかも脱税を行うことを認めるのと同じであると述べている。

金 利 調 整 ④は，給与所得が源泉徴収の対象とされ，早期徴収を受けることの補償の部分であるが，事業所得等でも予定納税（104条以下）があるから，差は大きなものではない。さらに，事業所得者には申告の義務があるから，そのコストも考慮すべきであるとの反論が予想される。

特定支出の控除 特定支出とは，被用者が行った通勤費，転任費，研修費などの一定の支出で，給与等の支払者により補てんされなかったものをいう（57条の2第2項）。いずれも，給与の支払者による証明が必要である。

特定支出となる項目は，限定列挙されている。そこで問題となるのは，給与等を得るための費用で列挙されていないものを，どう考えるかである。そのようなものは存在しない，いいかえれば，何が費用かは法が決めることであり，収益を得るための犠牲（コスト）

の控除を認めるかどうかは，もっぱら立法裁量に属する（費用控除は立法上の恩恵である）というのも1つの考え方である。

この考え方に立つと，給与所得控除について，次のようにいえる。給与所得控除の金額の逓増が頭打ちとなる850万円までの収入金額については，費用の概算控除が給与所得控除の2分の1を占める。また，特定支出控除には限度額が設けられていないことから，費用に上限はないが，「他の所得との負担調整のための特別控除」は，給与所得控除の限度額である195万円の半額が上限となる。

しかし，上記の考え方は，大嶋訴訟最高裁判決とは相容れないと思われる。特定支出控除が規定されていなかった時代に，経費の存在を認めているからである。そうすると，特定支出に該当しない費用は，給与所得控除に概算的に含まれていると考えざるをえない。

現行法には列挙のない項目として，たとえば，「平成23年度税制改正大綱」は，「職業上の団体の経費」をあげていた。労働組合の組合費などが含まれよう。

弁護士などの資格取得のための支出は，「その〔＝資格を取得するための〕支出がその者の職務の遂行に直接必要」であれば特定支出となる（57条の2第2項5号）。しかし，「職務」にはその資格を要すると解すると，職務を行うより前の年に行われた支出は，特定支出に該当しないことになる。立法論となるが，このような支出はいったん資産とし，資格取得後の収入から償却を認めるべきであろう。

職務と関連のある図書や制服などの衣服，職務上の交際費は，65万円までに制限されている（同項7号）。制限の理由は，高額なものを購入できる高額所得者が過度に「利益」を受けないためと説明されている。しかし，費用の控除を立法上の恩恵の意味で利益とみることは，疑問である。

⑥ 退職所得

退職所得とは 退職所得とは，退職手当など，退職により
一時に受け取る給与に係る所得をいう（30
条1項）。

退職所得が給与所得から区分されるのは，①過去長期間にわたる
勤労の対価の後払いの性格をもつこと，②退職後（一般には老後）
の生活の糧となることからである。①には束ね効果による累進性の
緩和，②には担税力の弱さの配慮が必要になる。

給与所得との区分 5年定年制によりいったん雇用契約を終了
して退職金を支給し，直ちに再雇用してい
た事案に対して，最高裁は，実質的には勤務関係が継続していると
して，退職金を賞与と認定し，給与所得としての課税を認めている
（最判昭和58年9月9日民集37巻7号962頁。10年定年制について最判昭
和58年12月6日訟月30巻6号1065頁〈百選40〉）。

なお，通達は，一定の打切り支給について，退職所得課税を認め
ている（基通30-2）。

課税方法 退職所得には，退職所得控除額（30条3
項・5項）を控除した後，所得の金額の算
定の段階での2分の1課税（30条2項），損益通算による相殺対象
となる分離課税（21条・69条）が行われ，原則として源泉徴収で課
税関係が終了する（199条〜203条）。ただし，法人の役員，国会や
地方議会の議員，公務員としての勤続年数が5年以下の者，および，
これら以外の者としての勤続年数が5年以下の者がその勤続年数に
対応して受けた退職給与は，2分の1課税の対象とならない（30条
2項・4項）。

各種社会保険，共済制度や，適格退職年金契約にもとづく退職一

時金も，みなし退職所得（31条）とされ，同じ課税方法がとられる。

⑦ 山 林 所 得

山林所得とは，山林を取得の日から5年を
超える期間保有した後，伐採または譲渡し
たことによる所得である（32条1項・2項）。

総収入金額から必要経費を控除し，さらに
50万円の特別控除の後，5分5乗による
分離課税が行われる（32条3項・4項，89条1項）。束ね効果の考慮
である。

　必要経費には，期間対応による費用（狭義の費用）が含まれず，
すべて伐採，譲渡された山林に係る総収入金額に対して，個別対応
の方法で控除される（37条2項）。

　山林所得には，さらに多くの優遇措置が設けられている（措法30
条・30条の2など）。

⑧ 譲 渡 所 得

譲渡所得とは，資産の譲渡による所得をい
う（33条1項）。譲渡は，およそすべての
資産について生じうる。したがって，譲渡所得は，資産譲渡による
損益が分類される原則的で包括的な所得種類である。これは，譲渡
所得のみに認められる重要な性質である。

　譲渡所得の中心は，勤労のような積極的所得獲得活動ではない要
因，いいかえれば，外的条件の変化によって発生した資産価額の変
化とされてきた。たとえば，近くに駅ができたことによる土地の値
上がり益が典型である。このことは，棚卸資産の譲渡利益が除外さ
れているこのことからも窺われる（同条2項）。しかし，人や人の組

織のもつ所得獲得能力が企業価値（株式の価値など）として現れ，事業や株式の譲渡により実現されることは多い。こうした譲渡による損益も，原則として譲渡所得となる。

　譲渡所得については，法の文言から，資産とは何か，および，譲渡とは何かが問題となる。譲渡の概念について，本書は，民法上の「譲渡」，「譲り渡す」を意味の中心として，資産の権利者が交替する事象（贈与など無償移転と相続や合併など包括承継を含む。）を広く譲渡（＝租税法上の実現）としている（実現主義→ **6 1**）。

資　産　　譲渡所得の基因となる資産には，33条2項にあげられたものを除き，およそ交換価値のあるものすべてが含まれる。したがって，特許権，著作権，ノウハウ，のれん，借地権，許認可による権利や，場合によっては行政上の反射的利益も資産に含まれる。たとえば，いわゆるヤミ小作関係の解消の対価を譲渡所得とした裁判例がある（京都地判昭和55年10月24日行集31巻10号2084頁）。

　以下では，資産（取得費）の範囲に関する個別問題を取り上げる。

金銭債権　　通達は，譲渡所得の基因となる資産に金銭債権を含めないものとし（基通33−1），譲渡損を貸倒れとして扱う（基通51−17）。貸倒損失の控除に関するルールの潜脱を防止するためである。しかし，譲渡利益の扱いは，明らかにされていない。

権利金　　譲渡所得とされたものは，不動産所得にはあたらない（26条1項）。この境界が争われた事案として，権利金に対する課税がある（最判昭和45年10月23日民集24巻11号1617頁）。権利金とは，借地借家契約の際に授受される金銭のうち，契約終了時に返還されないものをいい，借地借家権設定の対価の性質をもつ。納税者は，不動産所得は所得源泉から

反覆回帰的に流出する収入を予定するのに対して，譲渡所得は財産元本の対価であるとし，権利金は後者にあたると主張した。

　最高裁は，権利金の中でも，所有者が土地の使用収益権を半永久的に手放す結果となり，更地価格のきわめて高い割合が支払われるものは，所有権の権能の一部を譲渡した対価としての性質をもつから，譲渡所得にあたるものと類推解釈するのが相当であるとしつつ，そうした経済的実質を有するとはいいきれない，性質のあいまいな権利金については，法律の用語の自然な解釈に従い，不動産所得として課税すべきであるとして，事件を原審に差し戻す判決を下した（差戻審である東京高判昭和46年12月21日訟月18巻4号607頁では納税者敗訴）。

　なお，この事件直後の改正で，一定の権利金は譲渡所得とされ（33条1項かっこ書），これにあたらない権利金を臨時所得とする場合も認められた。

借入金利子

資産を取得するために要した借入金利子が取得費に含まれるかが問題となる。最高裁は，自己が居住するために取得した土地建物について，使用開始までの期間に対応する部分の取得費算入を認めた（最判平成4年7月14日民集46巻5号492頁〈百選46〉，最判平成4年9月10日訟月39巻5号957頁）。使用開始後の部分は，家事費に該当するとされる。通達もこの立場をとる（基通38-8）。

　このルールは，投資のために資産を使わずにもっている人にとって有利になる。取得費の範囲は，規定のうえでは家事費と関係がない（たとえば，自己が用いる家屋や耐久消費財にも取得費がある）ことも注意すべきである。

課税方法

譲渡所得の金額は，総収入金額から，資産の取得費（取得に要した金額，設備費，改良

費の合計), 譲渡費用, 特別控除額 (50万円) を控除した金額である (33条3項)。必要経費控除は認められない。資産の取得費には, 期間の経過による調整が行われる (38条2項)。

譲渡所得は, 資産保有期間が5年以下の短期譲渡所得と5年超の長期譲渡所得に分けられ (33条3項), 後者には2分の1課税が適用される (22条2項2号)。特別控除は, 短期譲渡所得の方からまず控除されるから, 納税者に有利である (33条5項)。

措置法は, 譲渡所得の大部分を占める有価証券と不動産に対して, 分離課税 (源泉分離課税または申告分離課税) を定めている。したがって, 所得税法の規定が適用されるのは例外的な場合である (たとえば書画骨董など)。

なお, 上場株式等に係る譲渡損失の金額は, 上場株式等に係る配当所得の金額から控除することが認められている (措法37条の12の2第1項)。配当落ち (配当直後の株価が配当に応じて下がること) にみられるように, 株式譲渡益と配当は, いずれも法人の利益を反映する点で共通したものであるから, 分離課税のもとでも, この損益通算には必然性があると考えられる。税制調査会は, 個人に対する金融資産課税の一本化を標榜し, 投資リスクの軽減, リスク資産への投資促進をはかるため, 金融所得間の損益通算の範囲を本格的に拡大してゆくべきであると述べている。

譲渡費用 譲渡費用には, 契約費用や仲介手数料のような通常の費用のほか, 通達によれば, 借家人の立退料, ほかに有利な条件で譲渡するための売買契約解除の違約金, 更地として譲渡するための建物等の取壊費用等も算入される (基通33-7・33-8)。なお, 借地人に対する立退料等は, 譲渡費用ではなく, 借地権の取得として土地の取得費に算入される。

最高裁は, 現行の譲渡費用にあたる旧所得税法の「譲渡に関する

経費」を，譲渡を実現するために直接必要な経費を意味するとし，抵当権抹消のため被担保債権を弁済した弁済金は，これにあたらないとした（最判昭和36年10月13日民集15巻9号2332頁）。また，土地所有権に関する紛争解決のための弁護士費用は譲渡費用に含まれないとした判決がある（大阪地判昭和60年7月30日税資146号366頁）。

減価償却と
2分の1課税

事業所得を生じる減価償却資産の償却費は事業所得の必要経費とされ，その全額が控除される。ところが，その譲渡による所得は譲渡所得となり，保有期間が5年を超えれば2分の1課税が適用される。譲渡所得が事業所得より先に取り出されるからである（27条1項かっこ書）。これは不合理である。

減価償却資産の譲渡損益は，基本的には既往の減価償却計算の修正であるから，立法論としては，この譲渡損益は，事業所得として課税すべきことになる。以上は，不動産所得，雑所得についてもいえる。

取得費と譲渡所得の
本質

譲渡所得の計算では，純所得課税からの乖離が生じうる。たとえば，投資目的で骨董品を取得し，保管の必要からこれを倉庫に預け，後に譲渡した場合，骨董品の譲渡による収入金額が譲渡所得にあたるかぎり，保管費用は控除することができない。これに対して，事業として骨董品を扱っていれば，保管費用は必要経費となる。

譲渡所得で費用が控除できない理由は，譲渡所得が外的条件による資産価額の変化を捉える所得だからと説明される。そうすると，外的条件の作用の対象である資産の取得費も，客観的価額として捉えることになる。裁判例にも，遺産分割に要した弁護士費用は，資産の客観的価額を構成する費用ではないから，取得費に含まれないとしたもの（東京高判昭和55年10月30日行集31巻10号2309頁），時

効取得した土地の取得費は取得時の時価であり、取得に係る弁護士費用は含まれないとしたもの（東京地判平成4年3月10日訟月39巻1号139頁）がある。

逆に、必要経費とならないものであっても、取得費として控除できるものがある。たとえば、消費生活で用いる資産の取得費も、譲渡所得の計算では控除できる。ここにも、取得費控除の客観性が窺われる。ただし、取得費調整により、家事費として費消された資産の価値が譲渡損失となることは防止されている（38条2項→ **8** ③の**個人消費による譲渡損失**）。

⑨ 一 時 所 得

一時所得とは、以上の各種所得に該当しない一時の所得で、対価性のないものをいう（34条1項）。すなわち、雑所得以外の所得に該当しないこと（補充性）、一時的、偶発的であること（一時性）、役務提供や資産譲渡の対価ではないこと（非対価性）が、一時所得の性質である。

一時所得の典型は、懸賞の当選金や遺失物の拾得報労金である。相続や贈与も一時所得と考えられるが、相続や個人からの贈与は非課税とされているので（9条1項17号）、一時所得となるのは、法人からの贈与である。マンション建設予定地の近隣住民が建設業者等から受けた金員は、損害賠償にあたる部分を除き、一時所得にあたるとした判決がある（大阪地判昭和54年5月31日行集30巻5号1077頁）。

ギャンブルの利益と保険金は、伝統的に一時所得とされてきたが、対価性は否定できない。また、必ずしも一時的な収入ではない。

課 税 方 法

収入金額から、必要経費ではなく「その収入を得るために支出した金額」を控除し、

特別控除を行った後，2分の1課税の対象となる（22条2項2号）。一時所得の非対価性は，必要経費控除になじまないとされる。

収入を得るために
支出した金額

控除については，「その収入を生じた行為をするため，又はその収入を生じた原因の発生に伴い直接要した費用に限る」という文言が重要である。これによって，必要経費よりも広がる部分と，狭まる部分が出る。

前者として，たとえば，居住する借地借家の立退料を獲得した場合，立退のための費用を控除できることがあげられる。立退費用は，通常は家事費と考えられる（45条3項が同条1項1号に規定する家事費・家事関連費を除外していることに注意）。

後者として，たとえばギャンブルにおける費用は，1つの賭けに係るもの（その馬券や車券代）かぎりであるとされている（ただし，かつての通達では，常連の場合は，年間の総払戻金と馬券購入代金との総額対応を認めていた。）。これは，最も厳格な損失控除（損益通算）の否認である。また，競馬場に行くための交通費や競馬新聞の購読費などは控除できない。もっとも，最高裁は，馬券をソフトウェアを使い機械的に大量購入して得た所得を雑所得とし，外れ馬券購入費の必要経費控除を認めた（最判平成27年3月10日刑集69巻2号434頁）。

10 雑 所 得

2つの雑所得

雑所得という所得種類は，大きく2つの部分に分かれる。本来の雑所得（35条2項2号）と，公的年金給付（同項1号）である。

後者は，その課税方法から，独立した1つの所得種類と考えてよい。かつてみなし給与所得（旧所法29条）に区分されていた公的年

金が，制度の整備や控除のあり方の問題から，1987（昭和62）年に雑所得とされた。今後は，年金等所得として独立した所得種類とすることも考えられる。

本来の雑所得　本来の雑所得とは，他の所得種類に入らなかった所得の受け皿としての所得種類である。積極的な内容をもつものではなく，性質の異なる様々な所得が含まれる。

　計算方法は，総収入金額から必要経費を控除した額である（35条2項2号）。雑所得の損失は，他の所得種類から控除することができない。

年金と原資回収　年金のうち次に述べる公的年金等に該当しないものは，現在も本来の雑所得として課税されている。この場合の課税方法には，原資の回収という重要な問題が含まれている。すなわち，1回または複数回の掛け金払込みにより，一定の期間のまたは終身の年金給付を受ける場合，毎回の給付額のうちのどの部分が掛け金の回収として非課税であり，どの部分が所得として課税されるのかという問題である。

　総支給額が確定していない終身年金が特に問題であるが，原資回収部分（必要経費）の具体的課税方法は，〔その年の給付額〕×〔掛け金総額〕÷〔平均余命表から計算した支給見込額〕である（令183条1項2号）。この方法には，平均余命を超えて生きれば実際には負担していないものまで控除されることになり，平均余命までに死ねば原資回収ができないという不合理がある。

公的年金等　公的年金等（次に述べる課税方法の対象となる年金をいい，確定給付企業年金など私的年金の一部を含む。）は限定列挙されており，大まかには，①公的な社会保険または共済制度にもとづく年金，②恩給および過去の勤務にも

とづき使用者から支給される年金，③確定給付企業年金法や確定拠出年金法にもとづく一定の要件を満たす年金その他これらに類する年金の3つのカテゴリーに分かれる（35条3項，令82条の2）。なお，公的年金のうち，障害年金，遺族年金は，それぞれの年金法で非課税とされ，一定の恩給と年金も非課税である（9条1項3号）。

公的年金に係る雑所得の計算は，収入金額から公的年金等控除額を控除した金額である（35条2項1号）。この計算で問題となるのは，公的年金等控除額の性質，つまり，それを原資の回収と位置づけてよいのか，もしそうなら，何の費用なのかである。

この問題を，給与所得者であった者が受ける公的年金について考えよう。それにあたっては，第1に，公的年金の使用者負担部分が被用者に対する経済的な利益として課税されていないこと，第2に，社会保険料控除によって，公的年金の掛け金がその支払時に控除されていること（74条）が重要である。

第1の点について，年金額のうち使用者負担に係る部分は，被用者が負担しておらず，課税も受けていないのであるから，原資回収を考えなくてよいように思われる。しかし，実質的には給与が使用者負担部分だけ減少しているから，その部分からの公的年金は，勤労の対価の後払いと考えられる。

そうすると，後払いでなければ，給与所得控除が与えられていたはずである。したがって，公的年金等控除には，給与所得控除に相当する部分が含まれていることになる。それを超える部分は，担税力の考慮または優遇措置ということになる。

第2の点は，年金の被用者（本人）負担部分に対する公的年金等控除をどうみるかで

ある。給与のうち社会保険料として徴収された部分は，実質的な意味で本人に帰属するものではない（納税者本人が現実に手にする可能性はない。）。社会保険料控除は，その部分への課税を行わないための措置と考えられる。

　使用者負担部分と異なるのは，社会保険料控除が給与所得控除後の金額から行われていることである。それゆえ，本人負担部分から支払われた年金に対応する公的年金等控除の性質は，給与所得控除相当額を含まないことになる。したがって，それは，担税力の考慮または優遇措置のみからなる。

　なお，事業所得者の場合，必要経費控除後の所得から社会保険料控除をするので，公的年金等控除の性質は，やはり担税力の考慮または優遇措置となる。

8 損　　　失

① 事業・投資の損失と生活上の損失

必要経費・譲渡損失

事業や業務に生じた損失が，必要経費に算入される場合がある。たとえば，棚卸資産の盗難等による滅失は，棚卸計算において売上原価（または実地棚卸で棚卸減耗損）となり，必要経費に算入される。

　また，原則としてすべての資産について，その値下がりは，譲渡により譲渡損失となる（譲渡損失の規制→③）。

雑　損　控　除

消費生活の領域で生じた損失で，災害，盗難，横領によるものは，所得控除としての雑損控除が認められる（72条）。生計を一にする配偶者その他の親族の損失も対象とされること，控除額は損失のあった資産の簿価ま

たは時価の選択によること（たとえば，100万円で買った資産が300万円に値上がりしている時に災害で全損した場合，300万円の控除が認められる。令206条3項）から，災害等による担税力の減少を考慮した措置と位置づけられる。

控除の狭間

しかし，これらによってすべての損失がカバーされているわけではない。たとえば，資産がなくなってしまえば，譲渡損失はありえない。したがって，会社が倒産により解散すれば，その株式や社債の損失は控除できない（ただし，措法37条の11の2・37条の13の2）。預金や投資信託の元本毀損も，控除の余地はない。このような金融資産の損失については，規定がないので控除が認められないのである。このような損失控除の狭間は，ほかにも考えられる（なお課税済の債権の貸倒れについて前掲最判昭和49年3月8日）。

2 資 産 損 失

資産損失とは

その1つとして，たとえば事業用の店舗を取り壊した場合がある。これは，必要経費にも雑損失にも該当しない。資産損失の規定は，この狭間を埋めるため，1962年に設けられた。

規定の対象は，①事業用の固定資産や繰延資産の取り壊し，除却，滅失等による損失（51条1項），②事業上の貸倒れによる損失（同条2項），③災害，盗難，横領による山林の損失（同条3項），④業務用の資産の損失で雑損控除の対象とならないもの（同条4項）である。損失は必要経費に算入される。

事業と業務

この規定は，事業と業務を区別している。事業とは，事業所得の要件に相当する規模の所得獲得活動をいい，業務とは，これにいたらないものをいう。

事業所得を構成する活動はすべて事業であり，雑所得を構成する活動は業務または業務にもいたらない取引である。不動産所得を生ずる所得獲得活動は，両者を含む（→ **7③の2つの不動産所得**）。

したがって，山林を別とすると，事業については上記①・②，業務については④の損失について，必要経費控除が認められる。

| 雑損控除との関係 | 災害によって生じた①と③は，雑損控除の対象とはならない（72条1項・70条3項）。

災害等による④については，雑損控除と資産損失が選択できると解される（基通72-1）。

③ 譲渡損失の規制

| 個人消費による
譲渡損失 | 消費生活で用いられる資産の損失（たとえば耐久消費財が古くなり使えなくなること。）

は，家事費の性質をもつ。しかし，譲渡所得はすべての資産の譲渡損益を含むため，そのような資産を譲渡して譲渡損失を出せば，他の譲渡益を相殺し，さらに，損益通算によって他の所得を相殺する可能性がある。

その対処として，取得費調整を述べたが（→ **5③の譲渡損失としての消費**），さらに次の2つの制度がある。

| 生活用動産 | 第1に，生活用動産に係る譲渡益の非課税に対応して，その譲渡損失がないものとされる（9条1項9号・2項1号）。対象となるのは，自己またはその配偶者その他の親族が生活の用に供する一定の生活に通常必要な動産である（令25条）。

| 生活に通常必要でない
資産 | 第2は，生活に通常必要でない資産に係る損失である（69条2項）。生活に通常必要でない資産とは，概ね贅沢品や趣味のため

の動産と不動産で，たとえば30万円を超える美術工芸品がこれに
あたる（62条1項，令178条1項）。損失は，譲渡損失が主であるが，
文言上はこれにかぎられない。

　この損失は，損益通算を禁止する方法で控除が制限される（69条
2項，令200条。生活用動産との関係について，神戸地判昭和61年9月24
日訟月33巻5号1251頁，大阪高判昭和63年9月27日高民集41巻3号
117頁）。したがって，たとえば上記の美術工芸品を売却して出した
損失は，他の譲渡利益を相殺して税負担を軽減することは認められ
る。ただし，譲渡利益が出れば課税される。

　生活に通常必要でない資産については，さらに，災害，盗難，横
領による損失についても，雑損控除の対象から除外され（72条1項
第1かっこ書），損失の年度およびその翌年度の譲渡所得の金額から
の控除が認められるだけとなる（62条）。

4　損失の帰属年度

損失認識の考え方　販売した商品について返品や値引きが生じ
たときや，代金債権が弁済されないときの
所得計算はどうなるだろうか。所得税法は，不動産所得，事業所得
または山林所得を生ずべき事業の遂行上生じた損失（以下「事業上
の損失」という。）で，返品や値引きによる収入金額の減少，および，
売掛金の貸倒れによる損失は，その損失の生じた日の属する年分の
必要経費に算入すると定めている（51条2項，令141条1号）。した
がって，これらは，売買のあった年にさかのぼって収入金額を減額
するのではなく，値引きや返品，貸倒れの生じた年の必要経費にな
ると考えられる。

　売買契約などの行為が無効となり，または取り消されたときはど
うか。所得税法は，事業上の損失で，所得計算の基礎となった事実

に含まれていた無効な行為により生じた経済的成果がその行為の無効であることに基因して失われたとき，または，その事実のうちに含まれていた取り消すことのできる行為が取り消されたときは，その損失の生じた日の属する年分の必要経費に算入すると定めている（令141条3号）。無効について経済的成果の喪失が要件とされているのは，取消しのための意思表示と同様，何らかの客観的確認が必要なためと考えられる。

　問題となるのは，無効や取消しが法律行為の効力を行為時にさかのぼって失わせる制度であることから，損失の生じる時も法律行為が行われた時となるのか，それとも，取消しについては取り消された時，無効については経済的成果の失われた時とするのかである。さらに，経済的成果が失われる時はいつか（それは，損失の生じる時と同じか），そもそも経済的成果とは何かも，明らかではない。

　たとえば，第1年に売買契約により目的物を引き渡して代金を受け取ったが，第2年に契約が無効となり，第3年に代金と目的物が返還された場合，どの年度にどのような処理をすべきだろうか。一般的な理解では，第3年に経済的成果が失われて損失が生じ，必要経費に算入すると思われる（→第1章4②の**瑕疵ある法律行為**）。

　重要なことは，この理解では，第3年に十分な収入金額がなければ損失を控除しきれないこと，したがって，実際には何も得ていないのに税負担が残ることである。収入金額が反復継続して生じる事業所得などでは，そうしたことはあまり生じないかもしれないが，自宅を売却したような場合には，大きな問題となる。

遡及的調整　　そこで，上記以外の所得種類（不動産所得を生ずべき業務を含む。）において，資産の譲渡代金が回収不能となった場合および一定の事由により返還すべきこととなった場合，その金額は譲渡が行われた年度にさかのぼっ

てなかったものとすることが定められている（64条1項，令180条1項。なお基通64-2）。保証債務を履行するため資産の譲渡をし，求償権が行使できない場合も，同様の調整を行う（64条2項）。

　さらに，事業廃止により廃止後に発生した必要経費について，一定の範囲で年度をさかのぼって控除を認める規定が設けられている（63条）。事業廃止による損失の控除可能性を勘案したものと解される。

　所得税法は，これらの遡及的調整を行うため，手続規定を設けている（152条）。注意しなければならないのは，この規定のもとにある政令が，所得計算の基礎となった事実に含まれる行為の無効と取消しを追加していることである（令274条）。ただし，事業所得，事業から生じた不動産所得，山林所得の場合は除かれている。

9 課税単位と人的帰属

① 課税単位

個人単位課税の原則

　所得税の税額を算定する単位を，課税単位という。日本の所得税は，個人を課税単位としている。アメリカやドイツでは，夫婦の所得を合算して課税する方式を取り入れている。これを夫婦合算課税，特に夫婦の所得の合計を2分し，これに税率を適用して算出された税額を2倍する方式を，2分2乗方式という。

　課税単位が問題になるのは，課税が累進的だからである。つまり，累進税率や所得控除により，所得の増分に対する税額の増分の割合が増加する場合，夫婦合算方式では所得が平均されるので，個人単位課税とは税負担に差が出る。

課税単位を家族とすべきであるという考え方もある。日本は，戦前は家族単位であった。

配偶者・家族の考慮

今日も，配偶者や家族の存在が全く無視されているわけではない。配偶者控除（83条），配偶者特別控除（83条の2），扶養控除（84条）の存在は，個人単位課税のもとで，納税者本人に課された配偶者に対する協力扶助義務（民法752条）や親族に対する扶養義務（同法877条）を考慮したものと考えられる。また，雑損控除（72条），医療費控除（73条），社会保険料控除（74条）などについても，生計を一にする配偶者その他の親族に係るものが考慮される。

ただし，配偶者控除，扶養控除は，配偶者等の者の合計所得金額（2条1項30号イ(2)）が基礎控除の金額を超えると，適用されない（同項33号・34号）。配偶者について，このことが社会進出の機会を奪うとされたことから，配偶者特別控除が設けられた（83条の2）。控除額は，配偶者の合計所得金額に応じて逓減する。

配偶者控除と配偶者特別控除については，納税者本人の合計所得金額による制限も設けられている（2条1項33号の2，83条1項，83条の2第1項）。夫婦単位的な考え方が顔を出しているとみられよう。

16歳未満の扶養親族は，扶養控除の対象外とされている（2条1項34号の2）。これらの者は，一定の範囲で児童手当の対象となる。

② 所得の帰属と分散

帰属の原則と分散の意味

累進課税のもとでは，等しい額の所得を，1人の納税者に集中するよりも，複数に分散した方が，全体としての税負担が軽くなる。したがって，個人単位課税のもとでは，夫婦や家族などに所得を分散しようとする誘因が働く。

一般に，資産性所得はその資産の所有者に，勤労性所得は勤労を行った者に帰属するのが原則とされている（たとえば東京地判昭和63年5月16日判時1281号87頁における課税庁の主張）。そこで，所得の分散とは，この原則に従って生じる現象であると位置づけるのか，それともこの原則に反するものとするのかが問題となる。これは同時に，この原則の正しさや個人単位課税を問うことでもある。所得分散の語は，一貫した意味で用いられてきたとはいい難い。

資産性所得の合算　資産性所得については，上述の原則に従った意味で分散することが容易である。すなわち，資産を家族等に贈与すれば，その後その資産が生み出す所得は，すべて贈与を受けた者に帰属する。その防止のため，かつて資産合算課税制度が存在した（最判昭和55年11月20日訟月27巻3号597頁参照→**7③の資産合算制度**）。もちろん，贈与税の存在も，分散を防止している。

資産合算が適用されない場合にも，たとえば株式譲渡の所得について，株式の名義（株主たる地位）を妻とし，購入資金の捻出や売買の判断，指図を夫が行った場合，夫への課税を是認した裁判例がある（東京地判平成5年9月6日行集44巻8＝9号747頁）。判決は家族名義の株式は夫の保有する株式であると判断しているので，帰属の原則における資産保有者を，租税法上で認定していると理解できる。

事業主への集中　勤労性所得についても，家族が協働して事業を行えば，上述の原則から，それぞれの貢献度に応じて所得が帰属する（分散される）と考えられる。しかし，実際には，家族のいずれかを事業主と判定し，この者にすべての所得を集中する課税が行われる（東京高判平成3年6月6日訟月38巻5号878頁〈百選28〉）。

たとえば，最高裁は，農業からの所得の帰属について，何人が主

としてそのために勤労したかではなく，何人の収支計算のもとにおいて行われたかの問題とした（最判昭和 33 年 7 月 29 日税資 26 号 759 頁）。いかに家族の協力があったとしても，その家族の生計を支える事業からの所得は，家族を扶養すべき地位にある者に帰属するとされるのである（上記最判第 1 審である岐阜地判昭和 32 年 1 月 30 日行集 8 巻 1 号 100 頁）。

　通達は，事業の経営方針の決定につき支配的影響力を有する者といった事業主判定の基準を示している（基通 12-3〜12-5）。事業所得が，独立した経営判断を前提とするためと考えられる。ただし，収入等に対する私法上の法律関係も考慮されるとみられる。

　事業主判定が行われた場合，実際に勤労をした者には所得が帰属しないことに注意すべきである。このような帰属を，個人単位課税の中で説明できるかは疑問となる。収支計算や経営判断だけで所得が発生するのではないからである。

| 親族への対価 |

協働する家族を被用者とし，実際に給与を支払えばどうか。こうした場合に対して，生計を一にする親族に対して事業への従事等により支払った対価は，その事業の必要経費に算入できないとする規定がおかれている（56 条）。この対価には，金銭や資産を借りた場合の利子や賃料も含まれる。

　これに対応して，その親族が受けた対価は，ないものとみなされる（課税されない。）。その親族に生じたその対価に係る必要経費は，事業を行う者の必要経費とされる。

　この規定の適用は，対価が不相当に高額かどうかを問わない。また，夫婦が独立して事業を営む場合にも適用される（最判平成 16 年 11 月 2 日訟月 51 巻 10 号 2615 頁〈百選 32〉）。このため，この規定は，個人単位課税を家族単位的に変更しているとみるほかない。

専従者給与 この規定の例外として，生計を一にする親族でもっぱら事業に従事するものに支払った給与について，事業を行う者が青色申告をする場合には相当な金額を，青色申告をしない場合には一定額を，必要経費とすることができる（57条）。支払いを受けた親族は，課税を受ける。配偶者控除は適用されない（2条1項33号）。

この例外は，事業専従者の給与のみを対象とする。したがって，親族が独立した事業を営む場合は，適用の余地がない。

家族組合 協働する家族が，組合を設立すればどうか。たとえば，夫婦がともに弁護士である場合，組合を作り，2人が依頼事件を分けあうことが考えられる。このような所得の分割を規制する規定はない。夫婦ではない弁護士同士が組合を作るのと同じである。

そこで，家族が一緒に働いて農業やその他事業を営む場合も，明示的に組合を設立し，所得を折半することが考えられる。もっとも，組合員への勤労の対価が組合利益の分配ではなく給与とされ（最判平成13年7月13日訟月48巻7号1831頁〈百選21〉），親族への対価の規定の適用を受ける可能性がある。

また，明示的な組合の設立がなければ，事業主判定が行われると考えられる。

夫婦財産契約 夫婦財産契約により，すべての所得を折半することも考えられる。しかし，裁判例は，夫婦財産契約を締結しても，夫婦の一方の勤労により第三者から受けた収入（弁護士報酬，原稿料）が誰に帰属するかは，その第三者との関係で誰が収入を受け取る権利を有するかにより決定されるから，所得の帰属は変わらないとした（前掲東京地判昭和63年5月16日）。

なお，外部から獲得された勤労性所得についてはこのようにいえ

るとしても，夫婦内部で発生した所得，たとえば共有財産の値上がり益については，夫婦財産契約にもとづき，共有物としての課税が行われると考えられる。

法 人 成 り　いわゆる法人成りを行い，事業を法人化して家族が法人の被用者となれば，所得を分割することができる。これによって，法人税の負担は発生するが，同時に法人税率が個人所得税の限界税率よりも低い場合には，課税繰延の利益を得ることができる。もちろん，夫婦ともに給与所得控除を得ることができる。

　所得課税において，こうした法人の法人格を否認した裁判例はないが（徴収での法人格否認として神戸地判平成8年2月21日訟月43巻4号1257頁），所得の帰属が，法人ではなくその構成員にあるとした例はある（富山地判昭和40年3月26日行集16巻3号405頁）。

実質所得者課税の原則　所得の人的帰属に関しては，実質所得者課税の原則（12条）をどのように理解するかが問題となる。

　この規定の解釈は，「法律上帰属するとみられる者」および「享受する者」という文言の理解をめぐり，法的帰属説（法的実質主義）と経済的帰属説（経済的実質主義）に分かれる。「法」対「経済」の現れの1つである（→第1章4①の**経済的観察法**）。

　法的帰属説は，所得の帰属を私法上の法律関係によって決める考え方で，「法律上帰属するとみられる者」とは，そう「みられる」にすぎない「単なる名義人」であって法律上の真の権利者でない者をさし，「享受する者」が真の権利者にあたるので，これに所得が帰属すると解釈する。

　経済的帰属説は，「法律上帰属するとみられる者」には法律上の真の権利者が含まれ，そうした者ではなく，所得を現実に（経済的

に）「享受する者」に，所得が帰属すると解釈する。

　どちらが正しいか，文言からは決め手がないが，学説は一般に，経済的帰属説における「享受」の概念が不明確であるため，法的安定性の観点から，法的帰属説を支持している。

第3章　法　人　税　法

> 法人は，独立の権利主体となる資格を認められた団体で
> ある。法人税法は，法人への所得課税をどのように理解
> しているのだろうか。本章では，所得税法と比較しなが
> ら，法人税法の基本的枠組みを理解していこう。

1　法人税制の基礎理論

1　法人税法の意義

法人税の存在意義　わが国では，法人税法を主たる法源として，法人の獲得した所得に対して法人税を課している（租税特別措置法にも法人税に関する重要な規定は多くある。）。

　法人税はなぜ存在するのだろうか。その実際的な理由は，社会的にみて相当な力をもつ法人という事業形態に課税の対象としての便宜性が認められるためであろう。税収確保の観点からみれば，法人に税負担を課すことにより大きな税収を相対的に小さな執行コストで得ることができる。わが国で法人所得に対する租税が創設されたのは，1899（明治32）年であり，それは日清戦争を契機とした法人企業の飛躍的な発達をふまえてのことである。その後の戦費調達を

主とする財政需要を背景に，法人税は発展し，第2次世界大戦後の
シャウプ勧告に依拠した税制改革（シャウプ税制）により現在の制度
の原形ができあがった。

法人実在説と法人擬制説

議論があるのは，法人税が何に担税力を見
いだしているのかという点である。法人の
担税力に関する立場として，大きくは2つ
の立場がある。1つは，法人独自の担税力を肯定する立場であり，
租税法における法人実在説とよばれることがある。もう1つは，法
人独自の担税力を否定する立場であり，租税法における法人擬制説
とよばれることがある。法人擬制説は，法人税を個人株主が法人を
通じて獲得する所得（通常，配当という形をとる。）に対する個人所得
税の前取りであると考える。これらは民法における法人実在説と法
人擬制説と同じではなく，民法における両説の立場から演繹的に導
出されるわけでもない。シャウプ勧告では法人擬制説の立場がとら
れており，1950（昭和25）年に成立したシャウプ税制では法人擬制
説の立場に立った税制が採用された。

法人の担税力

憲法が求める平等原則から租税制度は担税
力に応じた形で構築されることが求められ
る（公平負担原則）。法人税が何に担税力を見いだしているかを決め
ることは，現在の法人税制が憲法秩序のもとでの公平な租税制度と
いえるかを検討するための指標を決めることでもある。

　法人実在説は，法人独自の担税力を肯定することから，法人同士
の公平を問題とすることになる。しかし，そもそも法人とは人為的
存在であって，その設立・解散が可能であり，分割・合併なども行
うことができる。したがって，法人の所得を人為的に操作すること
はたやすい。そのような存在である法人に独自の担税力があるとみ
て，その公平を議論することには，あまり意味があるとは思われな

い。このことを考えてみると，法人税が担税力を見いだす存在として，株主たる個人の所得を捉える法人擬制説が妥当であろう。

個人所得税の補完
──株主

法人税がない世界を想像してみよう。個人所得税があることを前提とすると，納税者はどういった行動をとるだろう。現在の所得税は，実現主義を採用しており，株式の含み益などの未実現利益には課税していない。とすると，法人税がない場合には，個人事業主は，法人を設立して事業を行う，いわゆる「法人成り」をして，法人に利益を留保するだろう。法人に利益を留保するかぎりにおいて所得税は課せられない。さらには，「法人成り」した個人事業主は，法人に留保した利益を，課税を受けずに再投資に回すことができる。個人事業主のままであるならば，再投資に回すことができるのは課税後の利益のみとなり，法人と比較して事業の展開上きわめて不利である。このように，法人税がない場合，経済合理的な個人事業主は，「法人成り」をすることで，個人所得税の課税繰延べをすることになる。これは個人所得税にとって致命的である。このように考えてくると，法人税は，実現主義を前提とする個人所得税を補完するために必要であるといえそうである。この理解は，法人税を個人株主が法人を通じて獲得する所得に対する個人所得税の前取りであるという法人擬制説の理解と整合的である。

　なお，法人税が存在していても，個人所得税の限界税率が法人税よりも高い場合，そのような限界税率の適用を受ける個人は，事業を個人ではなく法人を通じて行い，その利益を法人に留保して個人所得税の適用を利益配当時まで繰り延べることができるので，課税繰延べが完全に解消されるわけではない。

法人税を個人所得税の前取りと理解する立

法人税と個人所得税の統合

場からは，法人の所得には法人税と配当に
対する個人所得税の二重課税が行われてい

ると考えることになる。そこで，二重課税調整措置として，法人税
を個人所得税と統合（integrate）することが志向され，わが国や諸
外国で検討されてきた。

その方式には，法人を民法上の任意組合と同様の事業主体とみな
す組合方式や，株主が受け取る配当に対応する法人税額を加算した
金額を株主の配当所得として個人所得税を算定し，当該所得税額か
ら先に加算した法人税額を税額控除するという株主税額控除方式
（インピュテーション方式）などがある（そのほかには，配当損金算入方
式，二重税率方式，配当非課税方式などがある。）。

二重課税調整措置

わが国では，シャウプ勧告にもとづき二重
課税調整のために，個人の受取配当のうち

所定の割合を税額控除として認める配当税額控除が採用された。
1950 年のシャウプ税制の当時は，法人段階での税率と個人段階で
の配当税額控除による調整がなされ，二重課税は排除されていた。
現行法では税率と税額控除との調整は崩れており，二重課税調整措
置としては不十分なものとなっている。

なお，二重課税によって必ずしも税額が多くなるとはかぎらない
ことに注意が必要である。法人税と所得税の課税ベースや税率によ
っては，所得税だけの場合と比較して所得税と法人税の合計の税額
が少なくなる場合もある。たとえば，所得税率 50％，法人税率
30％，配当税率 20％の場合について個人企業と法人（全額配当する
ものとする。）とで合計の税額を比較してみる。仮に年間の課税所得
が 100 だとすると，個人企業では税額は 50 である。法人の場合に
は，法人税 30 で配当に係る所得税が 14（70×0.2）であるから合計

44 となり，法人の場合の方が，個人企業の場合よりも合計の税額が少なくなる。

法人税の2つの側面
——個人所得税の補完と攪乱

以上のことから，現在の法人税制についていえることは，個人所得税の補完として一定の意義を有しているが，逆に，法人税の存在によって，二重課税が生じ個人所得税の攪乱にもなっているということである。この相矛盾する側面をどのように調整して克服するかが，法人税制が内包している課題であり，現在でも議論が積み重ねられている。

新しい法人税制の根拠

現行法人税制の性質とその問題点については既にみてきた。他方で，現行法人税制の限界を意識し，現行法制とは異なる新たな法人税制の構築のために，法人課税の根拠として個人所得税の補完以外を主張する見解も複数ある。たとえば，国家が法人という法律上の事業体を認めていること，法人の株主に有限責任が認められていること，法人に対する持分が譲渡できることなどの，法人税を法人という形態をとることの便益に応じた課税として構築すべきとする立場である。

しかしながら，判例上，租税とは，特別の給付に対する反対給付ではないとされている（最大判平成18年3月1日民集60巻2号587頁〈百選2〉）。したがって，わが国においては，上述の見解のように国家が法人に便益を与えることを法人課税の根拠とする必要はないし，あまり意味がないのではないだろうか。

また，上述の各事項を法人税の課税根拠と捉えた場合には，法人所得を課税標準と設定していることの説明がつかないであろう。上述の見解では担税力は法人形態をとることによる便益にあると理解することになるが，その便益は，法人所得とは別物であると思われる。

法人税の転嫁と帰着　法人税の転嫁と帰着の問題も，新しい法人税制を設計するうえでは重要である。法人税は株主が把握する法人の財産を減少させるから，究極的には個人たる株主がその租税を負担している（帰着している）と考えられてきた。しかし，近年の学説では，法人税は株主以外の者に租税が帰着している，すなわち転嫁していると考える立場も有力となっている（たとえば，従業員や債権者など。法人税が増税された場合，法人は従業員の給与を減額するなどして，増税前と同等の税引後利益を確保するかもしれない。）。仮に，法人税を究極的に負担しているのが，法人の従業員なのであれば，法人税制が公平であるかどうかは，法人の従業員に対する課税の公平として議論すべきことになる。法人税の転嫁と帰着は，主として経済学の世界で実証が進みつつあり（そもそも不可知であるとの認識もある。），その結果を租税制度へ反映させることは今後の課題といえるだろう。

個人所得税の補完
——法人の参加者　個人が法人を含む事業体を形成して事業を行うのは，取引コストの減少などによりその形態をとることが最も効率的である場合にかぎられるとする，企業の理論（the theory of firm）という考え方がある。この考え方は，法人から利益を得ているのは株主だけではなく，企業に参加しているといいうるだけの関連を有している関係者（たとえば役員など）も含まれることを示唆する。これまで検討してきた現行法人税制の存在意義として考えられる個人所得税の補完とは，基本的に「株主」の個人所得税の補完としての意味合いであった。しかしながら，企業の理論や上述の法人税の転嫁と帰着を前提とすると，企業から利益を得ている「法人の参加者」の個人所得税の補完としての存在意義をより強調した税制を構築することが，法人税制の公平に資するとも考えることができる。

② 法人税制の改革

税制の中立

第1章2③の**効率性・中立性**の箇所で触れたように，租税における効率性の価値基準として，市場による資源配分をできるだけ歪曲しないことが主張されている。この考え方からは，課税が市場経済に中立的であることが最も租税を効率的にする。そのような観点から，現在の租税法体系を抜本的に変革する様々な税制が提唱されている。まずは，現在の租税制度の中立性を阻害する要因を俯瞰してから，中立的な税制として提唱されている制度をみていこう。

資産凍結効果
（ロックイン効果）

既に述べたとおり（→第2章1③の**執行の問題**），包括的所得概念からすると，未実現のキャピタルゲインへも課税すべきであるが，現実には課税されていない。この未実現のキャピタルゲインへの非課税は，納税者の資産の保有・売却行動を歪曲する。資産の所有者は，ほかに効率的な投資先があっても，キャピタルゲインの実現に対する課税を避けるために，資産を過剰に長く保有することがありうるからである。これを資産凍結効果（ロックイン効果）といい，資産の有効活用を阻害する要因となっている。

資金調達への影響

資金調達をする方法として，出資による場合と借入による場合がある。出資を受けて資金調達をした場合，上述のとおり，法人にはその利益に対して法人税が課税され，かつ，株主側でも配当への課税がなされるので二重課税がなされている。また，法人が配当をせずに利益を内部留保した場合でも，それに見合って株価は上昇することから，株主レベルで株式を譲渡した場合にキャピタルゲインへの二重課税が生じる。

　他方で，借入による資金調達であれば支払利息を損金として控除

でき税額が減少する。したがって，法人からすれば，借入による資金調達の方が出資による資金調達より税制上有利である。このように，現在の税制では資金調達方法に関する歪曲が生じている。

キャッシュ・フロー
法人税

包括的所得税の上述のような問題点は，資本に関する所得の取扱いに基因している。このような問題を解決する方策として，主張されるのが消費型（支出型）所得概念である（→第2章 1③の**消費型所得概念**）。消費型（支出型）所得概念は，個人に対して所得から貯蓄を控除した消費を課税ベースとして累進課税を適用するという考え方であり，そういった税制は支出税といわれる。そして，個人への課税についての支出税に対応するための法人側の支出税といえる税制が，キャッシュ・フロー法人税である。これは，1978 年に公表された英国のミード報告書により提唱された。キャッシュ・フロー法人税と，現行の法人所得税との違いは，設備投資を仕入れとして扱うことによって全額控除し，かつ，借入の支払利息を控除しない点である。設備投資を控除するのは，貯蓄とみなすべきだからである。

支出税とキャッシュ・フロー法人税の組み合わせは，上述の包括的所得課税の歪曲をいずれも解消する。まず資産凍結効果については，キャピタルゲインへの課税において，資産を売却して売却代金が課税ベースに算入されても，当該売却代金をほかの投資先に投資すれば控除されるので，資産を過剰に長く保有する動機がなくなり，資産の売却に関して中立的となり，その歪曲は解消される。次に，資金調達に対する歪曲についても，利息と配当とが課税ベースからいずれも控除されないので，税制は資金調達に対して中立的となるため解消される。

支出税の最大の難点は，消費を把握するために，すべての個人の

所得と貯蓄の把握が必要になるという徴税コストの問題である。

| ACE・包括的
事業所得税 |

支出税およびキャッシュ・フロー法人税は，包括的所得概念を基礎とする現行租税法体系からの乖離が著しくその実現にも執行上大きな壁が存在している。そこで，現在，注目を集めている制度として，ACE（Allowance for Corporate Equity. みなし利息控除）がある。1991 年に英国のシンクタンクである IFS（Institute for Fiscal Studies）が提言し，イタリア，ブラジルなどでの採用例がある制度である。ACE は，自己資本に対する一定の割合（中期国債の利子率などの割合が用いられる。）をみなし利息として課税ベースから控除する制度である。この結果，出資と借入に関する課税の取扱いが均等になり，資金調達方法に関する歪曲は解消されることになる。ただし，現行法人税制と比較した場合，法人税の課税ベースを縮小させることになる。

　ACE は自己資本の控除を認めることで，出資と借入に関する歪曲を解消するが，それとは逆に，借入の支払利息について課税ベースからの控除を認めない税制の提案もなされている。包括的事業所得税（Comprehensive Business Income Tax, CBIT）といい，米国で 1992 年に提言されている。この制度は，法人であるか否かを問わずすべての事業を対象として，利息控除を認めないが，事業からの利益の分配および受取利息は非課税とするという制度である。

2 納税義務者と課税標準

① 納税義務者の類型

内国法人・外国法人　法人税の主たる納税義務者は，法人（人格のない社団などを含む。）である。法人税法（以下本章で，法人税法については条文番号のみ。）は，法人を所定の類型に区分して，その類型に応じて納税義務者と課税所得の範囲を規律している（第1編第3章第1節）。

　法人税法は，まず法人を，国内に本店または主たる事務所を有する法人である内国法人（2条3号）と，内国法人以外の法人である外国法人に区分する（同条4号）。内国法人は，法人税の納税義務を負い，所得の源泉地を問わず各事業年度の所得について，「各事業年度の所得に対する法人税」を課される（4条1項・5条）。外国法人は，国内源泉所得（138条）を有するときに，法人税の納税義務を負い，各事業年度の一定の国内源泉所得について「各事業年度の所得に対する法人税」を課される（4条3項・8条1項・141条）。

公共法人・公益法人等・協同組合等・人格のない社団等・普通法人　法人税法は，内国法人および外国法人の区分とは別に，公共法人（2条5号・別表第1），公益法人等（同条6号・別表第2），協同組合等（同条7号・別表第3），人格のない社団等（同条8号）および普通法人（同条9号）という類型を設けている。なお，人格のない社団等は，法人とみなされる（3条）。

　公共法人，公益法人等，協同組合等には，それぞれ法人税法別表第1～3に掲げられた法人が該当する。普通法人は，公共法人，公益法人等，協同組合等以外の法人である（人格のない社団等も含まな

い。)。

　人格のない社団等は，「法人でない社団又は財団で代表者又は管理人の定めがあるもの」（2条8号）と定義されている。ここでいう「法人でない社団」の意義について，裁判例では，法的安定性の点から社団性の概念は民事実体法と一義的に解釈されるのが相当であるとし，権利能力なき社団の実体法的要件（①団体としての組織をそなえていること，②多数決の原則が行われていること，③構成員の変動に左右されず団体が存続すること，④団体としての管理運営規則が確立されていること〔最判昭和39年10月15日民集18巻8号1671頁〕）を前提とすべきとするものがある（福岡高判平成2年7月18日訟月37巻6号1092頁）。

　課税所得の範囲　上述の5つの類型のうち納税義務者と課税所得の範囲について制限を受ける類型は，公共法人，公益法人等，人格のない社団等である。

　公共法人（地方公共団体など）は，その公共的性格から納税義務を免除されている（4条2項，人的非課税）。

　公益法人等（公益財団法人，公益社団法人など）および人格のない社団等は，収益事業を行う場合にのみ法人税の納税義務を負う（4条1項ただし書）。収益事業から生じた所得以外の所得については，法人税は課されない（6条）。なお，収益事業は，政令で限定列挙された事業にかぎられている（2条13号，法令5条）。

　協同組合等および普通法人については，納税義務者への該当性や課税所得の範囲について特段の制限はなく，そのすべての所得に課税を受ける。

　収益事業　収益事業とは，販売業，製造業その他の政令で定める事業で，継続して事業場を設けて行われるものをいう（2条13号）。宗教法人（公益法人等である。）

の行うペット葬祭業が収益事業たる請負業（令5条1項10号）など
に該当するかが争いとなった裁判例がある。

　最高裁は，公益法人等に対して収益事業からの所得に課税を行う
主たる趣旨は，その他の法人との競争条件の平等をはかることにあ
るとしたうえで，収益事業たる請負業などへの該当性について，財
貨の移転が対価の支払いとしての性質をもつものか喜捨等の性質を
もつものか，また当該事業がその他の法人の事業と競合するか否か
などの観点をふまえて，事業の目的，内容，態様などの諸事情を社
会通念に照らして総合的に検討して判断するのが相当である旨を判
示した。そして，当該事案におけるペット葬祭業は，収益事業たる
請負業などに該当するとした（最判平成20年9月12日訟月55号7号
2681頁〈百選51〉）。

> ### 税　　率

法人税の税率は，法人の類型ごとに区分さ
れている。普通法人，人格のない社団等，
または公益法人等のうち一般社団法人等の税率は，23.2%である
（66条1項）。公益法人等（一般社団法人等を除く。），協同組合等の税
率は，19%である（66条3項）。また，租税特別措置法により，資
本金の額が1億円超の普通法人を除き，多くの法人または人格のな
い社団等について所得の金額のうち年800万円以下の金額について
は，15%の軽減税率が適用される（措法42条の3の2第1項）。

> ### 法人税法と様々な組織体

法人税法の典型的な納税義務者は，株式会
社である。株式会社は，普通法人である。
基本的に本書の読者は，株式会社を想定し
て本書を読み進めてくれてよい。ただ，わが国または外国には，
様々な組織体が存在している。株式会社以外の組織体についての法
人税法の規律についてここで俯瞰しておこう。

> **任意組合・**
> **有限責任事業組合**

民法上の任意組合や有限責任事業組合（有限組合2条）は，原則として，人格のない社団等に含まれず（法基通1-1-1），組合自体を納税義務の主体とする法人税は課されない。

　組合損益は組合を通り抜けて組合員に直接帰属するものとして課税が行われる（パス・スルー課税）。したがって，組合員が法人であれば，帰属した損益に応じた法人税が課される。法は損益の帰属の方法などについて原則的な規律をしていない。通達では，契約または法律が定める分配割合に応じて，組合事業から生ずる損益が組合員に直接帰属することとされている（法基通14-1-1，基通36・37共-19）。なお，有限責任事業組合における損失の組合員への帰属は出資の価額に制限されている（措法27条の2・67条の13）。これは有限責任事業組合の組合員が出資の価額を限度とする有限責任であるという理由による（有限組合15条）。

> **匿　名　組　合**

匿名組合契約は，出資者が営業者の営業のために出資をし，営業者はその営業から生ずる利益を出資者に分配する契約である（商法535条）。匿名組合も，人格のない社団等には含まれないので（法基通1-1-1），匿名組合自体を主体として法人税が課せられることはない。匿名組合は，実務では投資にかかわる契約において，よく用いられており，租税法の中では存在感が大きい。

　匿名組合に関する課税についても，法に原則的な規律はなく，通達に具体的な定めが置かれている（法基通14-1-3）。すなわち，匿名組合の営業について生じた利益の額または損失の額は，現実に分配を受けまたは負担をしていない場合であっても，匿名組合契約によりその分配を受けまたは負担をすべき部分について，匿名組合員の益金または損金に算入される（同）。

このように任意組合や匿名組合を用いた事業では，投資家を組合員や匿名組合員とすることで，事業から生じた損失を帰属させることができることから，意図的に課税上の損失を作り出し，投資家に利用させるための組織（タックス・シェルター）として利用される事例も存在する。

信　託

信託も，原則として，人格のない社団等には含まれない。信託の受益者が特定している場合，信託に係る所得は受益者に帰属するものとして課税される（12条1項・2項）。

法人課税信託（2条29号の2）に該当する場合には，受託者（個人も含む。）に当該信託に係る所得について法人税が課される（4条・4条の2・4条の3・4条の4・64条の3）。

法人税法は，信託を，上述以外にも，集団投資信託（2条29号），退職年金等信託（12条4項1号），特定公益信託等（同項2号）などに分類して規律している。

外国法人

外国法にもとづき設立された組織体が，法人に該当するか否かが問題となったいくつかの事例がある（→*Column ③*）。そのなかの一つでは，米国デラウェア州法上のLPS（リミテッド・パートナーシップ）に対するわが国の納税者による投資に関して，LPSが米国で行う不動産賃貸事業に係る損失が，その構成員たるわが国の納税者に直接に帰属するのか否かが争われた（最判平成27年7月17日民集69巻5号1253頁〈百選23〉）。

最高裁は，複数の者が出資をすることにより構成された組織体が事業を行う場合において，その事業の損益が組織体に帰属するのか構成員に帰属するのかは，原則として，当該組織体が，わが国の租税法上の法人に該当するか否かに依拠するという立場をとった。そ

のうえで，外国法にもとづいて設立された組織体が外国法人（2条4号）としてわが国の租税法上の法人に該当するか否かは，当該組織体が日本法上の法人との対比において，わが国の租税法上の納税義務者としての適格性を基礎づける属性を備えているか否かとの観点から判断することが予定されている旨を判示した。結論として，当該事案のLPSは外国法人に該当するから，わが国の納税者である構成員に損失が帰属することはないとした。

　なお，米国では，このLPSの租税法上の取扱いとして，納税者の選択により，組織体への課税か構成員への課税かを選択でき，当該事案では構成員課税が選択されていた。このように，ある国の租税法では組織体への課税が行われ，別の国の租税法では構成員への課税が行われる存在は，ハイブリッド・エンティティとよばれ，租税法上の取扱いが難しく議論の対象となっている。たとえば，上述の事案で，LPSに利益が出ている場合はどうなるのだろう。最高裁の帰結は，わが国の課税ベースを制限する可能性もある。

法人税の存在意義と組織体課税

以上のように様々な組織体への課税については明示的なルールがない場面が多い。そこでさらに問われるべきことは，法人税の存在意義との関係において，これらの組織体に法人課税を行うことが求められるか否かという点である。はたして，任意組合を「法人」とせず，米国デラウェア州LPSを「法人」とすることは，法人税の意義との関係から正当化できるのであろうか。組織体に対する課税の問題は，法人税の存在意義を正面から見つめ直す問題ともいえる。

② 課税標準

各事業年度の
所得の金額

「各事業年度の所得に対する法人税」にお
いて，内国法人の課税物件は所得であり，
課税標準は，「各事業年度の所得の金額」
である（21条）。各事業年度の所得の金額は，「当該事業年度の益金
の額」から「当該事業年度の損金の額」を控除した金額である（22
条1項）。益金は，所得税法における収入金額（所法36条）に相当し，
損金は，必要経費および資産の取得費（所法37条・38条）に相当す
る。

益金の額には，別段の定めがあるものを除き，資産の販売，有償
または無償による資産の譲渡または役務の提供，無償による資産の
譲受けその他の取引で資本等取引以外のものに係る当該事業年度の
収益の額が算入される（22条2項）。収益の概念は，特に定義され
ていない。

損金の額には，別段の定めがあるものを除き，当該事業年度の収
益に係る売上原価等の原価の額（22条3項1号），販売費，一般管理
費その他の費用の額（同項2号）および損失の額で資本等取引以外
の取引に係るもの（同項3号）が算入される。原価や費用，損失に
ついても，法人税法は定義をおいていない。ただし，費用について
は，債務の確定という限定が付されている（同項2号かっこ書）。

資本等取引からは，益金も損金も発生しない（22条2項・同条3
項3号）。資本等取引とは，法人の資本金等の額の増加または減少
を生ずる取引ならびに法人が行う利益または剰余金の分配および残
余財産の分配または引渡しをいう（22条5項）。たとえば，資本等
取引である出資の受入れによって益金は発生せず，株主に対する剰
余金の分配は損金に算入できない。

| 公正処理基準 | 益金の額に算入される収益の額ならびに損金の額に算入される原価の額，費用の額お |

よび損失の額は，「一般に公正妥当と認められる会計処理の基準」
（公正処理基準）に従って計算される（22条4項）。同項は，1967（昭
和42）年に法人税法の簡素化の一環として設けられた。

　各事業年度の所得の計算をするための租税会計と企業利益算定の
ための企業会計とを別個のものとすることも制度設計上可能ではあ
る。しかし，企業利益と所得とは共通の観念であり，二重の手間を
避ける意味で，法人税法は，企業会計に準拠して各事業年度の所得
を計算する建前をとっている（企業会計準拠主義）。

| 確定決算主義 | 公正処理基準に基づく課税所得の算定は，申告手続上，確定決算主義にも支えられて |

いる。すなわち，法人税の典型的な納税義務者である株式会社の場
合，その会計は，「一般に公正妥当と認められる企業会計の慣行」
に従うものとされている（会法431条）。それに従い作成された計算
書類が株主総会における承認を受けて「確定した決算」となる。そ
して，法人税法は，その「確定した決算」を基礎として計算した課
税標準などを記載した確定申告書の提出を求める（74条1項）。こ
れを確定決算主義という。

　このように，企業会計を基礎として会社法会計が行われ，さらに
会社法会計を基礎として租税会計が行われる，という法人税法の採
用する会計の構造は，「会計の三重構造」ともよばれる。

| 確定決算主義の意味・効果 | 確定決算主義の「確定した決算」とは，一般に，株式会社における株主総会など法律上の承認機関で承認された決算を意味する |

と理解されている（会法438条2項参照）。ただし，株主総会の承認
などがない場合にも，確定申告が無効となるわけではない（福岡高

判平成 19 年 6 月 19 日訟月 53 巻 9 号 2728 頁)。

　確定決算主義の具体的な法人税法上の規定としての現れが，損金経理に関する諸規定である。法人が確定した決算において費用または損失として経理することを損金経理（2 条 25 号）とよぶが，法人税法は所定の項目について，損金経理をした場合にのみ，損金に算入することを認めている（31 条 1 項・33 条 2 項・42 条 1 項など）。

別段の定め　　法人税法は，既に述べたとおり益金の額および損金の額に算入される，収益や原価，費用，損失という概念を，自らは定義することなく用いている。公正処理基準の定めから，原則としてこれらは企業会計上の概念を利用しているものと理解されるが，法人税法は，そのうえで，数多の「別段の定め」をもって，企業会計における利益計算に修正を加えて，課税所得の計算を行っている。

　別段の定めは，法人税法中の主要な部分を占め，いわば法人税法の本体である。別段の定めは，実務や紛争においても中心的位置を占めている。

公正処理基準の独自性　　ところで，公正処理基準といっても，実は何をもってその内容とするかが必ずしも明らかではない。その中核となるのは「企業会計原則」（→ *Column* ⑨）をはじめとする企業会計の基準と考えられるが，それらの内容は，基本的事項に限定されており，網羅的なものではない。また，実務的に認められた企業会計の基準であれば，法人税法上の公正処理基準にあたるといえるのかも明らかではない。そこで，法人のした会計処理が，公正処理基準に従ったものか否かという形で争いになることがままある。

公平な所得計算の要請　　一般論として，最高裁は，「法人税法 22 条4 項は，現に法人のした利益計算が法人税

法の企図する公平な所得計算という要請に反するものでない限り，課税所得の計算上もこれを是認するのが相当であるとの見地から，収益を一般に公正妥当と認められる会計処理の基準に従って計上すべきものと定めたものと解される」と判示している（最判平成 5 年 11 月 25 日民集 47 巻 9 号 5278 頁〈百選 65〉）。同判示においても，「一般に公正妥当と認められる会計処理の基準」の内容は明示されていない。ただし，最高裁が，「法人税法の企図する公平な所得計算という要請」を公正処理基準に適合するかの判断における一要素になると考えていることは明らかであり，この判示からすれば，投資家保護を目的とする企業会計や債権者保護を目的とする会社法会計との乖離は避けられない。

| 実務上有力な 企業会計の基準 |

この点，日本公認会計士協会の公表した特別目的会社を活用した不動産の流動化に係る譲渡人の会計処理に関する実務指針（不動産流動化実務指針）が，法人税法上の公正処理基準（22 条 4 項）に該当するか否かが争われた事件がある（ビックカメラ事件・東京高判平成 25 年 7 月 19 日訟月 60 巻 5 号 1089 頁〈百選 59〉）。

裁判所は，法人税法上の公正処理基準（これを同裁判所は，「税会計処理基準」と表現している。）に該当するか否かについて，法人税法が定める具体的規律の内容にもとづいて判断すべきとする立場をとり，不動産流動化実務指針という有力な企業会計の基準について，公平な所得計算という要請とは別の観点に立って定められたものとして，法人税法上の公正処理基準とは認めなかった。

| 脱税工作の手数料 |

さらに，架空の経費を計上することによる脱税工作のための手数料の損金性が争われた事例がある（最決平成 6 年 9 月 16 日刑集 48 巻 6 号 357 頁〈百選 55〉）。最高裁は，架空の経費を計上するために支払われた手数料は，「公

正処理基準に反する処理により法人税を免れるための費用というべきであるから，このような支出を費用又は損失として損金の額に算入する会計処理もまた，公正処理基準に従ったものであるということはできない」と判示して損金性を否定している（なお，現在は，55条により脱税および賄賂等の費用の損金不算入規定が導入されている。）。

企業会計においては，脱税工作の手数料といえども費用または損失に含まれるとする見解がある。同見解の場合，上述の判例は，企業会計と法人税法上の公正処理基準との乖離を認めた判例と理解することになる。このように，企業会計と法人税法上の公正処理基準とが乖離する事案は増えてきており，はたしてその方向性が妥当なのか否かについて議論がある。

事 業 年 度　法人の所得の金額は，法人の財産および損益の計算の単位となる期間ごとに算定される。この計算期間を事業年度という。事業年度は，法令または定款等で定められた会計期間である（13条1項）。それが1年を超える場合には1年ごとに区分される（同項ただし書）。所得税法は，暦年（1月1日から12月31日まで。）の1年間を課税標準の計算期間とするが（通法15条2項1号参照），法人税法では，課税標準の計算期間を納税義務者が定めることを認める。法人税法の主たる納税義務者である株式会社では，4月1日から翌年の3月31日までの1年間を一事業年度と定める会社が多い。

また，法人の解散・合併など法所定の事由が生じた場合に，法所定の期日で事業年度を区切る制度がある（14条）。

　本文中には，公正処理基準や企業会計基準，企業会計原則など同じような言葉が色々と出てきた。会計学を学習していない法学部生はこれらが何のことなのか戸惑うかもしれないので，会計処理の基準（会計基準）について若干の説明を加えておこう。

　わが国の会計に関する法律上の規制には，会社法，金融商品取引法，法人税法の３つの体系がある（会計のトライアングル体制）。会社法は，主として会社計算規則に株主と経営者の利害調整や債権者の保護を目的とした規制をおいている。金融商品取引法は，主として投資者保護を目的とした規制をおいている（「財務諸表等の用語，様式及び作成方法に関する規則」などがある。）。法人税法の目的は既にみてきたとおり，課税の公平性である。

　ただし，前述の規制は形式的な事項が多く，具体的な会計処理の方法については，歴史的に会計プロフェッションにより形成されてきた会計基準に委ねている。ただし，それぞれの法令で準拠する会計基準についての表現は若干異なる（22条4項，会法431条，財務諸表等規則1条1項）。

　既にみたとおり，法人税法が定める「一般に公正妥当と認められる会計処理の基準」の内容を具体的に定めた法令はない。ただし，その中核となる文書は存在している。わが国では，1949（昭和24）年に，設定・公表された「企業会計原則」を中心として，多数の論点ごとの会計処理の基準が設定・公表されている。「企業会計原則」以外にも「原価計算基準」，「金融商品に関する会計基準」，「企業結合に関する会計基準」など設定・公表されている会計基準は多数ある。

　その設定・公表主体は，歴史的には，旧大蔵省が設置していた企業会計審議会であった。現在は，民間団体である財団法人財務会計基準機構に設置されている企業会計基準委員会が新たな会計基準を設定・公表している。企業会計基準委員会は，「企業会計基準」という名称の文書により，会計基準を公表している。近年では，「収益認識に関する会計基準」が公表され，法人税法の改正のきっかけともなっている（→ **3**②の

法人税法 22 条の 2）。同基準は，わが国における初めての包括的な収益認識に関する会計基準である。契約に基づく義務の履行に着目し，履行義務を充足した時または充足するにつれて収益を認識するという考え方が示されている。

3 法人所得算定過程

① 課税所得の計算方法

企業利益と「別段の定め」による調整　法人税法が，企業会計をベースにしており，確定決算主義を採用していることは既にみた。法人税法上の課税所得の算定は，実務上，このように確定した決算上の企業利益（当期純利益）から，法人税法上の「別段の定め」にもとづく調整によってなされることになる。

具体的な調整項目として，「別段の定め」には，益金算入項目，益金不算入項目，損金算入項目，損金不算入項目の 4 つの種類がある。

たとえば，企業会計上，法人が受ける剰余金の配当は，収益に該当する。しかし，法人税法上は，所定の割合で益金の額に算入しないものとされている（23 条 1 項 1 号）。そこで，益金の額に算入されない額を，企業利益から減算することになる。これは，益金不算入項目の例である。

人的帰属　所得の人的帰属については，法人税法 11 条において実質所得者課税の原則が規定されている。その規定の内容は，所得税法 12 条と同様である。人的

帰属の問題については，所得税法と重複する部分が多く，詳しくは，第 2 章 *9* を参照してほしい。

② 年 度 帰 属

企業会計 ） 年度帰属も，所得税法における権利確定主義や管理支配基準などの議論と同様に，法人税法において争いとなることが多い問題である。この年度帰属に関して，「収益認識に関する会計基準」（平成 30 年 3 月 30 日，企業会計基準委員会。以下「収益認識会計基準」という。）が新たに導入されることに伴い，平成 30（2018）年度税制改正において収益の認識に係る法人税法 22 条の 2 が新設された。旧法のままであると，同会計基準は，法人税法 22 条 4 項が定める公正処理基準を構成し，法人税法上も同会計基準に従った処理となってしまう可能性があったが，法人税法 22 条の 2 は，原則として，従来の取扱いを維持できるように条文が作られている。

まず，旧法の構造を確認しておくと，旧法では法人税法 22 条の 2 がなく，法人税法 22 条 2 項の通則しかなかったので，収益の計上時期は，同条 4 項に基づく公正処理基準によって決まると読めた。そして，判例は，収益の計上時期について，公正処理基準を根拠にして，「実現があった時，すなわち，その収入すべき権利が確定したときの属する年度の益金に計上すべきものと考えられる」（大竹貿易事件・最判平成 5 年 11 月 25 日民集 47 巻 9 号 5278 頁〈百選 65〉）と表現し，法人税法でも，権利確定主義が妥当することを明らかにしていた。さらに，「右の権利の確定時期に関する会計処理を，法律上どの時点で権利の行使が可能となるかという基準を唯一の基準としてしなければならないとするのは相当でなく，取引の経済的実態からみて合理的なものとみられる収益計上の基準の中から，当該法

人が特定の基準を選択し，継続してその基準によって収益を計上している場合には，法人税法上も右会計処理を正当なものとして是認すべきである」とし，納税者による会計基準の選択を尊重すると判示していた。

法人税法22条の2

これに対して，法人税法22条の2第1項において，①「資産の販売若しくは譲渡又は役務の提供」（以下「資産の販売等」という。）に係る収益の額は，「その資産の販売等に係る目的物の引渡し又は役務の提供の日の属する事業年度」に計上されることが明記された。

さらに，同条第2項において，②第1項の規定にかかわらず，公正処理基準に従ってその資産の販売等に係る契約の効力が生ずる日その他の上記①の日に近接する日の属する事業年度の確定した決算において収益として経理した場合には，当該事業年度の益金に算入するものとされた（なお，確定した決算ではなく申告書の上だけで調整する申告調整をした場合については，同3項）。

改正担当者の解説では，①は従来の権利確定主義および収益認識会計基準とも整合的との理解に基づき規定されたもので，②は，大竹貿易事件の取扱いを維持するために設けられたとしている。

人為的操作可能性

上述の大竹貿易事件は，輸出取引に関する売主の収益の計上時期が問題となった事例である。輸出取引においては，商品の船積日に収益を計上する基準が広く採用されていた（船積日基準）。ところが，輸出取引を業とする納税者が，荷為替手形を取引銀行で買い取ってもらう時点で輸出取引による収益を計上していたので（為替取組日基準），為替取組日基準が，公正処理基準として認められるかが争いとなった（荷為替手形とは，輸出取引などで売主が代金の取り立てのために買主を支払人として振り出す為替手形で，売主が商品を船積みする際に受け取る船荷証券

などの船積書類が添付されたものである。売主は取引銀行に荷為替手形を買い取ってもらうことで代金回収をすることができる。）。

　最高裁は，為替取組日基準は，船積みによって既に確定した売買代金請求権について，為替手形を取引銀行に買い取ってもらうことにより現実に売買代金相当額を回収する時点まで待って，収益に計上するものであって，その収益計上時期を人為的に操作する余地を生じさせる点において，公正処理基準に適合しない旨を判示している。

　本判決は，法人税法22条の2の新設前においては，収益の計上時期に関する公正処理基準として認められるためには，人為的操作可能性が否定されることを要する点を示したものと評価できた。

　仮に，現行法下で本判決の事例を分析すると，まず第1項に基づき，「目的物の引渡し」を基準とすることとなり，それは船積日基準や着荷基準であり，為替取組日基準ではないであろう（法基通2-1-2参照）。そこで，納税者としては，第2項に依拠して，為替取組日基準が公正処理基準であることを主張することになると考えられるが，本判決を踏襲すると，人為的操作可能性の観点から公正処理基準に該当しないという判断になるものと考えられる。

過大徴収料金の返還　法人税法22条の2の新設前の事件であるが，所得の年度帰属に関して特徴のある裁判例を2つみておこう。1つ目は，過年度の支払電気料の計算に誤りがあることが判明したために電力会社から返還を受けた過払返戻金が新たに収益に加算されるべきか，過年度の損金の減額をして修正すべきかが争われた事件である（相栄産業事件・最判平成4年10月29日訟月39巻8号1591頁〈百選68〉。過年度修正については第5章を参照してほしい。）。

　最高裁は，過払の電気料金の返還請求権が確定したのは，当事者

間で過払の事実が判明して返還すべき金額について合意が成立した時点であるとして，過払返戻金は，合意が成立した事業年度の収益として益金の額に算入される旨を判示した。

損害賠償請求権　　　2つ目は，法人の従業員が経費の架空計上によって法人から金員を詐取していた事例である（日本美装事件・東京高判平成21年2月18日訟月56巻5号1644頁〈百選69〉）。従業員が計上していた架空外注費を納税者たる法人が損金として処理していたことから，過年度修正の問題となった。この点，架空外注費の額は，これを計上した事業年度の損金額から控除され，詐取された架空外注費に相当する損害の額は同事業年度の損金の額に算入されることには争いはなかった。問題は，法人からの従業員に対する詐取された架空外注費に係る損害賠償請求権をどう処理するかである（法人からの従業員に対する損害賠償請求訴訟も法人勝訴で確定していた。）。裁判所は，不法行為による損害賠償請求権については，通常，損失が発生した時には損害賠償請求権も発生，確定しているから，これらを同時に損金と益金とに計上するのが原則であるとした（→第2章3③の**両建計上**）。

収入実現の可能性　　　いずれの裁判例も権利確定主義にもとづいており，問題となっている権利に関する益金への計上時期について，前者の事件では権利の発生時ではなく過払返還の合意時点とされたが，後者の事件では権利の発生時点であるとされた。権利確定主義の下では，両事件の差異について，「権利の確定」とは，権利の「発生」と同一ではなく，権利発生後一定の事情が加わって収入実現の可能性が増大したことを客観的に認識することができるようになったことを意味すると考えられることからすれば，収入実現の可能性を勘案した結果との説明が可能であった。

現行法下での上記両判決の位置づけを考え

**権利確定主義と
収益認識会計基準**

てみよう。第一に，損害賠償請求権や不当
利得返還請求権は，「資産の販売等」に係
る収益ではないと考えられるから，法人税法22条の2第1項の適
用対象ではないので，原則に戻り同22条4項の公正処理基準に従
う処理がなされるはずである。第二に，法人税法上，収益認識会計
基準が導入された現時点においても，公正処理基準を根拠に権利確
定主義が妥当すると考えることができるならば（大竹貿易事件参照），
上記両判決は意義を失っていないということになる。しかしながら，
現時点においても公正処理基準から権利確定主義が導出できるかど
うかについては慎重な議論が必要である。

**収益および費用の
帰属事業年度の特例**

法人税法は，既に述べたとおり，原則的な
年度帰属の基準として，実現主義および権
利確定主義をとっているが，収益および費
用の帰属事業年度の特例として，いくつかの年度帰属に関する別段
の定めをおいている（63条・64条）。内容については，所得税法と
同様である（→第2章6②・③のリース取引）。

資産の評価益・評価損

たとえば，土地の値段や株式の値段を想定
してみればわかるように，所有する資産は，
時間の経過とともにその価値は変動する。したがって，対外的な取
引がなくとも，所有資産の価値の増減を法人内部で認識してその所
有資産の評価を換えることで，法人に収益や損失が生じたと考える
ことはできる。

　しかしながら，法人がその有する資産の評価換えをしてその帳簿
価額を増額または減額した場合には，原則として，その増減額した
部分の金額は，益金または損金の額に算入しない（25条1項・33条
1項）。これは，法人税法が採用する実現主義からの要請である（→

第 2 章 6 ①の所得の発生と認識）。

③ 益　　金

| 益金の額 |

法人税法 22 条 2 項の文言を整理すると，益金の額は，①資産の販売，②有償による資産の譲渡，③有償による役務の提供，④無償による資産の譲渡，⑤無償による役務の提供，⑥無償による資産の譲受け，⑦その他の取引に係る収益の額となる（資本等取引は除かれる。）。

①は棚卸資産が対象であり，②は棚卸資産以外の資産が対象である。⑤には無利息貸付などが含まれる。⑦の「取引」とは，基本的には企業の資産・負債・資本に影響を及ぼす出来事という簿記上の意義における取引を意味すると考えるべきである（ただし，最判平成 18 年 1 月 24 日訟月 53 巻 10 号 2946 頁〈百選 54〉も参照）。したがって，⑦は，日常用語でいう取引に限られず，債務免除を受けた場合などを含み，不法行為による損害賠償請求権を取得した場合（→②の**損害賠償請求権**）も含まれると考えられる。

①，②，④は，その販売若しくは譲渡をした資産の引渡しの時における価額が益金の額となる（22 条の 2 第 4 項）。③，⑤は，その提供をした役務につき通常得べき対価の額が益金の額となる（同項）。いずれの場合も，条文上，現実の対価の額とはされていない（→**無償取引**）。⑥は，譲受資産の時価相当額が益金の額となる。

なお，法人税法 22 条 2 項は，無償による役務の受領について益金が生じる旨を規定していないが，これは，無償による役務の受領によって支出すべき費用が減少し，その分課税所得が増加することから，その経済的利益を益金とする必要はないという理由にもとづくと理解されている。ただし，法人税法 25 条の 2 およびそれを受けた法基通 4 - 2 - 6 は（→ 7 ②の**寄附金の損金不算入・受贈益の益金不**

算入），無償による役務の受領について益金が生じることを前提と
しているが，同条は「別段の定め」との理解がある。

無償取引

既に述べたとおり，法人税法は，無償によ
る資産の譲渡および無償による役務の提供
により益金が発生することを予定している。これらの取引により資
産の譲渡や役務の提供をした側に，収益が発生することは直感的に
は理解が困難であり，その根拠について複雑な議論がある。そのよ
うな中，平成 30（2018）年度税制改正によって，法人税法 22 条の
2 第 4 項が設けられ，無償取引を含む「資産の販売等」（22 条の 2
第 1 項）において益金に算入する金額は「その販売若しくは譲渡を
した資産の引渡しの時における価額又はその提供をした役務につき
通常得べき対価の額に相当する金額」とすることが明示された。こ
の金額は，貸倒れまたは買戻しの可能性があっても「その可能性が
ないものとした場合における価額」とされている（同条 5 項）。

　最高裁は，平成 30（2018）年度税制改正前において，資産の無償
譲渡から収益が発生することを認める法人税法 22 条 2 項は，「法人
が資産を他に譲渡する場合には，その譲渡が代金の受入れその他資
産の増加を来すべき反対給付を伴わないものであっても，譲渡時に
おける資産の適正な価額に相当する収益があると認識すべきもので
あることを明らかにしたもの」（最判平成 7 年 12 月 19 日民集 49 巻 10
号 3121 頁〈百選 52〉）と理解しており，法人税法 22 条の 2 第 4 項は，
当該判決の趣旨を明確化したものと位置付けられている。

　なお，学説では，無償取引に係る規定を，「正常な対価で取引を
行った者との間の負担の公平を維持し，同時に法人間の競争中立性
を確保するために，無償取引からも収益が生ずることを擬制した創
設的規定である」と考える見解（適正所得算出説）が通説的位置を占
めている。ただし，ここでいわれる公平とは何かについては議論の

余地がある。

低 額 取 引

　無償による資産の譲渡ではないが，適正な価額よりも低い対価での資産の譲渡をした場合にはいかに解されるべきだろうか（低額譲渡）。この点につき，平成30（2018）年度税制改正前の最高裁は，このような低額譲渡は，「有償による……資産の譲渡」（22条2項）に該当すると理解したうえで，無償譲渡の場合に譲渡時に適正価額に相当する価額で収益が認識されることとの公平を理由にその収益の額には，資産の譲渡の対価の額およびこれと資産の譲渡時における適正な価額との差額も含まれるとした（前掲最判平成7年12月19日〈百選52〉）。つまり，合計すると，結局，資産の適正価額が収益の額に含まれることになる。

　さらに，このような理解は，法人税法37条8項により，資産の低額譲渡の場合に当該譲渡の対価の額と当該資産の譲渡時における価額との差額のうち実質的に贈与したと認められる金額が寄附金の額に含まれることと対応するとしている。

　法人税法22条の2第4項の適用上は，有償取引か無償取引かを区別することなく「資産の販売等」において益金に算入する金額は「その販売若しくは譲渡をした資産の引渡しの時における価額又はその提供をした役務につき通常得べき対価の額に相当する金額」となることから，同項を根拠に，上記判決と同様の帰結が導かれる。

　なお，本項に関する新たな通達では，無償・低額取引の場合に，上記金額のうち，支払いを受ける対価の額を超える部分が，寄附金などの損金に算入されないものに該当しない場合には（**→親会社による無利息融資**），その超える部分の金額を益金の額及び損金の額に算入する必要はないとしている（法基通2‐1‐1の10（注2））。この取扱いは，時価と無償・低額取引の差額を益金に算入しても，寄附金などでなければ，同額が損金算入されて課税所得に影響しないこ

とが考慮されたものと考えられるが，同項の適用を37条7項の定める寄附金などの範囲に制限することになる点に留意が必要である。

受取配当等

法人が受ける剰余金の配当は，保有割合などで区分した株式ごとに所定の割合で益金の額に算入しないものとされている（23条1項）。これは，法人段階における課税の重複を軽減または排除するための措置である。持株比率の高い支配目的のある株式に係る配当の場合には益金不算入の割合が大きく，支配目的の乏しい株式に係る配当の場合には益金不算入の割合は少なくなる。持株比率による区分の理由として，たとえば，企業支配的な関係にもとづいて有する株式からの配当に課税をすると，事業を子会社形態で営むよりも事業部門の拡張や支店の設置等によって営む方が税制上有利となり，企業の経営形態の選択に対して法人税制が非中立的な効果をもつことになるという弊害を生じるおそれがあるからであるなどと説明されている。

具体的な株式の区分方法と益金不算入の割合については，これまで累次の改正を経ている。現行法では，完全子法人株式等（23条5項），関連法人株式等（同条4項），非支配目的株式等（同条6項）という概念で区別している。すなわち，①完全子法人株式等および関連法人株式等に係る配当は100％を益金に算入しない，②完全子法人株式等，関連法人株式等および非支配目的株式等のいずれにも該当しない株式等に係る配当は50％を益金に算入しない，③非支配目的株式等に係る配当は20％を益金に算入しない，というように3段階で区分して益金不算入の割合を定めている。

完全子法人株式等は，法人が内国法人の発行済株式総数の100％を有するなどの関係にある当該内国法人の株式等であり（23条5項），関連法人株式等は，法人が内国法人の発行済株式総数の3分の1を超える数を有するなどの関係にある当該内国法人の株式等で

あり（同条4項），非支配目的株式等とは，法人が内国法人の発行済株式総数の100分の5以下に相当する数を有するなどの関係にある当該内国法人の株式等である（同条6項）。

④ 損　金

| 損金の額 |

法人税法22条3項各号によると，損金の額は，原価（同項1号），費用（同項2号）および損失（同項3号）と整理できる。原価，費用，損失の意義や性質の詳細については，第2章5①を参照されたい。また，典型的な損金へ算入する項目といえる棚卸資産の売上原価の算定方法や，減価償却資産の減価償却費，繰延資産の償却費に関しての基本的な規律は，所得税法と概ね同様であるので，第2章5②を参照されたい。

| 原　価 |

企業が収益獲得過程の中で資産の取得や製造のために支出した財貨は原価に集合し，資産化され，資産のうち収益獲得のために費消された部分だけが費用として認識される（原価集合→第2章5②の資産とは，費消原価→第2章5①の原価）。法人税法は，損金算入可能な原価を定める22条3項1号において，「当該事業年度の収益に係る」との文言をおき（同項2号との対比），当該事業年度の収益との個別的対応関係を要求することで，費消原価のみを損金算入し，未費消原価を損金算入しないことを示している（→原価の見積計上）。たとえば，損金算入される「原価」は当該事業年度の収益と直接対応関係が認められる資産の購入のための対価の額，製造のための材料費，労務費，経費などである。

| 費　用 |

費用を定める法人税法22条3項2号には，「販売費，一般管理費その他の費用」とあ

り，これらは企業会計における非原価項目であって，支出や債務負担があった時に費用とされる。たとえば，地代家賃や水道光熱費等が典型的なものである。これらは，原価とは異なり，収益との間の個別的対応関係は認められないが，当該事業年度の収益と期間的に対応している（期間対応）。このような費用と収益の対応関係を会計学では「費用収益対応の原則」といい，費用計上の根本的な考え方となっており，原則として法人税法にも妥当すると考えられる。

さらに，法人税法22条3項2号の文言上，重要なのは，「債務の確定しないもの」が除かれていることである。これは債務確定要件（債務確定基準ともいう。）とよばれる。その内容は所得税法と同様である（→第2章5④の**債務の確定**）。

| 原価の見積計上 | 債務確定要件との関係では，宅地開発業者

が宅地造成をしてそれを販売した収益を益金に算入した場合に，その売上原価を構成する宅地造成に係る都市下水路整備負担金の見積りによる計上が許されるか否かが問題となった事案がある（最判平成16年10月29日刑集58巻7号697頁〈百選56〉）。

最高裁は，一定の事実関係によっては，当該事業年度の終了の日までに当該費用に係る債務が確定していないときであっても，見積金額を「当該事業年度の収益に係る売上原価」（22条3項1号）の額として損金の額に算入できる旨を判示した（ただし，この事案はかなり特殊な事実関係であった。）。

売上原価が認識されるのは，収益との個別的対応によるものであり，商品仕入代金などの債務の確定とは無関係である。売上時点で仕入代金が決まっていない場合にも原価を認識する必要がある（法基通2-2-1参照）。このような売上原価の性質からすると，売上原価の計上に債務確定を要件とすることは無理があるといえ，最高裁

の判示は妥当といえよう。

| 損　　失 |

損失と費用とは収益獲得への貢献の有無により区別されるといわれているが，その区別は難しい。たとえば，一般的な事業で貸倒れは典型的な損失であるが，金融業において経常的に発生する貸倒れは費用である。損失を定める22条3項3号には，債務確定要件が規定されていないので，費用と損失のいずれに該当するかで損金への算入に違いが生じうる。

　また，損失の額からは資本等取引に係るものが除かれている（22条3項3号）。原価と費用を定める同項1号・2号に資本等取引を除外する文言がないのは，原価と費用は収益獲得のためである以上，損益取引から生じること（つまり資本等取引からは生じないこと。）が当然の前提とされているからであろう。

| 寄附金 |

金銭その他の資産または経済的な利益の贈与または無償の供与（広告宣伝および見本品の費用その他これらに類する費用ならびに交際費，接待費および福利厚生費とされるべきものを除く。）を寄附金という（37条7項）。寄附金に該当する場合，資本金の額などまたは所得の金額を基礎として計算された金額（損金算入限度額）を超える部分は，損金に算入しない（37条1項）。

　ここで，寄附金の意義について，寄附金と法人の事業関連性の有無により諸説がある。たとえば，事業関連性のない支出はそもそも寄附金に含まれないとする見解（寄附金に該当すれば一定の損金算入は認められるから。）や，事業関連性の明確な支出こそが寄附金に含まれないとする見解（寄附金に該当すれば損金算入が制限されるから。）などがある。

　通説および裁判例は，寄附金は，法人の事業に関連するか否かを

問わず，法人が行う対価性のない支出であると解すべきであるとして，寄附金をきわめて広いものと捉える。この見解は，寄附金規定を以下のように理解している。

　すなわち，法人の行う対価性のない支出には，法人の事業に関連性を有し，その収益を生み出すのに必要な経費といえるものと，そうでないものとがある。後者の場合には，本来は課税所得の算定において控除すべきではない。しかしながら，その区別を客観的に判定することは困難である。そこで，法人税法は，事業活動の費用であることが明らかな 37 条 7 項のかっこ書の支出を例外として寄附金から除くとともに，行政的便宜および公平の維持の観点から一種の擬制として統一的な損金算入限度額を設け，その範囲内の金額には当然に費用性があるものとして損金算入を認め，それを超える部分については，仮に何らかの事業関連性があるとしても，損金算入を認めないものとしたのである（福岡高判平成 14 年 12 月 20 日税資 252 号順号 9251。原判決：熊本地判平成 14 年 4 月 26 日税資 252 号順号 9117 の引用部分）。

　寄附金の認識は，支出の事実にもとづいて行われる（37 条 1 項）。また寄附金の額は，贈与や無償の供与の時点の価額である（37 条 7 項）。

無償取引と寄附金課税　低額取引の箇所で述べたとおり，無償取引と寄附金規定は対応すると理解されている。そこで，その対応関係を理解するために，具体的な事例で確認してみよう。寄附金の損金算入限度額 5 の法人が取得価額 60，時価 70 の資産を無償譲渡した場合を考えてみる。当該年度の寄附金はこの取引のみから生じているとする。法人税法 22 条の 2 第 4 項によれば，「譲渡をした資産の引渡しの時における価額」で収益が認識されることから，収益の額は 70 となる。通説は，取得価額の 60 は，

原価（22条3項1号）に該当すると考える。他方で，寄附金の額は，70である（37条7項）。この70は37条1項の，「寄附金の額……の合計額」に取り込まれる。「寄附金の額……の合計額」のうち損金算入限度額以上の金額は損金不算入である。本事例では，寄附金の損金算入限度額は5であるから，5のみが損金算入され，残りの65は損金不算入である。

　仕訳の一例を示すと以下のとおりである。

仕訳	譲渡原価	60	資産	60
	寄附金	70	譲渡収益	70

　次に，取得価額60，時価70の資産を対価50で低額譲渡した場合を考えてみよう。そのほかは前述の事例と同様とする。この事例の場合も，前述と同様に，法人税法22条の2第4項によれば「譲渡をした資産の引渡しの時における価額」が収益となるので，収益の額は70となる。取得価額の60は，原価（22条3項1号）に該当する。他方で，寄附金の額は，70（時価）－50（対価の額）＝20である（37条8項）。この20は37条1項の，「寄附金の額……の合計額」に取り込まれる。したがって，前述の事例と同じく損金算入限度額以上であるから，5のみが損金に算入されることになる。

　仕訳の一例を示す。

仕訳	譲渡原価	60	資産	60
	現金	50	譲渡収益	70
	寄附金	20		

| 親会社による
無利息融資 | このように，寄附金規定による損金不算入によって結果的に課税所得が増えることで課税を受けることを寄附金課税とよぶことがある。裁判例では，親会社が子会社に無利息で融資した場合の課 |

税関係が問題となったことがある（清水惣事件・大阪高判昭和53年3月30日高民集31巻1号63頁〈百選53〉）。大阪高裁は，親会社の無利息融資は，合理的な経済目的がないかぎり，法人税法22条2項の「無償による……役務の提供」として，通常ありうべき利率による金銭相当額の経済的利益が収益として認識される旨を判示した。さらに，無利息融資は，経済的利益の無償の供与にあたるために，通常ありうべき利率による金銭相当額は，寄附金にも該当し損金算入制限を受けるものとした。その結果として，寄附金の損金不算入額について，課税所得が増加する帰結となる。なお，課税庁は，年10％の利率による利息相当額を寄附金としていたが，大阪高裁は通常ありうべき利率として，当時の定期預金利息や商事法定利率を考慮して，年6％と認定している。

　他方で，通達は，子会社等を再建する場合の無利息貸付け等については，子会社の倒産防止のために合理的な再建計画にもとづくなど相当な理由があると認められるときは，その無利息貸付け等により供与する経済的利益の額は，寄附金の額に該当しないとする（法基達9-4-2）。この通達は，無償による支出であっても，費用性が認められる場合は，寄附金には該当しないという考え方にもとづくと思われる。

| 交際費等 | 寄附金規定と類似する規定として，交際費等の損金算入制限の規定がある（措法61条 |

の4第1項）。交際費等とは，交際費，接待費，機密費その他の費用で，法人が，その得意先，仕入先その他事業に関係のある者等に対

する接待，供応，慰安，贈答その他これらに類する行為のために支出するものをいう（措法61条の4第4項）。交際費等は，企業会計上の費用であるが，冗費濫費の増大を抑止し，企業所得の内部留保による資本蓄積の促進をはかるなどのため，政策的に損金算入が制限されている。

交際費等への該当性について，医師から論文の英文添削依頼を受けた製薬会社が，その添削を米国の添削業者に外注していたところ，外注先に支払う添削料と医師から受領していた添削料の差額であって自らが負担していた部分が交際費等にあたるかが争いとなった事例がある（萬有製薬事件・東京高判平成15年9月9日高民集56巻3号1頁〈百選62〉）。

裁判所は，交際費等が一般的に支出の相手方および目的に照らして，取引関係の相手方との親睦を密にして取引関係の円滑な進行をはかるために支出するものと理解されていることを理由に以下の要件を導出した。すなわち，①支出の相手方が事業に関係ある者等であり，②支出の目的が事業関係者等との間の親睦の度を密にして取引関係の円滑な進行をはかることであるとともに，③行為の形態が接待，供応，慰安，贈答その他これらに類する行為であること，の3要件である。そのうえで，この事例では，②および③を否定し，交際費等に該当しないとした。

役員給与　法人がその役員に対して支給する給与（一定のものを除く。）のうち次にあげる給与のいずれにも該当しないものの額は，損金の額に算入されない（34条1項）。企業会計では，役員に対する給与は，いわゆる役員報酬および役員賞与を含め費用性のある支出とされている（企業会計基準委員会「役員賞与に関する会計基準」平成17年11月29日。企業会計基準第4号）。しかし，役員給与の安易な損金算入を認めると，その恣

意的な支給により法人税額が減少する一方で，支給を受ける側での所得税法の課税も給与所得控除などのメリットを受けることになり，法人・個人を通じた税負担の軽減効果が高く課税上の弊害が大きい。そこで，その弊害を防止するために本規定が設けられている。なお，給与には，債務の免除による利益その他の経済的な利益を含む（34条4項）。

　以前の商法および企業会計としては，役員報酬は，発生時に費用として会計処理をし，役員賞与は，利益処分により未処分利益の減少とする会計処理を行うことが一般的であり，法人税法も役員賞与については損金算入を認めていなかった。その後，会社法の制定により役員賞与も利益処分ではなく取締役の職務執行の対価と認められたことに対応して，平成18（2006）年度税制改正により法人税法も役員賞与の損金算入も可能となる現在の制度に改正されている。

定期同額給与・
事前確定届出給与・
業績連動給与

　上述の見地にもとづいて，給与支給における恣意性が排除されている所定の類型については損金算入が認められている。具体的には，①支給時期が1月以下の一定の期間ごとであり，かつ，当該事業年度の各支給時期における支給額が同額であるもの（34条1項1号。定期同額給与），②役員の職務につき所定の時期に確定した額の金銭や確定した数の株式等を支給する旨の定めにもとづいて支給する給与であり，かつ，原則として税務署長に届出をしているもの（同項2号。事前確定届出給与），③原則として同族会社に該当しない法人がその業務執行役員に対して支給する業績連動給与で年度利益や株式の市場価格または売上高の状況を示す指標を基礎とした客観的なものであることなど所定の要件を満たすもの（同項3号。業績連動給与）について損金算入が認められる。

　それぞれの給与への該当性については，通達に詳細な定めがおか

れている（法基通9-2-12以下）。裁判例には，事前の定めに係る確定額を下回って支給された場合に事前確定届出給与への該当性を否定した事例がある（東京地判平成24年10月9日訟月59巻12号3182頁〈百選60〉）。

不相当に高額な給与　上述の3つの類型のように34条1項によっては損金不算入とならない給与であっても，その給与の額のうち不相当に高額な部分の金額として政令で定める金額は，損金の額に算入されないと定められている（34条2項，令70条各号）。その趣旨は，職務執行の対価としての相当性を確保し，役員給与の金額決定の背後にある恣意性の排除を図る点にあると考えられる（東京地判平成28年4月22日税資266号順号12849）。

使用人兼務役員給与など　使用人としての職務を有する役員（使用人兼務役員）の場合，使用人としての職務に対する給与部分には，損金算入制限はかからない（34条1項柱書かっこ書）。ただし，社長，理事長や同族会社の一定の役員などは使用人兼務役員には該当しないものとされている（34条6項かっこ書，令71条）。また，使用人兼務役員の使用人としての職務に対する賞与であっても，ほかの使用人に対する賞与の支給時期と異なる時期に支給したものの額は，過大な役員給与として損金不算入となる（34条2項，令70条3号）。

また，役員に対する給与ではないが，使用人に対する給与でも役員と特殊の関係にある使用人（配偶者など）に支給する給与で，不相当に高額な部分の金額も，損金の額に算入されない（36条）。

ストック・オプション　ストック・オプション制度は，一般的には，法人が，その法人自身または関連法人の役員や従業員等に対して，権利行使期間において，あらかじめ設定した権利行使価額で，自己の株式または親会社等の株式を購入するこ

とを選択できる権利（新株予約権）を付与する制度をいう。その制度の目的は，役員や従業員等に付与して，企業成績向上による株価上昇を，勤労のインセンティブとすることである。

　このストック・オプションについて，発行法人側および付与される役員や従業員等の側において，いかなる課税があるかが問題となる（付与された個人の課税関係については→第2章7⑤の**ストック・オプション等**）。

企業会計上の取扱い　　まず，企業会計では，ストック・オプションの付与は従業員等からの役務提供の対価であるとの考え方を前提にして，その付与によって法人側は，ストック・オプションの公正な評価額のうち，対象勤務期間を基礎とする方法にもとづき当期に発生したと認められる額を費用計上することになる。そして，費用計上した額は，新株予約権として純資産の部に計上する（企業会計基準委員会「ストック・オプション等に関する会計基準」平成17年12月27日。企業会計基準第8号）。

法人税法上の取扱い　　これに対して，法人税法は，ストック・オプションによる費用の損金算入の時期を，従業員等において役務の提供につき所得税法などにおいて収入金額に算入すべき金額を生ずべき事由（給与等課税事由）が生じた年度とする規定をおいている（54条の2第1項。役務の提供に関する費用計上の時期の原則は役務の提供を受けた時である。）。給与等課税事由が生じないときには損金算入はされない（54条の2第2項）。そして，損金算入の金額は，その新株予約権の交付時の時価とされている（令111条の3第3項。よって，損金算入額は，役員または従業員等において所得税の収入金額に算入される金額とは異なる。）。このように54条の2第1項は，企業会計上の費用計上時期から，給与等課税事由発生時まで損金算入時期を繰り延べる規定となっている。

この措置は，以下の理由にもとづくものとされている。すなわち，ストック・オプションを取得する個人の側での課税は，その支給時ではなく権利行使時や譲渡（売却）時に繰り延べられている。それにもかかわらず，法人側で役務提供完了時に損金算入すると，所得税と法人税とを総合して考えた場合に，損金算入が先行して事実上の課税の繰り延べになり，さらに所得税が低率の課税であるときに法人税が全額損金算入すると課税ベースを縮小させる結果にもなる。これらの弊害を防止するために，従業員等において課税される事由が発生する時点で損金算入を認めることとされたものである。

なお，法人が新株予約権を発行する場合において，その新株予約権と引換えに払い込まれる金銭の額がその新株予約権のその発行の時の価額に満たないとき，またはその発行の時の価額を超えるときは，その差額は，損金の額または益金の額に算入しない（54 条の 2 第 5 項）。したがって，役務の提供の対価と発行されるストック・オプションの時価との間に差があったとしても，その差額につき損金または益金に算入されることはない。なお，この規定は，その文理上，ストック・オプションにおける新株予約権に限定されたものではなく，広く新株予約権発行全般に及ぶ。

また，一定のストック・オプションには，付与された役員や従業員等に対して権利行使時に所得税の課税がなく，権利行使後，取得した株式の譲渡時に譲渡所得として課税されるものがある（税制適格ストック・オプション。措法 29 条の 2）。ただし，譲渡所得は，給与等課税事由には含まれていないために，法人側ではこのような税制適格ストック・オプションは 54 条の 2 第 1 項にもとづいた損金算入ができない。

リストリクテッド・ストック（株式報酬）

いわゆるリストリクテッド・ストックとは，一定期間の譲渡制限が付された株式報酬をいう。当該期間中は，株式の譲渡が制限されるため，役員のリテンション効果があり，また，株主目線の経営を促す効果を有しているといわれている。

このリストリクテッド・ストックに係る損金算入時期についても，ストック・オプションと同様の措置が講じられている。すなわち，リストリクテッド・ストックを交付された個人の側での所得税の課税時期に（原則として譲渡制限が解除されることが確定した日。所令84条1項），法人の側でも費用が損金算入される（54条1項）。

引 当 金

企業会計では各種引当金への繰入額が費用として認められている。すなわち，対象が特定されており，その発生が当期以前の事象に起因し，発生の可能性が高く，かつ，その金額を合理的に見積ることができる場合には，引当経理が求められる（企業会計原則注解〔注18〕，計規6条2項）。

しかしながら，有力な理解では，法人税法は，債務確定要件（22条3項2号）により原則として引当金の計上を禁止しており，特別に引当金の損金算入を認める規定がなければ，その計上は認められないとする。

この理解を条文から読み取ると，22条4項により企業会計に従い「費用……の額」（同条3項2号）は計算されるが，そこから法人税法が同号かっこ書により債務未確定のもの（すなわち，引当金など）を除いていると読むことができる。

そのような理解を前提にすると，現行法では，引当金の損金算入が認められるのは，明文がある貸倒引当金（52条）にかぎられることになる（ただし，法定外の引当金を認めるべきとする見解もある。法基通9-6-4も参照）。その性質については所得税法と同様である（→

第 2 章 5④の引当金）。

金銭債権の貸倒れ

33 条 1 項の規定により，金銭債権の評価損は計上できない。しかしながら，金銭債権の全部貸倒れ（資産の滅失）であれば，33 条 1 項の対象となる資産の評価換えではない。したがって，公正処理基準に則り，損失として損金の額への算入がありうる。全部貸倒れは，①債権放棄（債務の免除〔民法 519 条〕）等により債権自体が法律上も消滅し完全になくなる場合（法律上の貸倒れ）と，②債権は法律上存続するが事実上その行使および実現が不可能であるため経済的に無価値とみられる場合（事実上の貸倒れ）とに区別される。通達は，それぞれの場合について損金の額への算入の基準を定めている（法基通 9 - 6 - 1，9 - 6 - 2）。また，通達は売掛債権については形式的な基準で貸倒れの損金算入を認めている（形式上の貸倒れ。法基通 9 - 6 - 3）。ただし，通達は法源ではないので，通達が定める貸倒れの要件は例示であると考えるべきである。

貸倒れの基準
（全額の回収不能）

貸倒れの基準について，最高裁は，金銭債権の貸倒損失を損金の額に算入するには，当該金銭債権の全額が回収不能であることを要し，それが客観的に明らかでなければならないとする。そのうえで，債務者の資産状況，支払能力などの債務者側の事情のみならず，債権回収に必要な労力，債権額と取立費用との比較衡量，債権回収を強行することによって生ずるほかの債権者とのあつれきなどによる経営的損失などといった債権者側の事情，経済的環境等もふまえ，社会通念に従って総合的に判断されるべきとした（興銀事件・最判平成 16 年 12 月 24 日民集 58 巻 9 号 2637 頁〈百選 58〉）。

この興銀事件について，事実上の貸倒れの基準を示した判決と理解する立場と，法律上の貸倒れ及び事実上の貸倒れを包含した総合

的認定基準を示した判決と理解する立場との対立がある。

　このように最高裁は全額の回収不能を求めるが，金銭債権の一部貸倒れを認めるべきとする有力説がある（特に貸倒引当金の設定が認められない法人において問題となる）。

<table>
<tr><td>全額回収不能ではない
債権の債権放棄</td></tr>
</table>

全額回収不能ではない債権を債権放棄した場合には，①原則として「経済的な利益」の「無償の供与」として寄附金に該当するが（37条7項），②子会社支援のためにやむを得ず負担を行う場合等の経済的合理性があれば，寄附金には該当せず「費用」ないし「損失」として損金算入される（22条3項2号・3号）。

　②の理論構成には議論がある。近年の裁判例では，「経済的な利益」の「無償の供与」にあたる法人税法37条7項かっこ書所定の費用が寄附金から除外されている趣旨が，費用としての性質が明白であり明確に区別し得るものであるからであり，それは例示列挙であるとの理解を背景に，債権放棄に経済的合理性の観点から特段の必要性があるときには費用としての性質が明白であり明確に区別し得ることから寄附金該当性が否定されるとするものがある（東京高判平成29年7月26日税資267号順号13038。原判決：東京地判平成29年1月19日税資267号順号12962を引用）。

欠損金額

各事業年度の所得の金額の計算上，損金の額が益金の額を超える部分の金額を欠損金額という（2条19号）。法人税法は，欠損金額の繰戻し（ある年度の欠損金額を以前の年度の所得の金額と相殺する方法。80条）と欠損金額の繰越し（ある年度の欠損金額を以後の年度の所得の金額と相殺する方法。57条）の制度を用意している。ただし，欠損金額の繰戻しは，時限措置により，繰り返しその適用を停止されてきた（措法66条の12）。これらの制度は，もともと事業年度が期間損益の算定のために人為

的に設けられた期間であるにすぎないことから，複数年度間での損益通算を可能とすることで，複数年度間での税負担の差異を平準化するために設けられている。

　欠損金額の繰越しについては，青色申告書を提出した事業年度の欠損金の繰越し（57条1項），棚卸資産，固定資産などについて災害により生じた損失の繰越し（58条1項），会社更生手続等における欠損金額の繰越し（59条1項・2項）が認められている。

　青色申告書を提出した事業年度の欠損金の繰越しは，確定申告書を提出する事業年度開始の日前10年以内に開始した各事業年度において生じた欠損金額について，控除限度額（繰越控除前の所得の金額の50%）の範囲内で，損金の額に算入することができる（57条1項）。

圧縮記帳

国庫補助金を受領する場合，国庫補助金は益金の額に算入されるが，これによる所得の一時の増加を避けるために，同補助金で取得した固定資産について，補助金の額に相当する金額内でその帳簿価額を損金経理により減額して（圧縮記帳），その減額した金額を損金の額に算入することとされている（42条1項）。よって，この時点では減額した金額（圧縮損）部分に対する課税は回避される。その後に，取得した資産が非償却資産の場合には，その資産を処分する時に，圧縮された帳簿価額しか損金に算入できないので，圧縮損相当額の益金が生じる。また，取得した資産が減価償却資産の場合には，圧縮された帳簿価額にもとづいて償却が行われるから，毎期の償却額が減少し，結局圧縮損が取り戻されることになる。したがって，この制度により，国庫補助金等の受領が非課税となるわけではなく，あくまで課税繰延べとなるにすぎない。

| 不正行為等に係る費用等 | 法人税その他租税の計算の基礎となる事実の隠蔽・仮装に要する費用や隠蔽・仮装により生じる損失は、損金に算入されない |

（55条1項・2項）。これらは、所得を生み出すための支出とはいえないからである。

延滞税、各種加算税、罰金、科料なども損金に算入されない（55条3項・4項）。これらを損金に算入することを認めるとその効果が減殺されるからである。さらに、賄賂なども損金に算入されない（55条5項）。

| 租税公課等 | 法人に課せられる租税である法人税、地方法人税、道府県民税、市町村民税などは損 |

金に算入されない（38条1項・2項・55条3項）。これらは、そもそも所得から納付することが予定されているからである。この対比として、法人税の還付金なども益金に算入されない（26条1項）。なお、損金不算入規定がない租税公課は損金に算入することができる。

| 使途不明金と使途秘匿金 | 裁判例および通達は、目的、内容、相手方が明らかではない支出は、使途不明金として、損金算入を認めていない（東京地判平 |

成6年9月28日税資205号653頁、大阪高判平成8年4月17日税資216号120頁、法基通9-7-20）。損金不算入の根拠は、費用性の主張または立証がないという点に求められるであろう。

さらに、使途不明金の中でも、その一部について使途秘匿金として課税する制度が設けられている（措法62条1項）。課税方法としては、使途秘匿金に40％を乗じた金額が、通常の法人税の額に加算される。この法人税は、「各事業年度の所得に対する法人税の課税標準」における計算を経由しないで課される法人税である。これは、企業の使途不明金がヤミ献金や賄賂等の不正資金の温床になっ

ているとの批判から導入された規定である。

5 利益又は損失

利益の額または損失の
額の計算

法人税法は，有価証券，短期売買商品等
（短期的な価格の変動を利用して利益を得る目
的で取得した資産として政令で定めるものおよ
び暗号資産），デリバティブ取引（金利，通貨の価格，商品の価格その他
の指標の数値としてあらかじめ当事者間で約定された数値と将来の一定の
時期における現実の当該指標の数値との差にもとづいて算出される金銭の
授受を約する取引またはこれに類似する取引であって，財務省令で定める
もの）などに関して，それぞれ細かな類型に区分して規律を加えて
いる。基本的には，それぞれ企業会計に平仄をあわせたものである。

有価証券の譲渡

法人が有価証券の譲渡をした場合には，そ
の譲渡に係る譲渡利益額（譲渡の時における
有償によるその有価証券の譲渡により通常得べき対価の額が原価の額を超
える部分の金額）または譲渡損失額（原価の額が譲渡の時における有償
によるその有価証券の譲渡により通常得べき対価の額を超える部分の金額）
は，その譲渡に係る契約をした日の属する事業年度において，益金
の額または損金の額に算入する（61条の2第1項。約定日については，
法基通2-1-22を参照）。

　棚卸資産などのその他の資産の譲渡と比較して，特徴的であるの
は，益金または損金への算入時期を約定日基準（契約基準）とする
点および対価の額と原価の額等の差引金額を益金または損金に算入
する（純額主義）点である。

売買目的有価証券の
時価評価

法人が事業年度終了の時において有する売
買目的有価証券（短期的な価格の変動を利用
して利益を得る目的で取得した有価証券として

政令で定めるもの〔61条の3第1項1号〕）は，当該売買目的有価証券を時価法により評価した金額による評価益（当該売買目的有価証券の時価評価金額が期末帳簿価額を超える部分の金額）または評価損（当該売買目的有価証券の期末帳簿価額が時価評価金額を超える部分の金額）を，益金の額または損金の額に算入する（61条の3第2項）。

このように，売買目的有価証券については，資産の評価損益の算入禁止の例外として，事業年度末での評価損益が益金または損金に算入される。注意を要するのは，売買目的有価証券に該当するためには，納税者によるいくつかの積極的な行為が必要となることであり（令119条の12），その範囲は限定的となっている。

4 資本等取引

① 概　　説

資本観　　　　法人税法は，益金または損金の発生原因から資本等取引を除いている（22条2項・同条3項3号）。資本等取引は，「法人の資本金等の額の増加又は減少を生ずる取引」および「法人が行う利益又は剰余金の分配及び残余財産の分配又は引渡し」（22条5項）と定義されている。たとえば，出資の受入れは前者に該当して益金に算入されないし，株主に対する剰余金の配当は後者に該当して損金に算入されない。

法人税法は，株主の資本出資のみを資本とみる立場に立っている。これは会社法と同じ立場である。したがって，資本等取引も，株主からの資本出資や株主への分配にかぎられる。これに対して，かつて企業会計では，出資者以外の者が資本拠出の意図をもって行った贈与などについても（たとえば国庫補助金など），資本と位置づける

見解が有力であった（現在は，利益と位置づける見解も有力である。）。

　なお，資本等取引は，法人と株主の間の取引であるところ，法人側では資本等取引であるが，株主にとってはそうではない。株主が法人の場合であっても，当該株主にとって資本等取引ではなく，益金や損金が発生しうる。ただ，資本等取引の理解には，株主側を含めて捉える必要があるため，以下では株主側の課税関係についても適宜言及する。

資本金等の額　「資本金等の額の増加又は減少を生ずる取引」の中核となる概念である「資本金等の額」は，法人の「資本金の額」から一定の項目を加算・減算した金額として規定されている（2条16号，令8条1項）。「資本金の額」は会社法からの借用概念と解される。

　会社法は，「資本金の額」を同法に「別段の定めがある場合を除き，設立又は株式の発行に際して株主となる者が当該株式会社に対して払込み又は給付をした財産の額」（会法445条1項）としている。すなわち，原則としては，株主の出資（原資）＝資本金の額となっている。法人税法は株主の出資（原資）を記録するために，資本金等の額をおくので，株主の出資（原資）＝資本金の額といえる場合が継続するのであれば，資本金等の額を算出するために，「資本金の額」から加算・減算する必要はない。

　しかしながら，会社の設立当初からして，株主の払込みに係る額の2分の1を超えない額は，資本金とせず資本準備金とすることができる（会法445条2項・3項）。会社が事業を継続していけば，資本金の額の減少（会法447条1項）や，利益剰余金からの資本金組入れ（会法450条1項）なども行われるかもしれない。こうなってくると，株主の出資（原資）と「資本金の額」は乖離していくことになり，会社法の「資本金の額」はもはや法人税法が考える株主の出資

　「資本金の額」が表示される会社法上の貸借対照表上の「純資産の部」
の項目は以下のように整理されている。会社法を受けた会社計算規則は，
純資産の部を「株主資本」，「評価・換算差額等」，「新株予約権」に分類
し，さらに株主資本を，「資本金」，「新株式申込証拠金」，「資本剰余金」，
「利益剰余金」，「自己株式」，「自己株式申込証拠金」に分類する（計規
76 条 1 項 1 号，同条 2 項）。資本剰余金は，「資本準備金」と「その他
資本剰余金」に，利益剰余金は，「利益準備金」と「その他利益剰余金」
に分類される（計規 76 条 4 項，同条 5 項）。「その他資本剰余金」と
「その他利益剰余金」の額が，分配可能額を算出するうえでの出発点と
なる（会法 446 条 1 号参照，計規 149 条）。「その他資本剰余金」を構成
するのは，自己株式処分差益，合併差益などのうち資本金・資本準備金
とされなかった額などである。「その他利益剰余金」を構成するのは，
損益取引から発生する当期純損益金額（計規 94 条）の累積である。

　基本的には，「株主資本」のうち「利益剰余金」以外の部分が，「資本
金等の額」に相当し，「利益剰余金」が「利益積立金額」に相当する。
しかし，各科目間での移動がありえるために細かな計算が必要になって
くる。

◥◤

（原資）を正確に表現しなくなる。

　そこで，法人税法は，会社法の「資本金の額」を基礎に加算・減
算することで（たとえば，利益剰余金が資本金に組み入れられた場合には，
資本金等の額を計算する過程で，当該組入金額を減算する〔令 8 条 1 項 13
号参照〕），株主の原資たる「資本金等の額」を記録することにして
いるのである。

利益積立金額　　「資本金等の額」は，株主からの出資を表
　　　　　　　　　すのに対して，法人の獲得した利益を表す
のが，「利益積立金額」である（2 条 18 号）。利益積立金額とは，基

本的に，法人の所得の金額で留保している金額である。利益積立金額の性質として重要な点は，株主段階課税がまだ済んでいない法人の利益を表していることである。すなわち，法人において，利益積立金額を減額する分配は，株主において配当課税を受ける。

② 出　　資

株式の発行　金銭により出資が行われた場合，出資した株主は，株式を取得する。この取引は，金銭と株式の等価交換と考えられるから，株式の取得により株主は課税を受けない。株式の取得価額は，払い込んだ金額である（令119条1項2号，所令109条1項1号）。出資を受けた法人にとっては，資本等取引に該当するから，益金は生じない。

　現物出資が行われた場合，出資する株主は，資産を譲渡して，相当の対価たる株式を取得したことになるから，それによって実現された資産の譲渡損益に対する課税を受ける。株式の取得価額は，出資した資産の時価となる（令119条1項2号，所令109条1項6号）。ここでも，出資を受けた法人にとっては，資本等取引に該当するから，益金は生じない。

自己株式の処分　法人が株主からの出資に対して交付する株式は，自らが保有する自己株式の場合もある。この場合に，法人は保有する自己株式を譲渡したともいえようが，現行法上は，自己株式は法人の資産として認められておらず（2条21号かっこ書，令8条1項20号・21号参照），また資本等取引にも該当することから，益金または損金は生じない。企業会計上，自己株式の処分差益／差損は，「その他資本剰余金」に計上することになり，法人税法では，払い込まれた金額全額が「資本金等の額」を増加させるものと位置づけられている（令8条1項1号）。

法人は，時価よりも有利な金額で新株を発
行することがある。既存株主に対して案分
的に有利発行が行われる場合は，原則として，通常の出資と同様の
課税関係となる（令119条1項2号・4号参照）。他方で，既存株主に
対して非案分的に有利発行が行われる場合は，新株主にとって株式
の時価と払込金額の差額について収入金額や益金となりうる（令
119条1項4号）。

　非案分的に有利発行がなされた場合には，既存株主から新株主へ
の経済的利益の移転が課税の対象とされるかが問題となりうる。最
高裁は，X社により100％の株式を保有されているA社がB社に対
して有利発行による第三者割当増資を行った事案において，X社か
らB社に対してA社株式の資産価値が無償で移転したと捉えて，X
社に無償取引により収益が発生するとした（オウブンシャホールディ
ング事件・最判平成18年1月24日訟月53巻10号2946頁〈百選54〉）。
この事例では，X社がA社を支配していること，X社とB社との間
で資産価値の移転についての合意があることなどが重視され，資産
価値の移転が22条2項にいう取引にあたるとされた。

3 分 　 　 配

総 　 説　法人から株主に，株主としての地位にもと
づいて，金銭や金銭以外の資産（現物）が
交付されることを，分配とよぶ。分配には，法人の獲得した利益を
原資とする分配と，株主から出資された資本を原資とする分配（資
本の払戻し）の2種類がある。資本の払戻しを所得とは考えない租
税法の基本的な考え方からすると，分配に係る株主段階での課税に
ついて，前者の場合には課税をし，後者の場合には非課税とする制
度が考えられる。

このような制度を構築するうえでの問題は，ある分配が，資本を原資としているのか利益を原資としているのかをどのように性質決定するかという点である。この点について，わが国の租税法は，基本的に会社法上の手続で区別するという割切りをしている。

　課税関係に着目して会社法上の手続ごとに分配を大別すると，①利益剰余金を原資とする剰余金の配当，②資本剰余金を原資とする剰余金の配当，③有償による自己株式の取得，④組織再編成に区分できる。①は，全額について利益を原資とする分配として株主段階で配当課税がなされる。②，③および④は，利益を原資とする部分（みなし配当）と資本を原資とする部分に法所定の比率によって強制的に案分して課税関係が規律される。④の組織再編成については **6** をみてほしい。

　租税法は，既述のとおり，株主の出資たる原資を「資本金等の額」として記録し，法人の獲得した利益を「利益積立金額」として記録している。したがって，分配の局面では，分配の性質決定に従って，資本を原資とする分配とされる部分は，「資本金等の額」を減額し，利益を原資とする分配とされる部分は，「利益積立金額」を減額することになる。

利益剰余金を原資とする配当

　租税法は，会社法上，利益剰余金だけを減少させて行う剰余金の配当については，利益を原資とする配当として課税関係を規律している。剰余金の配当を受けた株主は配当に課税されるが，既に述べたとおり，法人が株主である場合には，その全部または一部は益金に算入されない（23条1項1号）。他方で，法人が，剰余金の配当をした場合，資本等取引に該当するから，配当した金額を損金に算入できない（22条3項3号・5項）。

　ここで，法人の財産を損金算入できる法形式で株主に分配した場

合にも，資本等取引となり，損金不算入となることがあるかという問題がある。通達や一部の学説では，22条5項が，会社法が使用する「剰余金の配当」ではなく，「剰余金の分配」という文言を使用していることを根拠に，本条には，広く株主などに対しその出資者たる地位にもとづいて供与したと認められる一切の経済的利益が該当すると解している（法基通1‑5‑4参照）。

みなし配当課税 租税法は，一定の事由にもとづく分配については，株主に対する交付額のうちに利益を原資とする部分があるとみなして，配当課税を行うことにしている（24条，所法25条）。

　これは，法人による計算上の操作によって株主に対する配当課税を回避することを防止するためである。たとえば，会社が，利益剰余金を有しながら，その他資本剰余金から剰余金の配当をした場合，会社法上は資本を原資とする分配であり，法人税法がそのまま会社法上の性質決定に従うと，配当課税がなされない。みなし配当課税は，このような事態を防止し配当課税を確保するために設けられた制度である。

　みなし配当となる一定の事由には，大別すると既に述べたとおり（→総説），②資本剰余金を原資とする剰余金の配当，③有償による自己株式の取得，④組織再編成などが定められている。②と③とでは，配当とみなす金額の計算方法が異なっている。

　みなし配当課税では，分配額のうち一定割合に対し配当課税を行い，残りの部分は譲渡所得課税の対象となる。したがって，一般的には，個人株主の場合，みなし配当課税は，譲渡所得課税が一部認められる点において，配当課税より有利である。また法人株主の場合には，配当について益金不算入制度の利用が一部できない点において，配当課税よりも不利である。

資本剰余金を原資 とする配当	資本剰余金の額の減少にともなう剰余金の 配当は，資本の払戻しの性質をもつと考え られるが，法人税法は，みなし配当課税の

対象として，法定の比率で利益を原資とする部分と資本を原資とする部分に区分して課税関係を構築している（なお，利益剰余金及び資本剰余金の双方を原資として行われた剰余金の配当の性質が争点となったものとして，最判令和3年3月11日裁時1763号4頁）。

　基本的な区分の考え方としては，法人が，資本剰余金の額の減少にともなう剰余金の配当により，株主に金銭その他の資産（以下「交付金銭等」という。）の交付を行った場合，交付金銭等を，資本金等の額（原資部分）と利益積立金額（利益部分）の比率で案分して（プロラタ計算），それぞれの部分からの払戻しとし，利益積立金額からの払戻しとする部分を配当とみなすことになる。

　具体的には，みなし配当の金額は，交付金銭等のうち，交付をした法人の資本金等の額のうちその交付の基因となった株式に対応する部分の金額を超える金額と規定されている（24条1項4号）。そして，この「対応する部分の金額」の計算方法は，概ね次のように定められている（令23条1項4号）。

　対応する部分の金額＝直前の資本金等の額×資本剰余金の減少額／前期末純資産帳簿価額×株式保有割合

　法人側では，資本金等の額から資本の払戻しとして区分された額を減額する（令8条1項18号）。みなし配当とされた金額は利益積立金額を減額する（令9条1項12号）。法人にとって，資本剰余金の額の減少にともなう剰余金の配当は，資本等取引であり，交付金銭等の額は損金に算入できない。

株主にはみなし配当課税が行われる（24条1項4号）。分配額のうち配当とみなされなかった部分については，資本の払戻しといえる。法は，資本の払戻しを株主にとって株式の部分譲渡とみており，有価証券の譲渡損益に係る規定に服することになる（61条の2）。同条によれば，分配額のうち配当とみなされなかった部分が譲渡対価となる（同条1項1号かっこ書）。譲渡原価は，株式の帳簿価額のうち，資本の払戻しを受けたとみなされる部分として計算される金額となる（同条18項，令119条の9第1項）。以下に一例を示す。

資本金等の額600，利益積立金額200，純資産帳簿価額800の法人が，その他資本剰余金から現金で200の剰余金の配当をしたとする。

持株比率10%の株主を考えると配当を受けた金額は20（200×0.1）となるから，20－（600×200／800）×0.1＝5がみなし配当とされる。

次に譲渡所得課税であるが，譲渡対価は20－5＝15となり，株式帳簿価額が20だとすると譲渡原価は20×200／800＝5，譲渡利益額は15－5＝10，みなし配当課税を受けた後の株式帳簿価額は，20－5＝15である。

有償による自己株式の取得

会社法上，自己株式は，純資産の部の控除項目として表記される（計規76条2項5号）。そして，自己株式の有償取得は，資本剰余金および利益剰余金の額を減少させない（分配可能額は減少させる。）。したがって，会社法上の手続としては，自己株式の取得の性質について，資本と利益のいずれを原資とする分配かを決めることは難しい。

租税法は，このような自己株式の取得を，みなし配当課税の対象として，自己株式の取得対価の支払いの一部を配当とみなしている

（24条1項5号）。上述の資本剰余金の減少にともなう剰余金の配当の場合と同様に，交付金銭等から法人の資本金等の額のうちその交付の基因となった株式に対応する部分の金額を超える金額が，配当とみなされる。ただし，自己株式の取得の場合は，取得の対価を資本金等の額と利益積立金額とで案分計算するのではなく，取得する株式数に応じて「対応する部分の金額」が計算される。概ね，次のように定められている（令23条1項6号）。

対応する部分の金額＝直前の資本金等の額×手放した株式数が発行済株式数に占める割合

現物資産の分配

法人がその株主等に対し，剰余金の配当や解散による残余財産の分配などとして金銭以外の現物資産を分配する場合がある。これらの取引は，資産の流出であるが，資本等取引という側面を持つから，現金を配当した場合と同様に，資産の流出という観点からは損金には算入されない（22条5項）。他方で，資産の譲渡という損益取引の側面もあることから，「無償による資産の譲渡」としては損益が計上される（22条の2第6項。平成30（2018）年度税制改正により明確化。学説では「混合取引」とよぶ場合がある。→5④の**適格現物分配**と**スピン・オフ（事業の切り出し）**)。

現物資産の分配を受ける株主側では，受領した資産について時価での収益があると考えられるので，現物資産の分配の手続に応じて課税関係（みなし配当課税など）が構築される。

5 組織再編成

⬜1 概　　説

　各種の法人の設立根拠法は，複数の法人間での関係性や組織を変更するための取引を用意している。典型的な例は，会社法上の合併，会社分割，株式交換・株式移転である。これらの取引では，法人間での資産および負債の移転および株主への分配が同時に行われることが多く，複雑な課税関係が生じる。原則として，法人間での資産および負債の移転は時価譲渡として譲渡損益への課税が行われるが，法人税法は，組織再編成の中で一定の要件を満たすものを適格組織再編成として，課税繰延べ等を行うことにしている。また，法人が行う現物出資，現物分配なども組織再編成として行われる場合があり，一定の要件を満たすものは適格現物出資，適格現物分配として課税繰延べ等が行われる。

　組織再編成では，その当事者となる法人とそれぞれの株主という複数の立場での課税関係を考察する必要がある。以下の記述では，いずれの者の課税関係について記述しているのかをよく意識しながら読んでほしい。また，組織再編成の文脈では，資産や株式を取得する側の法人をA社（Acquiring Corporation. 分割承継法人，合併法人，株式交換完全親法人，株式移転完全親法人）とよび，資産を移転しまたは子会社となる法人をT社（Target Corporation. 分割法人，被合併法人，株式交換完全子法人，株式移転完全子法人）とよぶことが多いので，以下でも適宜この呼称を用いる。

② 分割・合併

> **分　割**

会社分割が行われると，会社分割の当事者たる分割法人（分割によりその有する資産または負債の移転を行った法人。2条12号の2）の事業に関する権利義務の全部または一部が分割後に分割承継法人（分割により分割法人から資産または負債の移転を受けた法人。同条12号の3）に一般承継（包括承継）される。

このように，分割は，分割法人から分割承継法人への資産または負債の移転であり，その対価として，相応の新株などを取得するため，法人税法は，原則として，当該資産および負債を時価譲渡したものとして，分割法人の所得の金額を計算する（62条1項）。分割によって生じている現象は現物出資と同様であり，課税関係も同様の考え方になる。

> **分社型分割と
> 分割型分割**

さらに，法人税法は，分割を，分割型分割と分社型分割に区分して規律する。

分社型分割は，分割の日において当該分割に係る分割対価資産（分割により分割法人が交付を受ける分割承継法人の株式その他の資産）が分割法人の株主等に交付されない分割などの場合をいう（2条12号の10。物的分割）。分社型分割の場合，上述の法人間での資産または負債の移転に係る課税関係のみで終了する。

分割型分割は，分割の日において当該分割に係る分割対価資産（分割により分割法人が交付を受ける分割承継法人の株式その他の資産）のすべてが分割法人の株主等に交付される分割などの場合をいう（2条12号の9）。この分割の結果として，当事者たる法人は，兄弟会社となる（人的分割）。

| 分割型分割 | 分割型分割は，法人間での資産および負債の移転に加えて，分割法人（T社）が分割 |

対価資産をT社の株主に交付する。したがって，T社からその株主への分配段階があることになり，分配に係る課税関係も検討する必要がある。

まず，T社であるが，これは一種の現物分配であるところ，この分配段階では，T社は，分割対価資産を受け入れた日において，その株主に分配しているので，分割対価資産に含み損益は存在しえず，益金または損金は生じない。

他方で，T社の株主にとっては，みなし配当事由とされていることから（24条1項2号），利益の配当とみなされる部分については，配当課税を受ける。さらに，資本の払戻しとされる部分は，有価証券の譲渡として，譲渡損益への課税を受ける（61条の2第4項前段）。ただし，分割承継法人（A社）またはA社親会社の株式以外の資産が分配されない場合，譲渡損益への課税は繰り延べられる（61条の2第4項後段）。

分割型分割の場合に，みなし配当金額は，資本剰余金の減少にともなう剰余金の配当と同じく，交付金銭等のうち，交付をした法人の資本金等の額のうちその交付の基因となった株式に対応する部分の金額を超える金額である。その計算方法も類似の計算をし，概ね以下のようになっている（法令23条1項2号）。

対応する部分の金額＝直前の資本金等の額×移転純資産帳簿価額／前期末純資産帳簿価額×株式保有割合

| 合　　併 | 合併が行われると，合併の当事者たる被合併法人（合併によりその有する資産および負債 |

の移転を行った法人。2条11号）が解散し，被合併法人の権利義務の

全部が清算手続を経ることなく合併法人（合併により被合併法人から資産および負債の移転を受けた法人。同条12号）に一般承継される。通常は，被合併法人（T社）の株主に，合併法人（A社）の株式などの資産が交付される。

法人税法は，合併をT社がA社から新株等をその時の価額により取得し，直ちに当該新株等をT社の株主等に交付したものとみることにしている（62条1項後段）。会社法上は，A社からT社株主に対してA社株式等を発行したものと考えられているので，上述は法人税法上の擬制である。

したがって，合併は，分割型分割と同様に法人間の資産および負債の移転および株主への分配という2段階の取引と構成される。この意味で，合併は，すべての資産および負債が対象となる窮極的な分割型分割とも位置づけられる。

T社からA社への資産および負債の移転に係る課税関係については，分割型分割と同様に，T社は資産および負債を時価譲渡したものとされる（62条1項）。

さらに，T社からT社株主への分配段階においても，T社には益金または損金は生じえない。T社株主は，みなし配当課税および譲渡損益への課税を受ける（24条1項1号，61条の2第1項・同条2項参照）。譲渡損益への課税がされない場合は，分割型分割と同様である（61条の2第2項）。

③　株式交換・株式移転

株式交換が行われると，完全子法人となる株式交換完全子法人（2条12号の6）の株主の有する全株式が一定の日に株式交換完全親法人（同条12号の6の3）に移転し，前者の株主には同じ日に後者から株式等が交付される（株式移転は，親法人を新設する場合であり，

株式交換と同様の課税関係となる。）。したがって、直接の取引の当事者は、親法人と子法人株主である。

株式交換完全親法人（A社）は、株式交換完全子法人（T社）株主から取得するT社株式の対価としてA社株式の発行や金銭などの資産の交付をする。A社にとって、T社株式とA社株式の交換は、資本等取引となり課税関係は生じない。

T社株主にとっては、T社株式とA社株式等との交換であり、有価証券の譲渡として、対価となったA社株式等の価額を譲渡収入とする譲渡損益への課税が行われる（61条の2第9項・11項参照）。ただし、A社株式またはA社親会社株式以外の資産が交付されなかった場合、課税が繰り延べられる（61条の2第9項・11項）。

問題はT社である。株式交換・株式移転が行われても、T社自身には何ら変化はなく、その取引の当事者でもないので、本来であれば課税関係は生じないはずである。しかしながら、法人税法は、T社に対して、一定の範囲の資産を時価評価して、その評価損益を益金または損金へ算入することを求める（62条の9第1項、令123条の11第1項）。この規定は、分割や合併の場合にT社がその資産および負債を時価譲渡したものとして課税関係が生じることとの整合性確保を理由に2006（平成18）年に導入された。

4 適格組織再編成

課税繰延べ

分割や合併では、原則として、T社に対して譲渡損益への課税がなされるが、一定の要件を満たすものは、適格分割・適格合併として（2条12号の8・同条12号の11）、T社からA社への資産・負債の帳簿価額での承継により、課税が繰り延べられる（62条の2第1項・同条2項・62条の3第1項）。これは、組織再編成により資産を移転する前後で経済実

態に実質的な変更がないと考えられる場合，すなわち，移転資産に対する支配が再編成後も継続していると認められるものについては，課税関係を継続させるのが適当であるとの考え方にもとづく措置である。また，Ｔ社株主に対しても，適格要件が備わっていれば，みなし配当課税はなく（24条1項1号かっこ書・同項2号かっこ書），譲渡損益に対する課税も生じない（61条の2第2項・同条4項後段）。

株式交換・株式移転の場合には，適格要件が備わっていれば（2条12号の17・同条12号の18），Ｔ社株主に対する譲渡損益への課税は繰り延べられ（61条の2第9項・同条11項），さらに，Ｔ社の時価評価課税は行われない（62条の9第1項かっこ書）。

なお，Ｔ社株主に対する譲渡損益課税に関しては，適格組織再編成に該当せずとも，Ａ社株式またはＡ社を100％子会社とする親法人の株式のいずれか一方の株式以外の資産が交付されなかった場合には課税は繰り延べられる（61条の2第2項・同条4項後段・同条9項・同条11項）。これは株主に投資の継続が認められるからとされている。

<u>適格要件</u>　適格組織再編成における法人間での資産の移転に対する課税繰延べの根拠は，移転資産に対して支配の継続性が認められることである。さらに，株主段階でも課税繰延べが認められるのは，株主の投資の継続性が認められるからである。

適格要件はきわめて複雑な制度となっているが，組織再編成前の資本関係を基準に分類するならば，「企業グループ内再編成」と「共同事業再編成」に分類できる。企業グループ内再編成は，100％の完全支配関係（2条12号の7の6）のある法人間で行われる「完全支配関係企業グループ内再編成」と過半数の支配関係（2条12号の7の5）のある法人間によって行われる「過半数支配関係企業グ

図表 3 - 1　資本関係ごとの適格要件

	支配関係 継続要件	事業引継要件	共同事業要件
完全支配関係 企業グループ内再編成	○	−	−
過半数支配関係 企業グループ内再編成	○	○	−
共同事業再編成	−	○	○

ループ内再編成」に分類できる。この関係には，A社とT社のいずれか一方が他方の株式を保有する親子会社関係の場合と，同一の者によってA社とT社の株式が保有されている兄弟会社関係の場合がある。

　さらに，適格組織再編成の要件は，①対価要件，②支配関係継続要件，③事業引継要件，④共同事業要件に分類でき，①は常に求められるが，②，③，④については，上述の再編成前の資本関係ごとに要求される要件が異なる。ごく簡単に整理すると**図表 3 - 1**のようになる。それぞれの要件の内容も各種の組織再編成によって異なるので，ここでは，適格合併のみを取り上げて概括的に説明をくわえる。

　対価要件として，原則，合併による資産の取得や株式の交換の対価として交付されるのが，A社の株式であること，すなわち合併法人株式であることを要する（2条12号の8柱書。**→スクイーズ・アウト（少数株主の締め出し）**）。なお，A社を直接または間接に100％子会社とする親法人の株式のみの交付の場合も認められている（合併の際に親法人の株式を交付する場合を特に三角合併という。）。

支配関係継続要件として，企業グループ内再編成後において，兄弟会社関係の合併の場合に，A社またはT社を支配する者による（完全）支配関係の継続が求められる（法令4条の3第2項2号）。親子会社関係の合併の場合には，この要件を観念する余地がない（同項1号）。

事業引継要件として，①従業員の引継ぎ（移転事業について80％以上），②移転事業の継続の見込みが求められる（2条12号の8ロ(1)～(2)）

共同事業要件として，①移転事業と移転先法人の事業との関連性，②移転事業と移転先法人の事業規模の類似（5倍以下）または特定役員の引継ぎ，③T社株主によるA社株式の継続保有などが求められる（令4条の3第4項1号・同項2号・同項5号。なお，同項3号および同項4号は，本書では事業引継要件として整理している。）。

適格現物出資　現物出資は，単に資産を出資するだけでなく，特定の事業に係る資産および負債を一体として出資することもでき，組織再編成の手段として用いることができる。たとえば，A社が，T社からその一部の事業の現物出資を受けてA社株式を発行した場合，現物出資後の企業形態は，A社がT社から一部の事業を吸収分割により取得し対価としてA社株式を発行した場合と同じ結果となる。通常，現物出資は譲渡として課税されるが，このような組織再編成としてなされる現物出資について，適格現物出資（2条12号の14）として，その移転する資産・負債を帳簿価額により譲渡したものと扱われ（62条の4第1項），譲渡損益は計上されない。適格要件は，合併・分割と同様である。

適格現物分配　現物分配も，組織再編成の手段として用いることができる。たとえば，親会社A社―子会社B社―孫会社C社とあるときに，B社がC社株式をA社に現

物分配することで，孫会社を子会社化する組織再編成ができる。この点，法人税法は，完全支配関係がある内国法人間で行われる現物分配について，適格現物分配（2条12号の15）として課税繰延を認めている。すなわち，現物分配により資産の移転をした法人は，その移転する資産を帳簿価額により譲渡したものとし（62条の5第3項），譲渡損益を計上しない。また，資産の移転を受けた法人においては，移転直前の帳簿価額相当額により取得したものとし，その受けたことにより生ずる収益について益金不算入となる（62条の5第4項）。適格現物分配は，完全支配関係がある内国法人間に限られる一方で，その余の適格要件（支配関係の継続など）が課されていない点で，ほかの組織再編成とは異なり特徴的である。本制度は平成22（2010）年度税制改正によりグループ法人税制（→ **6②**）の整備に関連して導入されており，グループ法人税制という側面がある。

スピン・オフ（事業の切り出し）

適格現物分配は，完全支配関係がある内国法人間に限られるので，たとえば上場会社A社が，子会社B社株式を株主に現物分配しても適格現物分配とはならない。このような企業内の事業部門を分離して独立した企業とすることをスピン・オフというが，適格現物分配だけでなく，その他の組織再編成における適格要件も原則としてスピン・オフには対応していなかった。そこで，平成29（2017）年度税制改正では，分割承継法人において独立した事業を行うための新設分割型分割が適格分割とされた（2条12号の11二）。さらに，完全子法人の株式の全部の分配について，株式分配（2条12号の15の2）として組織再編成の一類型に位置づけた上，適格要件に該当するものについては，適格株式分配（2条12号の15の3）として，現物分配法人における完全子法人株式の譲渡損益について課税しないこととした（62条の5第3項）。この場合，現物分配法人

の株主にも課税は生じない（金銭等不交付株式分配，61条の2第8項）。この適格株式分配を用いて，先にみたように，上場会社A社が，子会社B社株式をA社株主に分配し，B社をA社から分離して独立した企業として切り出すことができる。

スクイーズ・アウト
（少数株主の締め出し）

少数株主を会社から締め出すことをスクイーズ・アウトというが，その手法として組織再編成が用いられる場合がある。たとえば，親会社が子会社の少数株主を締め出すために株式交換を行い，少数株主に親会社株式の代わりに金銭等を交付し，少数株主を当該企業グループから締め出すことが可能である（吸収合併でも同様に締め出しは可能）。しかしながら，従来，原則として，金銭等を交付する適格組織再編成は認められてこなかった。そこで，平成29（2017）年度税制改正では，所定の要件の下で，株式交換・合併につき金銭等を交付する場合にも適格組織再編成となることを認めた（2条12号の17・2条12号の8）。この改正は，従来，対価要件（→**適格要件**）を厳格に課して金銭等を交付する場合に非適格としてきた組織再編税制の大きな変革となったといえる。

他方で，スクイーズ・アウトの手法として，株式交換以外にも，株式売渡請求・株式の併合の端数処理・全部取得条項付種類株式の端数処理を利用する手法がある。たとえば，株式売渡請求では，子会社の株式の90％以上を有する特別支配株主が子会社の承認を受けた上で，少数株主が有する株式の全部を強制的に取得できる（会法179条）。これらを使ったスクイーズ・アウトも株式交換と課税上の取扱いを共通にすべきとの考えから，平成29（2017）年度税制改正により，組織再編成の一環としての位置づけがなされた。すなわち，非適格の場合に子会社資産の時価評価課税が導入され（62条の9第1項。上記手法と株式交換を併せて「株式交換等」という概念が導入

　会社法では，組織再編成という文言は法文上用いられていないが，講学上，組織再編成として一般的に想定されるのは，会社法が定める合併，会社分割，株式交換・株式移転である。これに対して，租税法は，上述の会社法上の諸類型を中核としながらも，一定の現物出資や現物分配などについても「適格組織再編成」として，適格要件を用意して，組織再編成の一種として把握している。近年においても，平成29（2017）年度税制改正では，スピン・オフ，スクイーズ・アウトについても，組織再編成の一環として税制が整備された。スピン・オフ税制では，これまでの適格組織再編成と同様，適格要件について「支配の継続」という考え方を基礎にして整備されている。ここでは，資産を支配している法人が，分割によって単に2つに分かれただけであるという視点が取り入れられている。つまり，分割法人と分割承継法人とを同一視することで，分割法人が支配していた資産が，新設分割によって，分割承継法人（≒分割法人）に支配される状態となっただけであり，組織再編成の前後で「支配の継続」が認められるとみている。ここで語られる「支配の継続」が，従来の適格組織再編成において課税繰延べの根拠とされてきた「支配の継続」と同様の意義を有しているのかについては，議論の余地がある。米国に目を転じると，株主と法人の権利関係の継続性（continuity of interest）に着目して組織再編税制が構築されており，スピン・オフのほかにも，子会社株式を一部の株主から自己株式を取得するための対価として使い分割した法人ごとに株主も分割する方法（スプリット・オフ），子会社株式を交付して親会社が解散する方法（スプリット・アップ）などにも課税繰延措置が用意されている。わが国の組織再編税制の拡大傾向を眺めると，組織再編税制の基本的考え方を再考する時期にきているのかもしれない。

━━

された。2条12号の16），適格要件について株式交換と平仄がとられている（2条12号の17）。

令和元（2019）年会社法改正により，会社法に株式交付制度が導入された。株式交付は，株式を対価として他の株式会社を子会社（会社則4条の2）とすることを円滑に行うための制度である（会法2条32号の2）。株式交換は完全子会社化を前提とするもので完全子会社化を予定していない場合には使えず，現物出資を受けることによる子会社化も検査役調査などの手続上の負担があった。そこで，これらの難点を回避する制度として株式交付が会社法上の新たな組織再編成の一つとして創設されたのである。これを受けて，令和3（2021）年度税制改正により，株式交付に対応するための課税繰延措置が租税特別措置法上に設けられた。株式交付は，株式交換などと同様に株式を対価とするM＆Aの一種であるが，対価の一部として株式以外の金銭等を交付する場合であっても，一定限度で課税繰延が許容されている（措法37条の13の3・66条の2の2）。これは，あくまで租税特別措置法上の取扱いであり法人税法本体の取扱いとはされてないが，スクイーズ・アウトで認められた対価要件の緩和の傾向が引き続きみてとれる。

6 法人グループに係る税制

① 総　　説

　法人は，グループとしての一体的運営が行われる場合があり，グループを構成する法人に対してはその実態に即した適正な税制であることが望ましい。その制度設計には多様な選択肢があるが，法人グループに係る税制において重要な要素として，①内部損益に対する課税の排除（繰延），②法人グループを構成する法人間での所得

金額と欠損金額との相殺を挙げることができる。

　わが国の法人グループに係る税制として，100％グループ内の法人間の取引等について①を強制するグループ法人税制，および100％グループ内の法人について②を選択的に認める連結納税制度（グループ通算制度へ移行）がある。グループ法人一般に対する課税の取扱いとして，グループ法人税制は強制適用されるのに対して，連結納税制度は，グループ法人相互の関係をさらに推し進めてグループ法人全体を一つの納税主体とすることが適当であると自ら選択した法人を対象とした制度として位置付けられていた。連結納税制度は，令和 2（2020）年度税制改正によりグループ通算制度へ制度変更されることになったが，グループ通算制度も，グループ法人全体をあたかも一つの法人であるかのように捉え，損益通算等の調整を行う仕組みとなっている。

② グループ法人税制

概　　要　完全支配関係にある法人間での取引については，グループとしての一体的運営を考慮して，いわば企業内部の事業部門間の取引として，課税所得の金額に変動を生じさせないようにする規定が設けられている。平成 22（2010）年度税制改正により設けられた制度である。グループ法人間における資産の譲渡の課税繰延，グループ法人間の寄附金の損金不算入・受贈益の益金不算入などがある。

譲渡損益調整資産の譲渡　課税繰延の対象となる資産は，固定資産，土地，有価証券，金銭債権および繰延資産であり，譲渡損益調整資産という（61 条の11 第 1 項かっこ書）。棚卸資産は入っておらず，売買目的有価証券，帳簿価額が 1000 万円未満の資産は除外されている（令 122 条の 12

第1項）。グループ法人税制の適用されるA社からB社に対して，帳簿価額 2000 の譲渡損益調整資産である土地が，譲渡時の時価 5000 で売却されたとする。A社は，益金 5000・損金 2000 となるが（22条2項・3項1号），その差額である譲渡利益額 3000 が損金に算入されるので（61条の11第1項），この取引から課税は生じない。B社は支払った 5000 が取得価額となる。この後に，B社が当該資産を時価 7000 でC社に譲渡したとする。B社は，益金 7000・損金 5000 となる（22条2項・3項1号）。そして，この時点で，A社において，上記の譲渡利益額 3000 が益金に算入される（61条の11第2項）。つまり，あくまでA社に対して，A社の譲渡利益額が課税されるのである。

| 寄附金の損金不算入・受贈益の益金不算入 | グループ法人税制の適用されるA社からB社に対して，現金 3000 の贈与がなされた場合，A社において 3000 が寄附金として |

損金不算入となり（37条2項），B社も 3000 の受贈益が益金不算入となる（25条の2第1項）。

それでは，A社からB社に対して，無利息貸付が行われた場合に，通達（法基通 4-2-6 → **3**③の**益金の額**）に従った取扱いがどうなるか。この貸付で，通常得べき利息相当額は 3000 とする。

貸主であるA社においては，3000 が無償による役務の提供として益金に算入され（22条2項・22条の2第1項），かつ，同額が寄附金となり損金不算入である（37条2項）。借主であるB社においては，無償による役務の受領であり，22条2項には列挙されていない。ただし，通達に従えば，グループ法人税制の適用がある場合，B社には 3000 の受贈益による益金と同額の損金が生じると理解した上で，法人税法 25条の2第1項により 3000 の受贈益が益金不算入となる。結果として，A社は益金 3000，B社は損金 3000 が残り，

グループ全体でみると益金の増加と損金の増加は相殺されるといってよいが，前述の譲渡損益調整資産の譲渡の場合とは異なり，役務提供時点においてA社に課税が生じる。

③ グループ通算制度

**連結納税制度から
グループ通算制度
への移行**

わが国の法人税法は，企業グループの一体的経営の観点から，平成14（2002）年度税制改正により，企業グループ全体を一つの納税単位として，そのグループを構成する各法人の所得を連結して全体の所得を計算して課税を行う連結納税制度を導入した（旧法第2編第1章の2）。

しかしながら，連結納税制度は，企業グループ内の損失を共同利用できるメリットがあるにも関わらず，税額計算が煩雑であるなどの理由で多くの企業グループに選択されない状況にあった。そこで，令和2（2020）年度税制改正により，連結納税制度における企業グループ内における損益通算を可能とする基本的な枠組みは維持しつつ，制度の簡素化を図るものとして，グループ通算制度が導入され，連結納税制度は廃止されることとなった（改正法は2022（令和4）年4月1日から施行）。グループ通算制度の適用は，納税者の選択によることとされている（64条の9第1項）。

個別申告方式

連結納税制度では企業グループ全体を一つの納税する単位としていたことに基因して税額計算が煩雑となる面があったとの認識をもとに，グループ通算制度では，企業グループ内の各法人を納税単位としつつ，損益通算等の調整を行う仕組みとなっている。

損益通算・税額調整等

グループ通算制度における損益通算の方法は，企業グループ内の欠損法人の欠損金額

図表 3 - 2　グループ通算制度の損益通算例

	P社（親法人）	S₁社（子法人）	S₂社（子法人）	S₃社（子法人）
通算前所得 （欠損）	500	100	▲ 50	▲ 250
損益通算	通算前所得金額の合計額 P社500＋S₁社100＝600		通算前欠損金額の合計額 S₂社▲ 50＋S₃社▲ 250＝▲ 300	
	▲300×500/600 ＝▲ 250 ⇒損金算入	▲300×100/600 ＝▲ 50 ⇒損金算入	300×50/300 ＝ 50 ⇒益金算入	300×250/300 ＝ 250 ⇒益金算入
損益通算後	所得 250	所得 50	欠損 0	欠損 0

※国税庁ウェブサイト「グループ通算制度に関するQ＆A」

の合計額（所得法人の所得の金額の合計額を限度）を所得法人の所得の金額の比で配分し，所得法人において損金算入するものとされている（64条の5第1項。プロラタ方式）。この損金算入された金額の合計額は，欠損法人の欠損金額の比で配分し，欠損法人において益金算入される（64条の5第3項）。また，外国税額控除などについては，グループ全体で税額控除額が調整される（69条14項）。**図表3 - 2** は，損益通算の一例である。同表の場合，欠損法人である S₂ 社・S₃ 社の欠損金額の合計額▲300 を，所得法人である P 社・S₁ 社に5：1（所得金額の比）で配分できる。

**開始・加入時の
時価評価課税・
欠損金の切り捨て**

通算制度の承認を受ける法人は，原則として，一定の資産について時価評価益課税を受け，またその有する欠損金を切り捨てる必要がある（64条の11第1項・64条の12第1項・57条6項）。連結納税制度でも同様の取扱いがなされていたが，その根拠の一つは，納税単位の変更による過去の清算であった。グループ通算制度となり納税単位の変更はなくなったが，租税回避防止の観点（たとえば，含み損益を有する資産をグループ加入後に実現して

Column ⑫　　単体利益から連結利益への課税　━━━━━━━━━━━━━━━━

　経済のデジタル化により，グローバルな経済活動が飛躍的に進展している。そのようなグローバルな経済活動を行う多国籍企業に対する伝統的な国際課税のルールは，基本的には支店などの物理的施設の所在を重視して，当該施設の所在する国が，当該施設を子会社とみなして課税権を行使するというものである。しかしながら，経済のデジタル化は，経済活動に伴う物理的施設の重要性を減殺させた。インターネットを経由すれば，ほかの国にわざわざ支店などの物理的施設を置かずとも事業活動をすることができるからである。そのため，たとえば，欧州からは，米国の巨大 IT 企業が市場国で稼得している所得に従来のルールでは適切に課税できないとの主張がなされ，摩擦が生じていた。このような問題に対処するために，OECD/G20 が，BEPS（Base Erosion and Profit Shifting，税源浸食と利益移転）プロジェクトの一環として，2020 年 10 月に，今後の国際課税の在り方についての青写真（blue print）を公表した。その中では，第 1 の柱（Pillar 1）と第 2 の柱（Pillar 2）が提示されている。

　第 1 の柱は，多国籍企業の市場となっている国に対して適切な課税所得を配分するためのルールの見直しの提案である。たとえば多国籍企業のグループ全体の利益のうち，市場国の貢献によるとみなされる一定の割合の利益について，売上等を基礎とする定式により市場国間で配分するといった提案がなされている。第 2 の柱は，軽課税国への利益移転に対して，国際的に合意された最低税率による法人課税を確保するルールの導入の提案である。軽課税国に所在する子会社等に帰属する所得について，親会社等の所在する国・地域において，最低税率まで上乗せして課税を行うというもので，課税ベースについては，単体利益ではなく連結財務諸表上の利益を出発点として算出することが検討されている。

　これまで世界各国は，企業を自国内に引き留め，または誘因するために，法人税率を下げる「底辺への競争（Race to the Bottom）」に苦しんできた。上記の議論の進展により，多国籍企業に対して，法人税を公平に課すことのできる国際的枠組の構築が期待される。

━━━━━━━━━━━━━━━━━━━━━━━━━━━━━━━━━━━━━━

損益を通算するなど）および組織再編税制との整合性を保つ観点から，この取扱いは基本的に維持されている。ただし，連結納税制度の時と比較して，時価評価益課税や繰越欠損金切り捨ての対象は縮小されている。

遮断措置　連結納税制度では，連結グループ内の一法人が所得金額の計算を誤った場合，連結グループ内の全法人について再度調整計算を行う必要があるため，後発的に修正事由等が生じた場合の納税者および課税庁の事務負担が過重になっているとの指摘があった。そこで，グループ通算制度では，修正事由等が生じた場合についても，企業グループ内の一法人の事後的な課税所得金額または法人税額の修正が，その企業グループ内の他の法人の課税所得金額または法人税額の計算に波及しない仕組みとなっている（64条の5第5項）。

7　同族会社に係る税制

特定同族会社の留保金課税　内国法人である特定同族会社の各事業年度の留保金額が一定額を超える場合には，その超える部分の留保金額に対して特別の法人税が課される（67条1項）。この規定は，少数の株主に支配されている同族会社では，利益を内部留保して，株主に対する所得課税を繰り延べたり，株主の事情にあわせて配当時期を調整して個人所得税の軽減をはかったりする傾向があることから，個人企業と同族会社との税負担の公平をはかるために設けられている。原則として，資本金1億円以下の法人は同課税の対象から除かれる（同項柱書かっこ書）。

**同族会社の
行為計算否認規定**
税務署長は，同族会社に係る法人税につき
更正または決定をする場合において，当該
同族会社の行う行為または計算で，これを
容認した場合には法人税の負担を不当に減少させる結果となると認
められるものがあるときは，その行為または計算にかかわらず，税
務署長の認めるところにより，その法人に係る法人税の課税標準も
しくは欠損金額または法人税の額を計算することができる（132条
1項→第1章4③の**不当性**）。なお，同族会社とは，3人以下の株主
ならびにこれらと特殊の関係を有する個人または法人が過半数の株
式を所有している会社などである（2条10号）。

　これは，少数の株主に支配されている同族会社において税負担を
不当に軽減させるような行為計算が行われやすい点を考慮して税負
担の公平を維持するために設けられた規定である。

**否認の対象となる
行為・計算**
また否認の対象となる同族会社の行為・計
算としては，非同族会社では通常なしえな
いような行為計算と解する立場や純経済人
の行為として不合理・不自然な行為と解する立場がある。何が非同
族会社では通常なしえないような行為計算かは判定が困難であるか
ら，後者の立場が妥当であろう（後者の立場として，東京高判令和2年
6月24日裁判所HP〈百選63〉）。

　学説では，具体的な考慮要素として，具体的な行為計算が異常な
いし変則的であるといえるか否か，その行為計算を行ったことにつ
き租税回避以外に正当な理由ないし事業目的があったと認められる
か否か，という要素があげられている（→第1章4③の**租税回避**）。

第**4**章　消費税法

コンビニでお菓子を買ったり，レストランでランチを食べたりしたとき，お店に消費税を支払う。消費税は，このような個人消費に対する租税とされているが，税金の計算や納付をするのは，顧客ではなく，お店の方である。それに，コンビニでボールペンを買って，消費ではなく事業のために使うこともある。いったいどんな仕組みで，個人消費に課税されるのだろうか。

消費税の税収が国税税収に占める割合は，1989（平成元）年の導入当初，7.2％にすぎなかった。しかし，税率の引上げやその他の改正により，近年は28％を超えている。これは，法人税を大きく超え，所得税と比肩するものである。消費税は，基幹税として重要性を増している。

1　消費税の概要

①　基本的な仕組みと特徴

直接税による消費課税

個人消費を実質的な対象とする課税を，消費課税という。所得は消費と貯蓄の和であるから（→第2章 *1*②の**所得＝貯蓄＋消費**），所得税には消費課税の性質がある。実際，貯蓄ができない貧しい者にとって，所得税は消費課税そのものである。所得から貯蓄を控除すれば消費になるから，所得税で貯蓄を非課税にすれば，消費課税は簡単に実現できるはずである。実際，このような租税を様々な研究者が構想し，ニコラス・カルドアが設計した「支出税」は，ごく短期間ではあるがインドなどで実施された。また，所得税自体も，日本を含む多くの国で

資産からの所得が勤労による所得よりも軽く課税され，消費課税としての性質を強めている。このような租税は，消費を行う個人本人を納税義務者とする直接税であるから，人的控除と課税最低限の設定や累進課税が可能である点で優れている。

　しかし，この方法では，引退した高齢者など所得税を課されない者に課税をすることはできない。こうした者の消費にも担税力を見いだすのであれば，租税の負担者ではない者を納税義務者とする間接税により，個人消費に実質的な税負担を求めることになる。

付加価値税と消費税

間接税による消費課税は，課税対象の範囲により，個別消費税（たとえば酒税や揮発油税のように商品の種類ごとに設けられた租税）と一般消費税（たとえば消費税や付加価値税のように商品とサービスの全般を対象とする租税）に大別される。わが国は，1988（昭和63）年に消費税を導入するまで，個別消費税を数多く設けていた。特に物品税は奢侈品などを個別に課税対象として指定し，比較的重い租税を課していた。しかし，このような租税は，日々新たな商品やサービスが出現する時代にふさわしいものではない。物品税は，消費税の導入と同時に廃止された。

　一般消費税は，小売りなど1つの取引段階に限って課される単段階のものと，製造から小売りまでの各取引段階で課される多段階のものに分類される。有名な付加価値税（Value Added Tax, VAT）は，多段階一般消費税である。1954年フランスで導入されて以降，ヨーロッパを中心に広がり，現在約170カ国で採用されている（OECDによる。）。

　付加価値税などの多段階一般消費税は，売上高に課された税額から，前段階（仕入元）で支払われた税額を，税額控除（前段階税額控除）するという課税方法をとる。次の段階も事業者であれば同じであるが，消費者であれば前段階税額控除は認められない。この結果，

図表4-1　多段階一般消費税の仕組み

	原材料製造業者	完成品製造業者	卸売業者	小売業者	消費者
取引	売上　20,000	売上　50,000	売上　70,000	売上　100,000	支払総額
	税額①　2,000	税額②　5,000	税額③　7,000	税額④　10,000	
		仕入　20,000	仕入　50,000	仕入　70,000	110,000
		税額①　2,000	税額②　5,000	税額③　7,000	
税	納付税額　⑦	納付税額　⑦	納付税額　⑦	納付税額　⑦	
	①　2,000	②-①　3,000	③-②　2,000	④-③　3,000	

> 消費者が負担する税額
> 10,000＝⑦+⑦+⑦+⑦

事業者間取引では，前段階事業者の納税を，次段階事業者が税額控除を得るために促進するという「税の連鎖」が生じる。そして，各取引段階での課税による税の累積を避けつつ，各段階の事業者が支払った租税の全部を消費者に転嫁する（実質的に租税を負担させる）ことができる。このような租税には，一般売上税（General Sales Tax, GST）や物品サービス税（Goods and Services Tax, GST）の名称をもつものもある。なお，米国はOECD加盟国の中で唯一，付加価値税をもたない国であるが，ミシガン州には，かつてSingle Business Taxという付加価値税が存在した。

消費課税の長所と短所　　所得課税との比較において，一般消費税の長所と短所を捉えておこう。長所としては，①同等の消費能力をもつ者に同等の税負担を課すこと（水平的公平），②勤労世代に税負担が集中しないこと（世代間の公平），③税率が変わらなければ，現在の消費と将来の消費の税負担が等しいこと（中立性→第2章 *Column* ④），④特例措置が比較的少ないこと（簡素），

Column ⑬　消費とは何か？　━━━━━━━━━━━━━━━━━━━━━

　消費という言葉の意味は難しい。食事は典型的な消費と思われるが，選択の余地がない残業夜食は，消費ではないかもしれない（→第2章4①の使用者の便宜）。借入利子や保険料には，議論の余地がある（→2③の取引の性質からの非課税）。

　祝い金を贈ることはどうか。消費とは所得から貯蓄を控除したものだから（→第2章1②の所得＝貯蓄＋消費），貯蓄されない所得はすべて消費となる。祝い金は，贈った人の消費となる。しかし，このように個人に着目するのではなく，社会全体に着目し，社会として利用可能な資源が取り崩されることを，消費とする捉え方もある。これによると，祝い金を贈ることは，資源の単なる移動であるから，消費ではない。借入利子と保険料についても，同じ理由で消費ではないといえる。

　━━━━━━━━━━━━━━━━━━━━━━━━━━━━━━━━━━━━

⑤景気の影響を受けにくいこと（税収安定）があげられる。

　短所としては，垂直的公平性の阻害，すなわち，所得からみた逆進性（所得が大きくなると所得に対する税負担の割合が小さくなること）が指摘される。わが国では，消費税の増税に対応し，低所得者への配慮の観点から，給付付き税額控除や複数税率，簡素な給付措置の検討が要請され（社会保障の安定財源の確保等を図る税制の抜本的な改革を行うための消費税法の一部を改正する等の法律7条），2019（令和元）年10月以降税率引上げと同時に複数税率が導入された（→2④の軽減税率の導入と課題）。

> **逆進性緩和は必要か？**

逆進性の緩和は，必要だろうか。どんな人も，生きていくための消費をする。その金額には，おそらく所得の大きさほどの違いはない。高所得者は，所得の一部しか消費せず，残りを貯蓄するが，低所得者は，ほとんどを消費に回している。そのため，所得に対する消費の割合は，所得

が大きいほど小さく，所得が小さいほど大きくなる傾向にある。消費税の負担は，低所得者の方が重いように思われ，不公平感が生じる。

しかし，人の豊かさや税負担能力は，所得だけでは測れない。所得がなくても，十分な資産（不動産や預金，有価証券）を保有し，これを消費して生活する人達がいる。こうした人達に税負担を求める1つの方法は，消費課税である（財産課税もある。）。また，逆進性緩和の措置は，制度を複雑化し，事務負担を増大させる。これらのことから，このような措置の導入は，消費税の税率がそれほど高くない間は，慎重に考えるべきであろう。

② 消費税の導入まで

消費税法の沿革 消費税法が成立したのは 1988（昭和 63）年12 月 24 日であるが，わが国で消費税の必要性は，戦後復興を遂げた 1971（昭和 46）年頃から議論されていた。政府税制調査会が 1971（昭和 46）年に公表した「長期税制のあり方についての答申」も，「所得税と消費税とは，この両者が適当に組み合わさることによって垂直的，水平的公平が確保され，全体として実質的な公平が実現されるといえよう」と述べていた。しかし，その後は，消費税導入の必要性が議論されつつも，世論の反発が強く，具体的な案が出されたのは，実にその約 15 年後であった。

売上税法案 1986（昭和 61）年 10 月，政府税制調査会は「売上税」を提案した。売上税法案は，1987（昭和 62）年 2 月に国会に提出されたが，各方面から反対され，5 月に廃案となった。この法案は，ヨーロッパ型付加価値税を範として作られ，消費税法との類似点が多い。その特徴として，次の 5 点が指摘される。①多段階一般消費税であった。②仕入先が支払っ

　消費税創設時，中小企業に対する事務負担軽減のための制度が手厚く
設けられていた。たとえば，売上高 3,000 万円以下の事業者は免税とさ
れた（現在は 1,000 万円）。また，売上高 6,000 万円未満の事業者は，
その金額に応じて納付税額を軽減する限界控除制度があった（1997 年
に廃止）。後述（→ 3 **3**の**簡易課税制度**）する簡易課税制度やみなし仕
入率も，現在より事業者に有利であった。

　このような軽減や免除を受けた事業者の中には，それだけでは満足せ
ず，さらに消費者に法定税率による消費税分を上乗せして請求する輩が
多数現れ，消費税として納付してもらうはずで支払われた金額を，自ら
の懐に収めた。これを益税という。益税が是認される消費税法を違憲と
主張し，その立法行為に対して起こされた国家賠償訴訟もある（東京地
判平成 2 年 3 月 26 日判時 1344 号 115 頁）。益税は現在も発生している
が，これを禁止する規定は，いまだ設けられていない。

▰▰

た税額を記した税額票（インボイス）を取得・保存することが，前
段階税額控除の要件とされた（インボイス方式）。③事務負担を考慮
し，課税売上高 1 億円以下の事業者が免税とされた。④ 5 ％の単一
税率であったが，⑤非課税項目が 51 に及び，多くの食料品が非課
税とされた。

消費税法とその行方　売上税法案の廃案の翌年に成立した消費税
　　　　　　　　　　　　法では，いくつかの大きな妥協が行われた。
たとえば，インボイス方式の採用は見送られ，実額ではなく法律上
の擬制による前段階税額控除が認められた。このような制度が，
ヨーロッパの付加価値税と比較して著しく不完全であることは否め
ない。しかし，こうした措置は，縮小されつつある（→ **4**の**手続上
の要件**）。

2 消費税の仕組みと課税要件

①　消費税の基本的仕組み

> **消費税法の特徴**

消費税法の条文数は，所得税法の約4分の1の78と少ないが，内容はシンプルではない。まず，消費税法の特徴として，次の4つがある。①個人消費に対する租税とされているが，法律上の課税の対象は，そうではない。事業者が事業として行う行為が課税の対象とされている。このことから，事業者という身分や事業という行為の属性が重要となる。②一般消費税の性質をもち，課税の対象は包括的に，非課税の対象は限定的に規定されている。しかし，給与や金融取引，消費者間取引など，課税を受けない取引が多い。③前段階税額控除を用いた多段階消費税と理解されている。ただし，その適用は，現在は請求書と帳簿の保存を要件としており，前段階の課税の有無とは無関係に税額控除が可能である。インボイス方式（適格請求書等保存方式）の導入が予定されている。④売上税額と仕入税額は，取引時の対価により認識される。費用収益対応のための資産や負債の概念は存在しない。個人消費そのものではなく，消費支出に税負担が転嫁される。

> **消費税の算定**

次に，消費税額の算定の基本的な用語と算式をごく簡単に確認する。消費税法では，「事業者」を納税義務者とし（5条1項），「国内において事業者が行った資産の譲渡等」を課税物件とする（4条1項）。「資産の譲渡等」（2条1項8号）には一定の非課税のものが含まれているので，これを除いたものを「課税資産の譲渡等」（同項9号）という。課税標準は，「課税資産の譲渡等の対価の額」である（28条1項）。これに税

率（29条）を適用した金額が，税額となる。しかし，実際の納付金額は，税額から，「課税仕入れ」（2条1項12号）に係る消費税額を税額控除した金額である（30条）。したがって，納付税額の基本的な算式は，次のようになる。

課税資産の譲渡等の金額×税率−課税仕入れの金額×税率

　この値がプラスであれば税負担が生じ，マイナスであれば還付（前段階までに納付された消費税の払戻し）が行われる（45条・46条・52条）。

| 課税期間・申告・納付 |

　消費税の納税義務は，課税資産の譲渡等があるたびに成立し（通法15条2項7号），その確定は申告による（→第5章1）。事業者は，課税期間ごとに，その課税期間の末日の翌日から2か月以内に，課税標準の額，課税標準額に係る消費税額，および，課税仕入れに係る消費税額などを記載した確定申告書を税務署長に提出し，消費税額を納付しなければならない（45条・49条）。

　さらに，直前の課税期間の消費税額が一定額を上回る場合には，その上回る金額に応じて決められた回数（年1回・3回・11回）で中間申告・納付を行うことが義務づけられている（42条・48条）。このような取扱いの理由は，消費税が，課税対象となる取引のたびに事業者が預かり，納期限に納付される租税と考えられているからである。事業者は，預かった租税の運用から利益を得られるし，事業者の倒産による不納付のリスクも生じるので，これらを制限するために，金額に応じた申告・納付回数が定められている。

　なお，課税期間は，所得税法や法人税法における定めと同様，個人は暦年，法人は事業年度である（19条1項1号・2号）。ただし，

選択により，3か月または1か月とすることが認められている（19条1項3号～4号の2）。還付を受けることの多い事業者（輸出業者など）は，短い課税期間が有利となる。

②　納税義務者

事業者

消費税の納税義務者（納税義務が発生しうる者→第1章 *3* ③ の**納税義務者**）は，事業者である。事業者は，国内において行った課税資産の譲渡等につき，消費税を納める義務がある（5条1項）。所得税や法人税のような無制限納税義務者は存在しない。事業者は，個人事業者および法人である（2条1項4号）。所得税法上の非居住者で個人事業者であるもの，および，法人税法上の外国法人も，納税義務者である。

法　人

法人は，種類を問わずすべて事業者となる（2条1項4号）。人格のない社団等も法人とみなされ（3条），事業者である。国や地方公共団体などの公共法人等（令3条1項）にも，人的課税除外は与えられていない。なお，国や地方公共団体が行う事業は，原則として，一般会計または特別会計ごとに一の法人が行う事業とみなされる（60条1項）。

個人事業者

個人は，事業を行う者だけが，個人事業者（2条1項3号）として納税義務者となる（2条1項4号・5条1項）。法人は，そのすべてが事業者であるが，個人については，事業者となるのは，自己の計算において独立して事業を行う者と解されている（消基通1-1-1）。したがって，たとえば，副業のない給与所得者が，ネット・オークションで数点の家財を処分したとしても，消費税が課されることはない。この者は，事業を行う者に該当せず，個人事業者という身分を欠くからである。ただし，オークション販売が反復継続するなどして次（→**資産の譲**

Column ⑮ 「事業」の概念と役割 ▰▰▰▰▰▰▰▰▰▰▰▰▰▰▰▰▰▰▰

　事業の概念は，消費税法の課税要件において，①納税義務に関する
「個人事業者」（2条1項3号）だけでなく，②課税物件に関する「資産
の譲渡等」（同項8号），③税額控除に関する「課税仕入れ」（同項12
号）にも現れている。これらでの事業の概念は，同じ法律で用いられて
いるから，同じに解すべきである。

　①と②において，裁判例は，両者を区別することなく，消費税法上の
事業の概念を，所得税法とは異なり，その規模を問わず，反復・継続・
独立して行われるものと解している（富山地判平成15年5月21日税資
253号順号9349。消基通5-1-1も参照）。したがって，個人事業者は，
所得税法における事業所得や事業の性質を具備する行為から生じる山林
所得または不動産所得（→第2章7③）を得る者にはかぎられない。こ
のような事業の概念を用いる理由は，課税対象を限定するための執行上
の便宜にあると考えられる。それゆえ，公平な課税のためには，執行可
能な範囲で事業の範囲を広く解し，課税対象を広げるべきだとする見解
もある。

　しかし，③では，事業の概念が仕入税額控除の対象を制限すること に
より，課税ベースを形成している。実際，もし消費税法が事業の概念を
完全に放棄すれば，事業者ではない個人もすべて納税義務者となり，個
人が購入した資産や役務は，それが何らかの対価（給与を含む。）を生
み出すかぎり，課税仕入れとなるはずである。給与の支払いが課税仕入
れから除外されていることを説明できなくなるし，インボイスの発行を
事業者だけに認めることもできない。事業の概念は，事業者とそれ以外
の者（ほとんどは給与所得者）とを身分として区別し，後者に税負担を
転嫁する役割をはたすためのものではないだろうか。

▰▰▰

渡等）に述べる事業に該当すれば，給与所得者であっても個人事業
者に該当することになる。

| 小規模事業者への免税 | 基準期間における課税売上高（9条2項）が1,000万円以下である事業者は，消費税 |

を納める義務が免除される（9条1項）。この金額は免税点（それ以下で納税義務が免除される数値）であり，この制度は免税事業者制度または事業者免税点制度とよばれる。同制度は，小規模零細事業者の納税事務に係る負担を軽減し，税収への影響が少ないものについての税務執行コストを抑えるために設けられた。

基準期間とは，2年前の暦年（個人）または事業年度（法人）をいう（2条1項14号）。これらの期間が免税となるか否かを判定するための基準期間とされているので，事業者は，年度開始前にこの判定を行うことができる。現年度の課税売上高によるのではない。事前の判定を可能としなければならない理由は，消費税の負担は転嫁されることが前提とされているので，消費税の負担があるか否かにより，資産の譲渡等の対価を変えなければならないからである。もっとも，免税となった事業者も，課税される事業者と同じ対価を請求する例は多く，こうした者にとっては，現年度の課税売上高を用いる方が簡素であろう。

基準期間のない新設法人は，原則として設立後2年間免税となる。ただし，資本金1,000万円以上の新設法人は除かれる（12条の2）。

なお，平成23（2011）年度と平成25（2013）年度の税制改正では，課税の公平性を確保するため，免税となる事業者の範囲を制限する複雑な規定が設けられた（9条の2第2項・3項・12条の3）。免税事業者制度が納税事務負担の軽減につながっているかは，疑問である。

| 課税売上高 | 課税売上高とは，基準期間において国内で行った課税資産の譲渡等の対価の額から， |

対価の返還等の額を控除した金額である（9条2項）。消費税相当額を含まない（28条1項）。ただし，免税を受けていた期間について

は，消費税が課されていないことから，その計算で，対価の額から消費税相当額を控除することはできない（最判平成17年2月1日民集59巻2号245頁〈百選90〉）。

消費税創設時の免税点は3,000万円であったが，平成15（2003）年度税制改正で1,000万円に引き下げられ，課税を受ける事業者が大幅に増えた。多くの外国も免税点を設けているが，約20万円から1,400万円程度と大きな幅がある。また，事業者の業種によって免税点を違えている国もある。

免除の放棄 納税義務を免除された事業者（「免税事業者」という。〔消基通「用語の意義」〕）は，仕入れに係る消費税額を税額控除することができない（30条1項）。そのために不利となる場合もあるので（たとえば輸出業者），一定の手続により免除を受けないことができる（9条4項）。

③ 課税物件

課税の対象 消費税法は，①「国内において事業者が行った資産の譲渡等」（4条1項）と，②「保税地域から引き取られる外国貨物」（同条2項）を，「課税の対象」と規定している。いずれも国内で行われた行為であり，国外の行為は課税の対象ではない。ただし，「資産の譲渡等」や次（→図表4-2）に述べる「課税資産の譲渡等」の概念は，行為地が国内か国外かを区別していない。②は本章5②で扱う。

①の「資産の譲渡等」とは，「事業として対価を得て行われる資産の譲渡及び貸付け並びに役務の提供」をいう（2条1項8号）。ここにも，事業の概念が用いられている。事業者が行った取引であっても，「事業として」行われなければ，課税の対象にはならない。たとえば，ネット・オークションで数点の家財を処分した個人が，

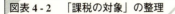
資産の譲渡等（2条1項8号）				
非課税(6条)	課税資産の譲渡等（2条1項9号）			課税の対象では ない行為
	免税(7～9条)	課税される取引		
課税の対象（4条1項）				

ケーキ屋さんであったとしても，家財の処分は，事業として行われていないから，「資産の譲渡等」には該当しない。

　資産の譲渡等から後述（→**取引の性質からの非課税**）する非課税取引を除いたものが，「課税資産の譲渡等」（同項9号）である。「課税資産の譲渡等」には，免税となる取引（輸出など）が含まれている。

資産の譲渡等　「資産の譲渡等」における「資産」とは，取引の対象となる一切の資産であり，棚卸資産，固定資産，金銭，有価証券，権利などを含む（消基通5-1-3）。金銭や金銭債権の譲渡は非課税となるが（→**取引の性質からの非課税**），金銭債権以外の債権の譲渡は，課税資産の譲渡等にあたる（福岡高判平成24年3月22日税資262号順号11916〈百選93〉）。

　「譲渡」とは，資産につきその同一性を保持しつつ，他人に移転させることと解される（消基通5-2-1）。収用，交換，代物弁済や現物出資といった取引も譲渡等に該当する。事業者が，相続税の物納を，不動産貸付業の用に供しているマンションにより行った場合，譲渡等があったとした裁決がある（不服審判所裁決平成12年10月11日事例集60巻575頁）。

　「貸付け」とは，自転車のレンタルなど資産を他者に使用させる一切の行為であり，資産に係る権利の設定なども含まれる（2条2

項，令1条3項）。「役務の提供」は，請負契約などにより，労務，便益，その他サービスを提供することをいう。弁護士などの専門的知識や技能にもとづく役務の提供も含まれる（消基通5-5-1）。しかし，雇用契約にもとづく役務の提供は，「役務の提供」には含まれるが，「事業として」の要件を充足しないため，「資産の譲渡等」には含まれない。

非課税

資産の譲渡等のうち，消費税が課されない取引が列挙されている（6条1項・別表第1〔2023（令和5）年10月以降は別表2〕）。非課税とされる理由は，(i)取引の性質から消費の概念になじまないこと，および，(ii)社会政策的配慮から課税が好ましくないことにある。

取引の性質からの非課税

(i)として，まず，先に触れた金銭などの支払手段や金銭債権，一定の有価証券の譲渡があげられる（同表2号）。支払手段を非課税としなければ，資産や役務の購入者にも消費税が課されて不合理であるし，金銭債権や有価証券の取得は，貯蓄であって消費ではない。郵便切手類や印紙，証紙などの譲渡で，日本郵便株式会社などが行うものも非課税である（同表4号イ・ロ）。これらは，現金が形を変えたものにすぎず，役務の提供に先立って取得されるから，購入時点ではまだ消費支出があるとはいえない。もっとも，たとえば郵便料金は消費税を含んで設定されているから，利用者は切手を買った時に税負担の転嫁を受けている。商品券やプリペイドカードなども，同様に非課税である（同号ハ）。ビットコインなど暗号通貨も，類似の性質をもつことから，平成29（2017）年度税制改正により，非課税とすることにあらためられた（令9条4項）。

次に，土地と土地の上に存する権利の譲渡および貸付けがあげられる（同表1号）。土地自体は利用しても減価しないことから，これ

らの非課税が認められていると考えられる。しかし，個人が居住のために土地を利用することはその個人にとって明らかに消費であるから，少なくとも居住用土地の地代については，課税すべきであるとの議論は可能である。もちろん，土地以外の不動産の譲渡や貸付けは課税対象である。

　第三に，利子を対価とする金銭の貸付けも，非課税である（同表3号）。非課税となるのは，具体的には受取利子である。所得税では，消費支出のための借入金利子の支払いは個人消費として控除を認めないので，消費税の非課税とは整合しない。しかし，消費課税の特徴である現在の消費と将来の消費の中立性（→ *Column ③*）からは課税すべきでないことになる。

　保険料を対価とする役務提供，具体的には受領した保険料も非課税である（同号）。その理由は，保険は保険加入者達の間で支払われた保険料を保険金として分配する制度であるから，そこに消費は存在せず，受取保険金を使うことが消費であるためと思われる。たとえば，地震保険金の受取りは消費ではなく，それによる自宅の建直しが消費となる。ただし，包括的所得概念からは，損害の回復は消費ではない。もっとも，保険は加入者に安心感を与える。それは，時の経過とともに費消される心理的満足であり，包括的所得概念からは消費に該当する。その対価である保険の運用コストが保険料に含まれているから，保険料を非課税とすべきかについて議論の余地はある。

社会政策的配慮からの非課税　　上述の(ii)として，公的な医療保険制度にもとづく医療などにおいて行われる資産の譲渡等がある（同表6号）。介護保険法の規定にもとづく介護サービスの提供なども非課税である（同表7号イ）。これらは消費にあたるが，非課税とすることで，生命や健康の維持

に必要な支出について，利用者の負担を軽減することができるといわれている。しかし，心身の状態の回復がそもそも消費に該当するのか，仮にそうだとしても，非課税より公的保険給付の充実の方が適切ではないのか，議論の余地があろう。学校教育法上の学校等の授業料や入学金等，同法に規定する教科書の譲渡も，非課税である（同表11号・12号）。学校教育制度は国の基幹制度であり，学生とその保護者の負担軽減が，非課税の理由である。しかし，教育には，ヒューマン・キャピタルを高める投資（貯蓄）としての性質があることも考慮されてよい。住宅の貸付けのうち居住の用に供する部分は，非課税である（同表13号）。その説明は困難であり，政治的に追加された非課税と考えられる。

課税の対象ではない行為 課税の対象（4条1項）とはならない行為，いいかえれば，非課税または免税以外の事由により，消費税の課税を受けない行為がある。たとえば，国外で行われた課税資産の譲渡等や課税仕入れ（→ *3②*の **課税仕入れに係る消費税額**），ネット・オークションなどの消費者間取引，贈与などの対価を得ずに行われた取引である。課税の対象ではない行為は，課税売上割合（→ *3②*）の計算に影響しない。なお，このような取引を実務では不課税取引または課税対象外取引ということがあるが，こうした用語は実定法にも通達にも存在せず，意味が明確ではない。そのため，本書では使用しない。

対価を得て行われる取引 「資産の譲渡等」は，対価を得て行う取引にかぎられている（2条1項8号）。消費税法が，消費行為そのものではなく，消費支出に着目しているためと考えられる。たとえば，資産の廃棄，盗難，滅失は，対価を得ていないので，資産の譲渡等には該当しない（消基通5－2－13）。国や地方公共団体から受ける補助金，奨励金，助成

金は，特定の政策目的を実現するための給付であることから，対価とはされていない（消基通5-2-15）。損害賠償金のうち心身や資産への損害について支払われるものは，原則として対価ではないが，その実質が資産の譲渡等の対価に該当すると認められる場合がある（消基通5-2-5）。たとえば，損害を受けた資産が加害者に引き渡され，加害者が軽微な修理をして使用する場合である。寄附金や祝い金，見舞金についても，同様の実質判断がなされる（消基通5-2-14）。

　対価の形態は，金銭にかぎられない。物々交換も，資産の譲渡等に該当する（消基通5-2-1〔注〕）。

| 課税対象の拡張 |

対価を得て行われる取引ではないが，資産の譲渡等とみなされる場合がある（みなし譲渡）。第1は，個人事業者が棚卸資産または事業の用に供していた資産を家事のために消費または使用した場合である（4条5項1号）。たとえば，牛乳販売業者が商品の牛乳を飲んだり，配達用に購入した自転車を家事用にした場合である。すべての事業用資産を対象とする点で，所得税法での棚卸資産の自家消費（所法39条）より範囲が広い。消費税法では仕入れ後に自家消費されたか否かとは無関係に仕入税額控除の計算が行われるのに対して，所得税法では家事費・家事関連費による必要経費控除の制限があるためと考えられる。

　第2に，法人がその役員に資産を贈与した場合である（4条5項2号）。法人は，贈与資産を取得した時に，仕入税額控除をその要件が満たされるかぎりで行っているので（消基通11-2-3），この規定がなければ，消費税の負担なしに役員が資産を消費することになる。もっとも，役員や使用人に給与を現物で支払った場合は，代物弁済とされないかぎり，このような課税はない（消基通5-1-4）。

贈与と役員給与の区別は，困難であろう。

給与は課税対象か？ 給与は，資産の譲渡等の対価だろうか。給与は，被用者としての勤務の対価である。このような勤務は，自己の計算と独立性という事業の性質をもたないため，資産の譲渡等にはあたらない。したがって，給与は資産の譲渡等の対価ではない。同じ理由から，被用者は事業者ではない。ただし，副業をすれば，それが事業とされ，そのことにより事業者となることはある。しかし，このような事業者であっても，給与が資産の譲渡等の対価になることはない。なお，使用者が支払った給与などは，仕入税額控除の対象にならない（2条1項12号第1かっこ書）。

年度帰属の原則と特例 資産の譲渡等がいずれの課税期間に属するかは，現金主義によるのではない。法律は，「対価として収受し，又は収受すべき一切の金銭又は金銭以外の物若しくは権利その他経済的な利益の額」を課税標準と規定しているので（28条1項かっこ書），対価の収受に着目して判断されよう（東京高判令和元年9月26日訟月66巻4号471頁〈百選91〉）。しかし，実務は，所得税や法人税と同様，その資産の相手方への引渡しや役務の提供の日の属する課税期間と解している（消基通9-1-1以下）。これは，引渡基準と考えられる。

消費税法は，所得税法や法人税法上の年度帰属の特例を認めている。すなわち，事業者が延払基準（平成30（2018）年度税制改正により，その適用は，経過期間後リース取引に限定。所法65条，法法63条）や工事進行基準（所法66条，法法64条）を適用する場合，それぞれの基準に従い，資産の譲渡等があったものとすることができる（16条・17条，平成30（2018）年改正法附則44条1項）。また，所得税の計算上，現金主義（所法67条）の適用が認められている個人事業者は，

資産の譲渡等の年度帰属を, 現金主義で決定することができる (18
条)。

4 課税標準と税率

課税標準と課税標準額 消費税法は, 課税標準を, 課税資産の譲渡
等の対価の額と規定している (28条1項)。
課税売上高 (9条2項) ではない。しかし, 税額は, 「課税標準額」
(45条1項1号), すなわち, 国内において行った課税資産の譲渡等
に係る課税標準に税率を乗じた金額である。

なお, みなし譲渡 (→ **2 ③ の課税対象の拡張**) において対価の額と
されるのは, 自家消費や贈与をした資産の時価に相当する金額とな
る (28条3項)。また, 役員への資産の譲渡にあたり, その対価の
額が, 時価の2分の1に満たない場合, 時価が対価の額とみなされ
る (28条1項ただし書, 消基通10-1-2の(2))。

**消費税率と消費税額,
地方消費税** 課税標準に消費税の税率 (「消費税率」とい
う。) を乗じた金額を, 消費税額という。
消費税率は, 2019 (令和元) 年10月1日以
降7.8%であり (29条), 地方消費税の税率2.2%を加算すると,
10%となる。地方消費税 (地方法72条の77以下参照) は, 平成6
(1994) 年度税制改正において, 地方分権の推進や地域福祉の充実
等のための地方財源の拡充の必要から設けられ, 1997 (平成9) 年
4月1日から実施されている。地方消費税の課税主体は都道府県で
あるが, 事務簡素化のため, 徴収事務は国に委託されている。地方
消費税の課税標準は消費税額であり (地方法72条の82), その税率
は消費税額の25%と定められ, 消費税率と連動するようになって
いた。この比率は, 2012 (平成24) 年8月の「社会保障と税の一体
改革」において, 2014 (平成26) 年4月1日より消費税率が6.3%

Column ⑯　消費税率の引上げ ━━━━━━━━━━━━━━━━━━━

　近年の少子高齢化社会の進む中，社会保障費の増大と国公債に依存する財政の再建のため，消費税率は，段階的に引き上げられてきた。導入時の 1989（平成元）年 4 月 1 日には 3 ％であったが，1997（平成 9）年 4 月に 5 ％（地方消費税を含む。以下同じ。），2014（平成 26）年 4 月に 8 ％となった。8 ％に引き上げられた際には，税収を年金等の社会保障給付，少子化対策経費に充てる旨が法律に明記された（1 条 2 項）。

　しかし，その後の引上げは困難をきわめた。もともと，8 ％への引上げは，2012（平成 24）年 8 月に成立した税制抜本改革法（平成 24 年法律 68 号）に規定された 2 段階の引上げの第 1 段階にすぎず，2015（平成 27）年 10 月に 10％とすることも規定されていた。しかし，10％への引上げは同法に組み込まれていた「景気弾力条項」（附則 18 条）を根拠に 2017（平成 29）年 4 月に延期され（平成 27 年法律 9 号），さらに，「世界経済の不透明感が増す中で，新たな危機に陥ることを回避するため」（法案提出理由），2019（令和元）年 10 月に再延期された（平成 28 年法律 85 号）。

━━━━━━━━━━━━━━━━━━━━━━━━━━━━━━━━━━━━━━

に引き上げられたのを機に，17/63 にあらためられ（地方法 72 条の 82），1.7％となり，延期後，2019（令和元）年 10 月 1 日より消費税率が 7.8％に引き上げられた際，22/78 とされ，2.2％となった。

軽減税率の導入と課題　　税率 10％への引上げと同時に導入された 8 ％の軽減税率（複数税率）は，低所得者対策とされ（税制抜本改革法 7 条 1 項ロ），「飲食料品等の消費実態や，低所得者対策としての有効性，事業者の事務負担等を総合的に勘案」した結果とされる（平成 28（2016）年度税制改正大綱）。

　軽減税率は，EU 諸国などほとんどの国でも採用されている。しかし，①高所得者の方の負担軽減が大きくなる場合がある，②減収

Column ⑰　「軽減税率」というべきか？　//////////////////////

　　ドイツでの生活実感として，日常生活での取引の大半には，19％では
　なく７％の税率が適用されており，「標準税率」，「軽減税率」というよ
　び方は，ミスリーディングに感じられる。税制抜本改革法も「複数税
　率」としており，「軽減税率」の語は消費税法の附則に現れるにすぎな
　い（ただし，未施行の２条１項９号の２・11号の２には「軽減対象課
　税」の文言がある。）。国民が受け入れることができる税率は，品目によ
　って異なるので（たとえば，現在は非課税の医療に20％の税率をかけ
　ていいか？），消費税にさらなる税収を求めざるをえないとすると，複
　数税率が有効な手法になるのではないだろうか。ちなみに，酒類には酒
　税と消費税，ガソリンには揮発油税と消費税が課されており，日本にも
　消費の税負担率は複数存在する。非課税も存在する。

//

を埋めるため標準税率が高くなる，③軽減税率対象品目の選定や区
分が難しく，ロビー活動を誘発し，争訟が生じる，④事業者と国の
執行コストが増加する，といった問題が指摘されている。実際，
EU 加盟国の付加価値税を規律する EU 指令は，５％未満の軽減税
率を否定する方針を示している（Art. 99 of the VAT Directive, 2006/
112/EC）。

軽減対象課税資産　軽減税率の対象を「軽減対象課税資産の譲
渡等」という。その対象品目は，①酒類お
よび外食やケータリングで提供される場合を除く飲食料品，②定期
購読契約による新聞である（2023（令和５）年10月施行の２条１項９
号の２および別表第１。ただし，2019（令和元）年10月以降，2023（令和
５）年９月末までは平成29（2017）年改正法附則34条１項）。外食とは，
食事の提供を行う事業を営む事業者が，一定の飲食設備のある場所
等において行う食事の提供と解される（同表１号イ）。定期購読契約
による新聞とは，週２回以上発行されるものである（同表２号。た

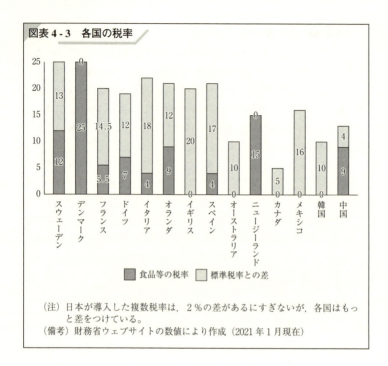

図表 4 - 3　各国の税率

凡例：
- 食品等の税率
- 標準税率との差

（注）日本が導入した複数税率は，2％の差があるにすぎないが，各国はもっと差をつけている。
（備考）財務省ウェブサイトの数値により作成（2021 年 1 月現在）

だし，電子版とスタンド売りの新聞は含まれない。)。

　軽減対象課税資産の線引きは，微妙である。たとえば，お重に入ったおせち料理を 8,000 円で購入する場合，いずれの税率が適用されるだろうか。国税庁からは詳細な Q&A や各税務署への照会手段が公表されているが，線引きをめぐる懸念は残る。

3 仕入税額控除

1 基本的内容

制度の理解

「仕入税額控除」は，実定法には存在しない用語である。本書は，この語を，課税標準額に対する消費税額から「課税仕入れ等の税額」（30 条 2 項柱書）を税額控除する（30 条 1 項）ことの意味で用いる（消基通「用語の意義」も同旨）。本書は，この税額控除を，付加価値税など多段階消費税における前段階税額控除に相当するものと位置づけ，事業者における税の累積を排除し，消費者に税負担を転嫁するためのものと理解する。

　もっとも，この理解は，現行法が，前段階課税のない仕入れも税額控除の対象とし（インボイス制度の不存在），仕入れの実額にもとづかない税額控除を認めること（簡易課税制度の存在）との関係で無理がある。これらの点を重視すれば，各取引段階の付加価値を測定または推定するための税額控除とみることになる。この見方では，消費税は，消費者に対して個人消費に課税する租税ではなく，事業者に対して付加価値に課税する租税，事業課税の一種となる。これは，日本での一般的な理解とは異なるので，本書では採用しない。しかし，こうした見方がありうることには，仕入税額控除の制度としての危うさが窺われる。

計算の概要

仕入税額控除は，前段階で課された消費税を税額控除することが目的であるが，2023（令和 5）年 10 月までは，前段階の税額を確認する制度（インボイス制度）が用意されておらず，異なる計算方法が規定されている。

すなわち、①一定の仕入れについて、その全部に消費税が課されていたとすれば含まれていたはずの消費税額を算出し、②そのうち課税資産の譲渡等に対応する部分について税額控除を行う、という方法である。

　なお、以下の②では、便宜上、特定課税仕入れと保税地域からの課税貨物の引取りを考慮しない。このため、「課税仕入れ等の税額」のうち「課税仕入れに係る消費税額」（30条1項柱書）のみを対象とする。

② 計算とその意味

┌─────────────┐
│ **課税仕入れに係る**
│ **消費税額**
└─────────────┘

　上記①の段階では、まず、対象となる仕入れの範囲が問題となる。その範囲は、「事業者（免税事業者を除く。）が、国内において行う課税仕入れ」である（30条1項）。「課税仕入れ」とは、事業者が、事業として、他の者から資産を譲り受け、もしくは借り受け、または、役務の提供（対価が所得税法上の給与所得となるものを除く。）を受けることである。ただし、当該他の者が、事業としてこれらの取引をしたとすれば、課税資産の譲渡等に該当し、かつ、消費税が免除されない場合にかぎられる（2条1項12号）。

　この規定から、免税事業者の行う仕入れと、国外で行われた課税仕入れ、給与の支払いが対象外であることがわかる。しかし、「他の者」には限定がないので、免税事業者や事業者でない者からの仕入れを排除できず、前述の通り「事業としてこれらの取引をしたとすれば」という仮定をしているため、事業者による事業外取引からの仕入れも対象に含まれる。このような前段階課税がない仕入れが課税仕入れとなるのは、インボイスがないためである。

　次に、含まれていたはずの消費税額の算出を行う。この金額は、

上述の範囲の課税仕入れの金額に，消費税率／（1＋消費税率＋地方消費税率）を乗じて算出する（30条1項第4かっこ書）。

課税売上割合

上記②の段階では，非課税である資産の譲渡等に対応する①の金額について，税額控除を認めないための処理が行われる。仕入税額控除では，所得課税における費用収益対応，すなわち，支出を収入に対応させて費用控除する考え方はないが，課税仕入れのうち，課税を受ける売上げに対応するもの（免税となるものを含む。）を税額控除の対象とする考え方がとられている。この対応において，「課税売上割合」（30条6項）が重要な役割をはたす。課税売上割合とは，事業者が課税期間中に国内において行った資産の譲渡等の対価の額の合計額（「課税の対象」ではない行為の対価を含まない。）のうちに，その事業者がその課税期間中に国内において行った課税資産の譲渡等の対価の額の合計額（免税となる対価の額を含む。）が占める割合である。

対応のあり方

上述の対応は，以下のよう規定されている。

ⓐ課税売上割合が95％以上で，かつ，課税売上高が5億円以下である場合，①の金額がそのまま課税仕入れに係る消費税額となる（30条1項）。

ⓑ課税売上割合が95％未満，または，課税売上高が5億円超である場合，個別対応方式または一括比例配分方式により，課税仕入れに係る消費税額を計算する（同条2項）。

個別対応方式と一括比例配分方式

個別対応方式は，国内で行った課税仕入れについて，(i)課税資産の譲渡等にのみ要するもの，(ii)課税資産の譲渡等以外の資産の譲渡等にのみ要するもの，(iii)課税資産の譲渡等とそれ以外の資産の譲渡等に共通して要するものに，区分が明らかにされていることを要件として適用される。「課税仕入れに係る消費税額」は，(i)の税

額の合計額に，(iii)の税額の合計額に課税売上割合を乗じて計算した金額を，加算した金額となる（30条2項1号）。なお，合理的に算定されたものであれば，税務署長の承認を受け，課税売上割合に準ずる割合を用いることができる（同条3項）。使用人の数や従事日数の割合，消費または使用する資産の価額の割合などがある（消基通11-5-7）。

　一括比例配分方式とは，上記ⓐであれば控除された「課税仕入れに係る消費税額」に課税売上割合を乗じた金額を，あらためて「課税仕入れに係る消費税額」とする方式である。個別対応方式における区分経理を要しない点で，より簡便である。

　個別対応方式の要件を満たす事業者は，一括比例配分方式によることもできるが（30条4項），その場合は2年間の継続が必要である（同条5項）。個別対応方式による申告後，一括比例配分方式の方が有利であることに気づいて行われた更正の請求は，認められない（福岡地判平成9年5月27日行集48巻5＝6号456頁）。

③　その他の措置

対価の返還，貸倒れ　消費税の納税義務は，課税資産の譲渡等の時点で成立するが（通法15条2項7号），その後，返品や値引き，割戻し等により，対価の返還や売掛債権の減額をすることがある。この場合，課税資産の譲渡等の時点にさかのぼって課税資産の譲渡等を取り消すのではなく，返還等をした日の属する課税期間において，一定の要件のもと，返還等の金額に係る消費税額（返還等の金額×消費税率／（1＋消費税率＋地方消費税率））を，その課税期間の消費税額から税額控除する（38条1項）。相手方も，返還等を受けた日の属する課税期間の「課税仕入れ等の税額」から，返還等の金額に係る消費税額に対して「対応のあり方」

で述べた@またはⓑの計算を行った金額を減額する（32条1項）。

　課税資産の譲渡等の対価債権に貸倒れが生じた場合も，債権者である事業者は，貸倒れの日の属する課税期間において，同様の処理をする（39条1項）。

> **簡易課税制度**

簡易課税制度は，仕入税額控除を，仕入れの実額にもとづかず，概算により認める例外的な制度である。中小事業者の事務負担に配慮して設けられた。対象は，基準期間における課税売上高（納税義務の免除の判断で用いられたもの）が5千万円以下で，税務署長に届出を行った事業者である（37条1項）。この届出は，簡易課税制度の適用を受ける選択を行ったという意味をもつ（不利になるときもある。）。適用を受ける事業者は，消費税額に一定の割合（みなし仕入率）を乗じた金額を「課税仕入れに係る消費税額」とみなして消費税額を計算する。みなし仕入率は，業種によって異なる。第一種事業・卸売業で90％，第二種事業・小売業で80％など，6つの業種別に異なるみなし仕入率が定められている（令57条1項・5項）。複数の事業を行う場合のみなし仕入率は，各事業のみなし仕入率を各事業の売上高により加重平均した値である（令57条2項）。

> **隠れた消費税**

免税事業者の行う課税仕入れや，非課税である資産の譲渡等に対応する課税仕入れには，仕入税額控除が認められない。このため，前段階までのすべての取引段階で課された消費税は，これら事業者が負担するか，消費者を含む次の取引段階に転嫁されることになる。たとえば，公的保険による診療報酬は非課税であるが，診療に必要な器具や消耗品の購入対価には消費税が上乗せされており，病院はその仕入税額控除を受けることはできない。そうすると，このような消費税の負担を考慮して，診療報酬が設定されることになるであろう。その場合，

患者は，いわば隠れた消費税を，診療報酬の一部として支払うことになる。

　隠れた消費税を防ぐには，診療報酬を非課税にするのではなく，ゼロ税率または軽減税率を適用することが考えられる。

　　軽減税率への対応　軽減税率導入後，適格請求書等保存方式が本格運用されるまでは，税率の異なるごとに課税資産の譲渡等の金額と課税仕入れ等の金額をそれぞれ集計し，これらに係る消費税額を計算したうえで，それぞれの課税標準にそれぞれの消費税率を乗じた金額の合計額から，課税仕入れ等について同様に求めた税額の総額を，税額控除することになる（平成28年改正法〔法律15号〕附則34条2項）。

④　手続上の要件

　　請求書等保存方式　消費税法は，仕入税額控除の要件として，請求書等保存方式を採用してきた。すなわち，課税仕入れ等の税額の控除に係る「帳簿及び請求書等」の書類を保存することが，仕入税額控除の要件である（30条7項・10項，令50条1項）。ただし，事業者が災害その他やむをえない事情により保存できないことを証明する場合には，例外的な取扱いが認められている（30条7項ただし書）。

　　帳簿および請求書等の記載事項　「帳簿」には，課税仕入れの相手方の氏名または名称，課税仕入れの年月日，資産または役務の内容，支払対価の額を記載することが要求される（30条8項1号）。「請求書等」には，前段階の事業者（仕入先）から交付される請求書等だけでなく，購入者たる事業者（自己）が作成した仕入明細書等も含まれる。重要な記載事項は法定されており，後者では記載項目について相手方の確認が必要

とされる（同条9項2号〔2023（令和5）年10月以降は3号〕かっこ書）。

　これら記載事項が欠如している場合，仕入税額控除は認められないと解される。帳簿上相手方の記載が仮名であって真実の内容でない場合に，仕入税額控除が認められなかった例（東京地判平成9年8月28日行集48巻7＝8号600頁），内訳明細の記載を欠いた請求書等について仕入税額控除が認められなかった例がある（大阪地判平成10年8月10日判時1661号31頁）。

保存の意味

　税務調査の際に，帳簿や請求書等を提示できない場合，「保存」の要件を満たすことになるかが争われた裁判例がある。最高裁は，税務調査において「適時にこれを提示することが可能なように態勢を整えて保存していなかった場合」には，「保存」の要件を満たさないと述べ，消極に解した（最判平成16年12月16日民集58巻9号2458頁〈百選94〉）。

請求書等保存方式の
欠点

　請求書等保存方式は，平成6（1994）年度税制改正により，それまでの帳簿方式（帳簿または請求書等のいずれかの保存）をあらためるものとして導入され，1997（平成9）年4月，5％への税率引上げと同時に施行された。この改正は，インボイス方式へ歩み寄ったものといえる。

　しかし，帳簿や請求書等の記載事項には，前段階課税の有無はない。実体法がそれを要件としていないからであるが，税の連鎖は確保できない。

インボイス方式と
その利点

　帳簿方式や請求書等保存方式は，世界的にみても特殊である。日本を除く多くの国は，前段階税額控除の適用要件として，インボイス方式を採用している。インボイス方式では，仕入税額控除を得るために，インボイス，すなわち，前段階で課税が行われたことを

示す一定の書面または電子データの提示や保存が求められる。インボイスは，課税庁に一定の登録を行った事業者（免税事業者を除く。）だけが発行を認められる。次段階の事業者は，インボイスの交付を受けなければ仕入税額控除を受けることができないので，事業者間の確認や牽制により，適正な税の執行が担保され，税の連鎖が確保されることになる。

インボイス方式のもとでは，免税事業者が，インボイスを発行できないため，取引から排除される懸念も指摘されている。ただし，わが国では，免税事業者は免除を受けない選択をすることができる（9条4項）。

**適格請求書保存方式
への移行**

わが国では，2019（令和元）年10月1日における10%への標準税率引上げと軽減税率の導入と同時に，インボイス方式に匹敵する適格請求書等保存方式への移行が開始した。この移行では，事業者の事務負担等を考慮して4年間の経過措置期間がおかれ，2023（令和5）年10月1日以降に適格請求書等保存方式が本格実施される予定である。適格請求書等保存方式のもとでは，適格請求書および帳簿の保存が仕入税額控除の要件となる。「課税仕入れに係る消費税額」は，適格請求書の記載事項を基礎に算定される（2023（令和5）年10月施行の30条1項）。適格請求書は，税務署長による登録を受けた適格請求書発行事業者のみが交付することを認められ，かつ，交付を義務づけられる（適格請求書発行事業者登録制度。同法57条の2第1項・57条の4第1項）。免税事業者はこの登録を受けることができない。免税事業者や消費者からの仕入れは仕入税額控除が認められないことになる。ただし，経過措置として一定割合控除が認められる（平成28（2016）年改正法附則52条・53条）。

適格請求書保存方式 の実施

適格請求書の様式は自由であるが，記載すべき事項には，請求書等保存方式の下で要求されている事項に加え，原則として①適格請求書発行事業者の登録番号，②軽減税率対象課税資産の譲渡等である場合にはその旨，③税抜価格または税込価格を税率の異なるごとに区分して合計した金額と税率，④消費税額等が求められる（2023（令和5）年10月施行の57条の4第1項→**図表4-4**）。虚偽の記載のある適格請求書の交付は禁止され，罰則もあるが（同法57条の5第2号・65条4号），EUでのインボイスの記載事項として一般的な「連続番号（serial number）」は，適格請求書の記載事項としては要求されておらず，実際，抜き取りなどを含め不正をいかに発見・防止するかに課題がある。

なお，適格請求書の記載事項に誤りがあった場合，その交付を行

った事業者は，修正した適格請求書を交付する義務がある（同法57条の4第4項）。しかし，相手方が倒産し，修正された適格請求書を受け取れない場合はありうる。さらに，意図せず不正な請求書を受け取った場合としてたとえば，相手方が事業者登録を取り消されていた場合や請求書の形式に不備があった場合を，どのように扱うかについて，適格請求書方式の目的を考えて議論する必要がある。

| 電子インボイス |

適格請求書発行事業者は，適格請求書の交付に代えて電子インボイスを提供できる（2023（令和5）年10月施行の57条の4第5項）。電子インボイスとは，適格請求書の電磁的記録（電子計算機を使用して作成する国税関係帳簿書類の保存方法等の特例に関する法律〔電子帳簿保存法〕2条3号）である。これを受け取った相手方は，その電子インボイスの保存により仕入税額控除が認められる（2023（令和5）年10月施行の30条7項・9項2号）。電子インボイスの利用により，納税者側ではペーパーレス化による経理作業の効率化とテレワーク環境の実現が可能となり，課税庁側ではクロスチェックが容易になり事務処理の簡素化につながる。ただし，その真正性と可視性の確保や改ざん防止等を行う必要があり，電子帳簿保存法の下での一定の措置が要求される（電子帳簿保存法施行規則3条1項・8条1項）。

4 国際取引と消費税

1 仕向地主義と原産地主義

| 多段階消費税と
国際的ミスマッチ |

経済社会の急速なグローバル化の中，国境を越える取引が増加し，多様化している。多段階消費税は取引の各段階で課税を行う

図表4-5 仕向地主義と原産地主義

仕向地主義

| | P国 | | Q国 | |
	事業者 a	事業者 b	事業者 c	消費者
取得対価	0	300 + 30	500 + 100	800 + 160
販売対価	300 + 30	500	800 + 160	
納付税額	30	− 30	100 − 100 + 160	

原産地主義

| | P国 | | Q国 | |
	事業者 a	事業者 b	事業者 c	消費者
取得対価	0	300 + 30	550	850 + 60
販売対価	300 + 30	500 + 50	850 + 60*	
納付税額	30	50 − 30	60	

＊c による価値の付加は，仕向地主義の場合と同じ 300 としている。

から，国境を越える取引をどのように扱うかは，国際的な議論をよ
ぶ。議論の焦点は，どちらの国，つまり，資産の譲渡等をする者が
いる国（原産地国）と，譲渡等を受ける者のいる国（仕向地〔しむけ
ち〕国）の，どちらが課税をするかにある。原産地国が課税をする
考え方を原産地主義（または源泉地主義）（origin principle），仕向地国
が課税をする考え方を仕向地主義（destination principle）という。

　所得課税では，多くの国は，納税者が国内に存在することにもと
づく課税権（居住地課税権）と，所得がその国で生じたことにもと
づく課税権（源泉地課税権）の両方を行使し，結果として生じる国
際的二重課税は，居住者に対して外国税を税額控除し，非居住者に
対して（多くの場合は租税条約にもとづく。）源泉地課税権を放棄また
は制限することで，排除や緩和をしてきた。

しかし，間接税としての多段階消費税では，このような方法は採用できない。各国が源泉地課税と仕向地課税の両方を行い，かつ，国際的二重課税を防止する方法は，今のところ，考案されていないからである。実際，どの国も，明示的に両方の課税を行うことはない。

では，どちらか1つにもとづく課税を行うとすればどうか。この場合も，各国で一致がなければ，国際的二重課税や二重非課税が生じる。では，どちらに一致させるべきだろうか。

国境税調整

その検討のため，2つの課税方法を具体的にみる。いま，P国（税率10%）からQ国（税率20%）に商品が輸出されるとする。P国では，ある商品を，事業者aが本体価格（以下同じ）ゼロで仕入れ，300で同国の事業者bに販売する。bは，これを500でQ国の事業者cに輸出する。cは，300の価値を付加し，800で消費者に販売する。

両国が仕向地主義をとる場合，輸出国(P)は，bの輸出について，輸出の税額（50）を免除し，前段階税額控除（30）を与える。これを輸出免税という。輸入国(Q)は，cの輸入について，国内で行われているのと同じ租税（100）を課す。これを，輸入課税という。輸出免税と輸入課税を，国境税調整（boarder tax adjustment）という。国境税調整は，輸出入国間で，税の連鎖をリセットする（断ち切る）ような作用をする。これによって，インボイスによる事業者間の牽制（前段階の納税がなければ，次段階の税額控除ができないこと）は失われるが，輸入国は，輸出国の課税からシールドされる。輸出国は税収を放棄し，輸入国がすべての税収を得ることになる。

輸入国の事業者(c)は，輸入課税で支払った税を，消費者への販売に課された税から税額控除（前段階税額控除）する。この結果，輸入国の消費者は，輸入品であっても，輸入国の税率（20%）による税

の転嫁を受ける。なお，消費者が直接，輸入をした場合，消費者が輸入課税（20%）を受ける。消費者であるから，前段階税額控除はできない。いずれの場合も，消費者の税負担は，自国生産品と同じになる。

　原産地主義では，国境税調整が行われない。輸出国(P)は，輸出段階までの課税と前段階税額控除を行い，税収を得る。輸入国(Q)は，輸入課税を行わない。消費者が直接輸入をする場合は，輸出国(P)の税（10%）を負担する。輸入事業者(c)が介在する場合は，輸入国を原産地とする付加価値にだけ課税を受ける。その税額は，仕入価格（転嫁された輸出国税を含む。）と販売価格（本体価格）との差額に税率を乗じた金額となるはずである。いずれの場合も，輸出国の課税が輸入国にもちこまれ，消費者の税負担は，自国品とは異なることになる。

仕向地主義の優位性と問題点

両者のうち，仕向地主義が，OECD やWTO により国際規範として一般に支持され，わが国でも概ね採用されている。EU も，現在はこの方向で改革を進めている。その理由は，2 つにまとめられる。①多段階消費税は，消費者が負担することが前提であるから，付加価値の生じた原産地ではなく，消費が行われた消費地で課税されるべきである。②原産地主義では，原産地国の税負担が消費地国にもちこまれ，両国の税率の差が，消費地国での自国生産品と輸入品との競争条件を歪める。

　しかし，仕向地主義の問題点も指摘できる。①国境税調整が困難または不可能な場合がある。たとえば，インターネットを通じたダウンロード販売（→3）や EU 域内取引，地方自治体による課税がそうである。②仕向地（消費地）の決定が困難な場合がある。たとえば，外国の美容院で髪をカットしたら，どちらの国が課税すべき

だろうか。③国境税調整が税の連鎖を断ち切るため，インボイスによる事業者間の牽制が失われる。④すべての税収を仕向地国だけが得ることについて，是非の議論がありうる。

② 輸出入取引

輸入課税

わが国の消費税を対象に，検討を続けよう。仕向地主義に必要な要素である輸入課税は，消費税では，「課税の対象」の1つである「保税地域から引き取られる外国貨物」への課税として規定されている（4条2項）。ここでの「外国貨物」とは，外国から本邦に到着した貨物で輸入の許可を受ける前のものをいう（2条1項10号，関税法2条1項3号）。「保税地域」とは，外国貨物の積卸し，運搬，蔵置等を行うことのできる場所で，港湾や国際空港に設けられる（2条1項2号，関税法29条）。いずれも関税法上の概念であることから，輸入課税は関税をモデルとしていることがわかる。「資産の譲渡等」（2条1項8号）には含まれていた資産の貸付けと役務の提供は，関税を課されず，輸入課税の対象ともされていない。なお，輸入は，輸出とともに，国内で行われる取引である。

課税要件と申告納付

納税義務者は，外国貨物を保税地域から引き取る者である（5条2項）。これは，資産を取得する者であるから，「資産の譲渡等」の場合とは逆である。免税事業者や事業者ではない個人（消費者）も，納税義務者である。消費者を納税義務者とするかぎりで，直接税となる。

　課税物件は，課税貨物，すなわち，保税地域から引き取られる外国貨物のうち非課税とされるもの以外のもの（2条1項11号）である（5条2項）。非課税とされるのは，有価証券等，郵便切手類，身体障害者用物品，教科用図書などである（6条2項・別表第2。(軽減

　EU では，国境税調整に絡んで，回転木馬詐欺（carousel fraud）や
消失事業者逋脱（missing trader fraud）とよばれる VAT の脱税行為
が横行し，国家財政にまで影響を及ぼしている。その犯罪スキームを簡
単に説明しておこう。①事業者 A は，ある商品を他国の事業者 B に対価
1,000 で輸出し，輸出免税を受ける。②B は，消失事業者（missing
trader）である。輸入課税が次段階譲渡まで繰り延べられる制度（また
は EU での輸入課税の免税）を利用し，輸入課税の税額（200。税率は
20％とする。）と譲渡先の事業者 C から受け取った VAT（180。譲渡対
価は 900）を納税せずに雲隠れする。③C は，犯罪スキームに利用され
ていることを知らない事業者で，バッファーとよばれる。C は，その商
品を D に対価 1,000 で譲渡する。通常どおり，VAT200 を納付し，B
に支払った VAT180 の前段階税額控除を受ける。C のようなバッフ
ァーが複数入ることもある。④D は，その商品を A に 1,000 で輸出し，
輸出免税と前段階控除 200 の還付を受ける。結果として，C が B に支払
った VAT の前段階税額控除 180 だけが相殺されずに残り，D への還付
金に含まれる（国が詐取される。）。犯罪の費用は，C が得る利益 100 で
ある。A→B→C→D→A と回転するため，回転木馬詐欺といわれる。

　では，日本で，B が雲隠れせずにきちんと納税し，C が悪意の免税事
業者で，B，C，D が経済的に一体（連結法人など）であれば，どうな
るだろうか。これは，犯罪だろうか。

━━━━━━━━━━━━━━━━━━━━━━━━━━━━━━━━━━━━

税率導入後は第 2 の 2 ））。資産の譲渡等における非課税とのバランス
がはかられている。また，関税と並行して与えられる免除も重要で
ある（「輸入品に対する内国消費税の徴収等に関する法律」13 条）。たと
えば，課税価格の合計額が一万円以下の物品についての免除は，多
数の消費者が享受している（同条 1 項 1 号，関定法 14 条 18 号）。

　課税標準は，現実の対価そのものではなく，関税定率法の規定に
準じて算出した金額に，消費税等（酒税，揮発油税など）と関税を加

算した金額である（28条4項）。ほかの消費課税の税額が課税標準
に含まれている（tax on tax）。

　納税義務の確定は，申告による。ただし，所得課税の場合とは異
なり，原則として，課税貨物を引き取る時に，申告書を提出し，消
費税を納付しなければならない（47条・50条）。税率は，資産の譲
渡等の場合と同じである（29条，地方法72条の83）。

仕入税額控除

　事業者（免税事業者を除く。）は，課税貨物
につき課され，または課されるべき消費税
額を，仕入税額控除の対象とする（30条1項）。ここでは，課税仕
入れに関する計算で対価の額に一定の分数を乗じるのとは異なり，
支払われた消費税額がそのまま用いられる。また，課税仕入れにお
ける「他の者から」および「事業として」の限定は設けられていな
い。前者は，事業者自身が国外で仕入れた棚卸資産や使用していた
固定資産を国内にもちこんだ場合も，その引取りには消費税が課さ
れるので，それを仕入税額控除の対象とするためと考えられる。後
者は，法の欠缺と思われる。

輸出免税

　事業者が国内において行う課税資産の譲渡
等のうち「本邦からの輸出として行われる
資産の譲渡又は貸付け」については，消費税が免除される（7条1
項1号）。「輸出」とは，内国貨物（本邦にある貨物で外国貨物でないも
の〔関税法2条1項4号〕）を，外国に向けて送り出すことと解され
る（同項2号）。いいかえれば，外国を仕向地として，国内において
行う取引である。「外国貨物の譲渡又は貸付け」も，免除を受ける
（7条1項2号）。ここでの外国貨物とは，輸出の許可を受けた貨物
である（関税法2条1項3号）。これらの免除を，輸出免税という。
仕入税額控除に関しては，輸出免税を受けた課税資産の譲渡等も
「国内において行う課税資産の譲渡等」であるから，免税を受けな

いものと区別されずに課税売上高に算入される。この点は，非課税である資産の譲渡等と異なる。

輸出に類似した取引についても，同様の免除がある。対象は，輸出物品販売場（いわゆる免税店）における外国旅行者などの非居住者に対して行われる通常生活の用に供する一定の消耗品（食品類，飲料類，薬品類，化粧品類等）の譲渡である（8条1項，令18条1項。ただし，帰国時にも免除されると，二重非課税が生じる）。平成26（2014）年度税制改正により，対象品目が拡大されたことや，平成27（2015）年度税制改正により，許可要件が法定され，免税販売手続を一定の免税手続事業者に代理させることが可能となったことから（8条6項，令18条の2第2項・7項など），免税店数は数倍に増加した。

金密輸への対応 近年，輸入課税を免れる目的で行われる金の密輸が急増している。密輸により消費税を免れた金を国内の金買取店において消費税込みの価格で売却することで，消費税相当額を不正に稼得できる。金密輸を抑止するため，平成30（2018）年度税制改正では，輸入に係る消費税の逋脱に対して罰則の強化が行われた（64条）。

また，上記の金買取店が金を転売した後，金が輸出される際，輸出免税により仕入税額控除の還付がされる。結果として，輸入課税を免れた消費税について還付が行われることになる（回転木馬詐欺に類似→ *Column* ⑱）。これは消費税の税率が高くなるほど深刻な問題となる。令和元（2019）年度税制改正は，金に係る仕入税額控除について，課税仕入れ相手方の本人確認書類（住民票の写しなど）の保存を要件に追加した（30条11項）。さらに，課税仕入れの時点で課税仕入れを行う事業者が，納付すべき消費税を納付しないで保税地域から引き取られた密輸品（金に限定されない。）であることを知

っていた場合には，その仕入税額控除を認めないこととされた（30条12項）。

③　国境を越える役務の提供

2つの方策　国境を越える取引は，輸出入以外にもある。その中でとりわけ重要となっているのは，情報通信技術の発達と経済社会のグローバル化の中で生じた多様な役務の提供である。たとえば，国内の消費者が国外からのダウンロードで音楽ファイルを購入することは，輸入ではなく，輸入課税の対象ではない。しかし，仕向地主義からは，この取引は課税すべきことになる。なぜなら，消費者の所在地国が課税をすべきであるし，国内の事業者から購入する場合と税負担を同じにして競争条件を揃えるべきだからである。同様に考えれば，国内で事業者が介在した場合も，その事業者に課税をし，仕入税額控除を認めることになる。背景には，ダウンロード販売などの新しい役務の提供が，大きな税収源となることがある。

しかし，その実現は，容易ではなかった。以下では，この問題を扱った平成27（2015）年度税制改正を追いながら，国境を越える役務の提供に対する課税を理解しよう。

まず必要となるのは，国外からの役務の提供を「国内において行った資産の譲渡等」に含めることにより，「課税の対象」とすることである（4条1項）。そのためには，「国内において行った」の判定の基準（「内外判定基準」という。）を，役務の仕向地（消費地）にあらためることになる。この結果，国外事業者（2条1項4号の2。所得税法上の非居住者と法人税法上の外国法人）に納税義務が課される。ただし，外国の主権下では実地調査などができず，この課税の執行は不完全とならざるをえない。

次に，仕向地を基準とする内外判定を前提に，輸入課税の手法を役務の提供にも及ぼすことが考えられる。国境税調整に相当する仕組みを役務の提供について設けることはできないが，納税義務者を国内取引とは逆にして，役務の提供を受ける者とすることは可能であろう。ただし，消費者については，納税義務を課して執行することの困難さを容易に予想できる。

**国外で行われた
課税資産の譲渡等**

ここで，事業者が国外で行う取引について，課税関係をみておく。課税資産の譲渡等は，国内で行われたものに限定されない。しかし，「課税の対象」ではないので，課税は受けない。仕入税額控除に関しては，課税仕入れが国内で行われているかぎり，対応する課税資産の譲渡等が国外で行われたことにより対象外とされることはない。ただし，課税売上高と課税売上割合の計算では，国外で行われた課税資産の譲渡等は除外される。このため，国内で行う資産の譲渡等を，課税売上高が5億円以下となるか，課税売上割合が1となるように調整すれば，国外で行った譲渡等に対応する課税仕入れの税額をすべて税額控除することができる（30条2項）。この結果は，相手国による輸入課税または通常の課税を受けるのであれば，仕向地主義に合致するが，それを受けないのであれば，二重非課税（一方で税額控除，他方で非課税）が生じる。国内で行った資産の譲渡の数値を用いて，国外で行った課税資産の譲渡等に係る仕入税額控除の範囲を規律することは合理的ではない。しかし，この問題を追究すると，仕入税額控除において，課税売上高や課税売上割合を用いることの是非や，インボイスが導入されたときの仕入税額控除のあるべき姿に，議論が及ぶであろう。

| 国外で行われた課税仕入れ | 課税仕入れも，国内で行われたものには限定されない。しかし，仕入税額控除ができるのは，国内で行われたものにかぎられる |

（30条1項）。したがって，国外で課税仕入れをされたものが，輸入課税を受けずに国内にもちこまれ，販売されたり使用されたりする場合が問題となる。たとえば，事業者が国外で事業として受けた法務サービスを，国内の事業に利用する場合である。国外で行われた課税仕入れが仕入税額控除の対象とならないことは，いったん輸入課税を受け，直ちにその全額について仕入税額控除を受けることと等価と考えられる。そうすると，非課税である資産の譲渡等に対応する部分まで，税額控除されるのと同じことになる。このため，非課税の売上げが多い事業，たとえば金融業では，輸入課税の対象とならない課税仕入れを国外で行うインセンティブが生じる。

| 内外判定基準とその改正 | ここまでの検討で，国境を越える役務の提供について，国外からの役務の提供を受けた消費者に対する課税を行う1つの方策と |

して，内外判定基準を役務の仕向地（消費地）にあらため，国内において行われた資産の譲渡等とすることが示された。この変更は，事業者による役務の提供の売上げや仕入れについても，国内で行われたと判定される範囲を変化させる。その中で，課税仕入れに関する上述のインセンティブは，基本的には消滅するはずである。

では，「国内において」（4条1項）の判定を行う内外判定基準は，どのようなものだろうか。資産の譲渡および貸付けについては，その資産の所在地（同条3項1号），役務の提供については，原則として役務の提供が行われた場所により判定が行われる（同項2号）。仕向地主義では，資産の譲渡等を受けた者の所在地となるはずであるから，このような基準は，仕向地主義とは異なる。とりわけ資産の

Column ⑲　炭素貿易戦争（Carbon Trade War）の予兆 ==========

　温暖化対策は世界各国にとって喫緊の課題である。いわゆるパリ協定へのコミットメントの一環として，日本だけでなく，英国や欧州連合（EU），新政権後の米国などもまた，2050年「カーボンニュートラル」（脱炭素社会の実現）を目指し，2021年4月開催の気候サミットを契機に，温室効果ガス（GreenHouse Gas, GHG）排出削減にむけた野心的な目標を次々と打ち出している。

　これらの削減目標の実現のため，各国は，炭素税や再生エネルギーの利用拡大などGHG排出規制強化の検討を急ぐ。しかし，一国または一地域だけでこれらの取組みを活性化させても，貿易相手国が同等の施策を持たない場合，カーボンリーケイジ（carbon leakage）のリスク（排出削減規制をしない他国への生産移転や，排出規制の重い国内製品の競争力低下など）が生じ，結局は，海外での排出増加すら考えられる。

　このような問題の対処の一つとして，EUは，2023年での「国境炭素調整措置（Carbon Border Adjustment Mechanism, CBAM）」の導入を検討する（European Commission, The European Green Deal, 5 (2019)）。CBAMの考え方は，消費税の国境税調整に似る。例えば，炭素税のないA国からの輸入品に対してEU製品に賦課されているのと同等の炭素税を課す一方で，他方A国へのEU製品の輸出時には炭素税相当分を還付することで，内外の価格差を調整する。しかし，輸入時の負担は排出量に応じたものにしなければならないところ，その計測技術も各国で巧拙があるし，また，課税標準や対象業種の選定において貿易相手国との合意に至らなければ，報復措置も懸念される。実際，WTOルールやその他の通商協定との衝突回避も重要となるから，CBAMは，消費税の国境税調整のように単純ではない。他方，輸出時の還付は，輸出産業に対する過剰な生産・輸出への誘因になりかねず，設けるべきでないとの主張もある。

　CBAMには中国や米国も関心を寄せており，自国産業保護の観点から，今後その設計には厳しい利害対立も考えられ，脱炭素に向けた国際協調への道のりもまた険しいものと予想される。ただうまくいけば，

CBAM を財源として，気候変動政策を強力に推進することも可能であろう。環境悪化は待ったなしであり，一刻も早い有効な施策の実施が求められる。

■■

譲渡については，譲渡資産の所在地が原産地である可能性は高い。さらに，役務の提供が行われた場所が明らかでない一定の役務の提供については，役務の提供を行った者の役務の提供に係る事務所等の所在地によって判定される（同号かっこ書，令 6 条 2 項 6 号）。この基準は，まさに原産地主義である。

内外判定基準が原産地主義に傾斜するのは，課税権（申告をさせ，調査と課税処分を行う権限）と徴収権（強制徴収をする権限）の行使可能性が念頭におかれるためである。実際，平成 27（2015）年度税制改正までは，上述の国外からのダウンロード購入も，外国の美容院でのカットと同様，役務の提供に係る事務所等の所在地によって判定され，国外の取引となっていた。もちろん，逆に，提供をする事業者が国内に事務所等を有すれば，課税が行われた。事務所を対象に，課税権行使ができるからである。

仕向地主義における問題点

役務の提供の内外判定基準を仕向地主義（役務の提供を受ける者の所在地）にあらためたとき，次の実際上の問題が生じる。(i)原則どおり，役務の提供者に課税をするのであれば，国外事業者を相手にしなければならない。(ii)輸入課税のように納税義務者を逆にするのであれば，消費者対象の役務の提供については，膨大な数の消費者を相手にしなければならない。(iii)従来，原産地主義（に近い基準）により，役務を提供する事務所等を対象として確実に得てきた税収が，仕向地主義への変更により国外判定を受けて失われる。対応する仕入税額控除は，上述（国外で行われた課税資産の譲渡等）の

ようになくなるわけではなく，場合によっては上述の不合理な配分が行われる。

5 電気通信利用役務と特定役務

基本的考え方 国境を越える役務の提供への課税の考え方を，引続き追おう。役務の提供に対する仕向地主義の課税において，最も強い制約となるのは，消費者への直接課税ができないことである。したがって，①消費者への役務の提供については，消費税の原則どおり，提供者，つまり，国外事業者に納税義務を課さざるをえない。②事業者への提供については，輸入の場合と同様，役務の提供を受ける事業者を納税義務者とすることができる。国内の事業者を納税義務者とする方が，執行が確実である。

そこで，国外からの役務の提供を，消費者が受けるものと事業者が受けるものに区別する。この区別は，①の課税のために国外事業者にも可能なものでなければならない。しかし，インボイス制度で必要となる事業者登録が未整備であるため，直接区別することはできない。そのため，近似する方法として，役務の内容から，事業者向け（たとえば，法務データ・ベースの利用）と事業者向けではないもの（たとえば，ゲームソフトのダウンロード販売）を区別する。前者には②，後者には①の課税方法を適用する。

もっとも，この区別は近似的であるから，事業者向けではない役務を事業者が課税仕入れすることがある。しかし，①の課税は，国外事業者が相手であるから，執行は不完全になる（たとえば，国外事業所を実地調査することや国外で滞納処分の差押えなどをすることはできない。）。前段階の納税が確保できないので，このような課税仕入れ

に係る仕入税額控除を制限することになる。

　以上の問題や上記(iii)の懸念から，平成27（2015）年度改正では，以下のような方針がとられた。まず，内外判定基準を仕向地主義にあらためる範囲を限定する。不可欠と考えられるのは，インターネットを通じたダウンロード販売や広告宣伝サービスなどであるから，このような範囲を「電気通信利用役務の提供」として画する。

　次に，②の課税方法を導入することにともない，これに適した国外事業者による役務の提供をその対象とする。その範囲を，「特定役務の提供」という。具体的には，外国に所在するタレントやスポーツ選手が国内で行う演劇やスポーツイベントが該当する。これらには，従来，十分な執行ができていなかった。なお，こうした演劇などは，国内の事業者との契約にもとづいて行われることが多いが，直接，消費者を取引相手として行われることもある。その場合は，①の課税が必要になるが，導入されていない。

**電気通信利用役務の
意義と内外判定基準**
「電気通信利用役務の提供」とは，資産の譲渡等のうち，電気通信回線を介して行われる著作物の提供，その他の電気通信回線を介して行われる役務の提供である（2条1項8号の3）。電子書籍や音楽，広告宣伝やクラウド・サービスなどのインターネットを通じて行われる役務の提供が典型的なものである。

　内外判定基準は，仕向地主義に忠実に，その役務の提供を受ける者の住所もしくは居所（現在まで引き続いて1年以上居住する場所をいう），または，本店もしくは主たる事務所の所在地とされた（4条3項3号）。国外事業者か否か，また，国内に事務所等を有するか否かを問わない。このため，国内に事務所等を有する事業者が国外の受け手に対して行う電気通信利用役務の提供は，課税の対象ではないこととなった。

電気通信利用役務の
提供の区別

電気通信利用役務の提供のうち，国外事業
者が行うものは，「事業者向け電気通信利
用役務の提供」（2条1項8号の4）と，そ
れ以外に区別される。後者は，主に消費者向けと考えられる。前者
の範囲は「当該役務の提供を受ける者が通常事業者に限られるも
の」（同号）とされ，役務の内容から事業者向けか否かの判断がさ
れる。たとえば，広告配信を役務の内容とするものは事業者向け，
一般にインターネットを介して販売されるような電子書籍や映像に
ついてはそれ以外（消費者向け）になる（消基通5-8-4）。

国外事業者への課税と
課税の除外

電気通信利用役務の提供のうち，事業者向
けではないものについては，上記①の課税
が行われ，国外事業者が納税義務者となる。
繰り返し述べたように，この課税の執行は不完全とならざるをえな
い。一般に，国外にある納税者には，納税管理人をおく義務が生じ
るが（通法117条），その履行を含めて，国外事業者の任意的な協力
が必要と考えられる。後述の登録国外事業者制度は，協力を得るた
めの1つのインセンティブとなろう。なお，国外事業者も免税事業
者となることがあり，その基準となる課税売上高は，国内における
資産の譲渡等のみによる（9条2項）。また，国外事業者も仕入税額
控除をすることができるが，課税仕入れの多くを占めると思われる
国外で行われたものは，対象とならない（30条1項）。このことは，
国外事業者と国内事業者との税負担（競争条件）を揃える観点から
は，外国での扱いを含めて議論の余地があろう。

　事業者向け電気通信利用役務の提供は，役務の提供を受けた者に
対する課税（上記②）を受けるので，その提供をした者には納税義
務が生じないようにしなければならない。上述のように，②の対象
には「特定役務の提供」をも含むこととされたので，これと「事業

者向け電気通信利用役務の提供」をあわせた「特定資産の譲渡等」
（2条1項8号の2）が、「課税の対象」から除外されている（4条1
項第1かっこ書）。

| 特定役務の提供 | 「特定役務の提供」とは、国外事業者が行う演劇その他の政令で定める役務の提供で、|

電気通信利用役務の提供に該当するものを除いたものである（2条
1項8号の5）。政令は、「芸能人又は職業運動家の役務の提供を主
たる内容とする事業として行う役務の提供のうち、国外事業者が他
の事業者に対して行う役務の提供」で、「当該国外事業者が不特定
かつ多数の者に対して行う役務の提供を除く」と規定している（令
2条の2）。「主たる内容とする事業」の部分は、所得税法施行令
282条1号からの借用であるから、所得税の源泉徴収の範囲に準じ
た処理が可能であろう。たとえば、音楽家を家に個人的に招き演奏
してもらった場合は、特定役務の提供にはならないと解される。

| リバース・チャージ | 役務の提供を受けた事業者に対して課税を行うこと（上記②）を、リバース・チャー |

ジ（reverse charge）という。納税義務が通常とは逆になる（売主か
ら買主に転換する）ので、このよび名がつけられた。

リバース・チャージにおける課税の対象は、国内において事業者
が行った「特定仕入れ」、すなわち、「事業として他の者から受けた
特定資産の譲渡等」である（4条1項第2かっこ書）。特定仕入れは、
「特定資産の譲渡等」について役務を受ける側からみた概念である
ことがわかる。特定仕入れは、国外事業者から受けるものにかぎら
れる（2条1項8号の4・8号の5）。

また、「国内において」の限定から、特定仕入れについても内外
判定が必要であるが、電気通信利用役務の提供については提供を受
ける者の住所等、特定役務の提供では役務の提供が行われた場所に

図表4-6　国境を越える役務の提供に関する用語と課税関係

役務の提供をした国外事業者（国内の事務所等での提供を含む。）	電気通信利用役務の提供		特定役務の提供
	事業者向け以外	事業者向け	
		特定資産の譲渡等	
	課税の対象（国内のみ）	課税の対象ではない行為	
役務の提供を受けた事業者（国外事業者を含む。）	未登録国外事業者から	国外登録事業者から	特定仕入れ（事業として）
			特定課税仕入れ（課税仕入れ該当）
	仕入税額控除不可（当分の間）	仕入税額控除の対象（国内のみ）	リバース・チャージ（国内のみ）

より判定される（4条4項，3項2号・3号）。ただし，リバース・チャージの対象を，国内において行う資産の譲渡等に要するものに限定するために，一定の調整が行われる（同条4項ただし書，消基通5-7-15の3・5-7-15の4）。

　課税仕入れのうち特定仕入れに該当するものを，「特定課税仕入れ」という（5条1項）。リバース・チャージの課税標準を構成するのは，特定課税仕入れに係る支払対価の額である（28条2項）。また，国内で行われた特定課税仕入れは，仕入税額控除の対象にもなる（30条1項）。なお，事業者ではない非居住者から雇用関係によらずに受ける電気通信利用役務の提供は，国内で行われれば，特定仕入れに該当しない課税仕入れである。

　仕入税額控除を受ける要件として，特定課税仕入れに係るものについては，その旨の帳簿記載が要求される（30条7項・8項）。なお，

課税期間の課税売上割合が95％以上である場合と簡易課税制度を選択している場合，当分の間，特定課税仕入れはなかったものとされる（平成27（2015）年改正法附則42条・44条2項）。これは，特定課税仕入れに係るリバース・チャージと仕入税額控除とが相殺されたとみなす規定である。

リバース・チャージの対象となる特定資産の譲渡等を行う事業者は，あらかじめ，リバース・チャージの納税義務があることを表示しなければならない（62条）。

登録国外事業者制度 事業者向けではない電気通信利用役務の提供については，上述のように，国外事業者への課税の執行に不完全さが残るため，国内で行われた取引とされたにもかかわらず，事業者が提供を受けた場合にも，これを仕入税額控除の対象とすることは，「当分の間」認められない（平成27（2015）年改正法附則38条1項）。

しかし，一定の登録を受けた「登録国外事業者」から提供を受けた場合には，一定の請求書等の保存を要件に，仕入税額控除が認められている（同項ただし書）。この登録の制度を，登録国外事業者制度という。この制度は，消費税の申告納税を適正に履行する蓋然性が高いと認められる国外事業者に対して，国税庁長官が登録番号を付与するものである。事業者登録は，一定の要件を満たす国外事業者が，納税地を所轄する税務署長を通じて国税庁長官に申請することにより行われ，登録国外事業者は，インターネットを利用して公衆の閲覧に供される（平成27（2015）年改正法附則39条4項，平成27（2015）年改正令7条3項）。

インボイス方式の必要性 登録国外事業者は，上述の取引において，登録番号等を記載した請求書等を発行する義務が課されている（平成27（2015）年改正

　EU では，EU 域内での仕向地主義の貫徹と手続簡素化の観点から，国境を越えるデジタルサービスに対して MOSS 制度が導入されている。MOSS 制度によると，EU 域内の消費者に一定のデジタルサービス（TBE サービス）を提供する事業者は，その主たる事務所を有する加盟国または課税事業者登録をしている加盟国ではなく，消費者所在地国での納税義務を負うことになるが，当該事業者は，課税事業者登録をしている加盟国で申告納税を行うことができる。申告納税を受けた国が，消費者所在地国政府に申告情報とともに徴収した租税を送付する仕組みとなっているからである。ただし，この制度の選択は任意であり，選択しない場合には，当該事業者は，消費者所在地国ごとに課税事業者登録を行って，申告納税を行うことになる。参照，Directorate-General for Tax'n & Customs Union (Eur. Comm'n), Guide to the VAT Mini One Stop Shop (REV 1 applicable from 1 January 2019).

法附則 38 条 4 項）。この請求書等には，「消費税を納める義務がある旨」の記載が要求されるので，前段階課税の情報が伝達されることになる。この点では，インボイス方式の部分的な導入が行われたと評価しうる。

　このような制度が，国内でインボイス方式や事業者登録制度が導入される前に創設された点は，興味深い。前段階課税の有無が曖昧なまま仕入税額控除が行われることは，実際，国から税収を奪う機会を増やすものであるため，国境を越える取引に対しては，必須とされたといえる。ここには，インボイスなしに仕入税額控除を認めることの危うさが窺われる。ただし，国外事業者を対象とすることには，議論の余地があろう。なお，登録国外事業者制度は，2023 年 10 月施行予定の適格請求書発行事業者登録制度に吸収される（平成 28（2016）年改正法附則 45 条 1 項）。

　欧州委員会は，理論上あるべき付加価値税収入（すべての事業者が法を遵守した場合に支払われるべき付加価値税）と実際の付加価値税収入の差（VAT gap）が約20兆円（理論上あるべき付加価値税収入の約14%）で推移していると報告している（同委員会ウェブサイト）。そこでは，複雑化した制度のもとでの脱税などを抑えること，また，各国の課税庁の執行協力だけでなく，コンプライアンス向上のための施策が喫緊の課題であるとされる。特に，国境を越える電子商取引の分野では技術革新が著しく，現実に税務が追い付いていないとされ，執行コストを抑えつつ，効率的な税収確保のためさらなる努力が求められるとされる。わが国において，VAT gap のようなものは算出されていないが，現状の把握を怠ることなく，諸外国の制度改革の動向を注視していく必要があろう。

第5章　租税手続法

> 納税義務は，課税要件が充足された時に法律上当然に発
> 生する。納税義務が発生することを，納税義務の成立と
> よぶ。第4章までは，主として納税義務の成立に係る個
> 別租税法をみてきた（租税実体法といわれる。）。本章で
> は，租税の確定および徴収の手続ならびに納税者の権利
> 救済手続をみていく。

1 総　　説

租税手続法

　　　　　　租税の確定および徴収の手続ならびに納税
者の権利救済手続を規律する法は租税手続
法といわれる。

　納税義務の確定とは，成立した納税義務について具体的な課税標
準および税額を確認することである。納税者の申告や課税庁の課税
処分によって，納税義務は確定する。租税法は，納税義務が成立し
た後に，さらに「確定」してはじめて，納税義務の履行を認める建
前をとっている。私法上の債権債務関係では，債務の履行をする前
提として，「確定」という概念は用意されていない。この違いは，
私法上の債権債務関係は，約定債務であり，その合意は給付すべき
金額に関する合意を含むので，当事者があらためてそれを確認する
必要はないが，納税義務は法定債務であるから，当事者たる国家ま

たは国民によりそれを確認するための特別の手続が必要とされるからであると説明がなされる（→ *Column* ㉑）。

　また，確定した納税義務は納付によって消滅するが，納付がない場合には，国は，裁判所の手続を経ることなく納税者から強制的に租税を徴収することができる（自力執行権）。このように，徴収の手続についても通常の民事上の債権の強制執行手続とは異なる特別の手続がある。

　さらに，納税者の権利救済手続としては，課税処分の大量反復性と専門技術性を考慮して，不服申立前置主義が採用されている。不服申立手続によって救済されなかった納税者は，通常，裁判所において課税処分の取消訴訟によって争うことになる。

　本章では，租税の確定手続，徴収手続，権利救済手続に分けて説明を行うことにする。

租税手続法の法源　租税実体法と租税手続法という分類は，その内容に着目した法の分類である。たとえば，所得税法，法人税法，消費税法などの主たる部分は租税実体法であるが，租税手続法といえる部分もある。さらに，国税に係る租税手続に関して共通的な事項を定めている一般法として，確定の手続に関しては国税通則法があり，徴収の手続に関しては国税徴収法がある。権利救済手続に関しては，主として国税通則法や行政事件訴訟法が規律している。国税通則法と個別租税法の手続規定とは，一般法と特別法の関係に立つ。

納税義務の成立と確定　前述のとおり，納税義務の履行には，その成立を前提として，「確定」を要する。国税通則法は，各種の租税ごとに納税義務の「成立」時期を明文で定めている。たとえば，所得税は暦年の終了の時とされており，法人税は事業年度の終了の時である（通法15条2項1号・3号）。消費税

は課税資産の譲渡等をした時などである（同項7号）。国税通則法上の納税義務の成立は，繰上保全差押決定（通法38条3項）の前提条件とされており，さらに賦課決定の除斥期間の起算日（通法70条1項3号）になる（講学上の納税義務の成立時期について→*Column* ㉑）。

確定の方式

確定の方式は，大別すると，申告納税方式と賦課課税方式がある。この2方式に加えて，確定に特別の手続を要しない自動的確定の租税といわれるものもある。本章では，それぞれについて概観した後に，国税における原則的な確定方式である申告納税方式についてみていくこととする。

なお，国の意思を決定し，私人に対してこれを表示する権限を付与された国家機関を行政官庁という。租税法に関する行政官庁は，税務官庁ともよばれる。租税法の規定には，税務署長を行政官庁としているものが多い。税務官庁の行う納税義務の確定のための処分を課税処分といい，課税処分を行う税務官庁は特に課税庁ともいう。

申告納税方式

申告納税方式は，納付すべき税額が納税者のする申告（納税申告）により確定することを原則とし，その申告がない場合，またはその申告に係る税額の計算が国税に関する法律の規定に従っていなかった場合などにかぎり，税務官庁の課税処分（決定または更正）により確定する方式である（通法16条1項1号）。この方式は，大半の個別租税法において採用されており，国税では原則的方法といえる。これまでみてきた，所得税法，法人税法，消費税法においても採用されている。

賦課課税方式

賦課課税方式は，納付すべき税額がもっぱら税務官庁の課税処分により確定する方式である（通法16条1項2号）。この場合の課税処分を賦課決定という（通法32条）。国税通則法上，申告納税方式以外の国税はこの方式とする旨が規定されている（通法16条2項2号）。大半の個別租税法に

おいて申告納税方式が採用されている今日においては，国税では例外的な方式といえる（関税や消費税の一部など）。他方で，地方税では，この方式が原則的に用いられる（地方税法では，賦課課税のことを普通徴収とよぶ。）。なお，過少申告加算税など各種の加算税（通法65条以下）の納税義務の確定も，賦課決定による。

自動的確定の租税

租税の中には，納税義務の成立と同時に特別の手続を要しないで確定する租税がある。これらの租税を，自動的確定の租税という。自動的確定の租税としては，予定納税に係る所得税，源泉徴収による国税，延滞税および利子税などがある（通法15条3項各号）。自動的確定の租税は，課税標準が明らかで，税額の算定が容易であるから，特別の手続を必要とせずに確定するものとされている。

源泉徴収による国税と延滞税および利子税については，それぞれの該当箇所を参照してほしい（→ 3①・2⑤）。

予定納税に係る所得税とは，おおまかには，前年分の所得税の額から前年分の源泉徴収税額を控除した金額（予定納税基準額）が15万円以上である場合に，第1期（その年の7月1日から同月31日）および第2期（11月1日から同月30日）に，予定納税基準額の3分の1に相当する金額の所得税を納付しなければならない制度である（所法104条以下）。

確定権と徴収権

前述の申告納税方式の更正・決定や賦課課税方式の賦課決定など税務官庁が納税義務を確定させる権限を課税権（確定権）という。これと混同してはならないのが，徴収権（「国税の徴収を目的とする国の権利」通法72条1項）という概念である。徴収権は，租税の給付を請求する権利であり，私法上の金銭債権に相当する概念である。徴収権は，租税債権とも表現されることがある。

Column ㉑   納税義務の成立と確定 //////////////////////////

　本文に記載したように，国税通則法は，納税義務の「成立」時期を明文で定めている。これに対して，講学上の納税義務の成立時期は，課税要件が充足した時であると理解されてきた。この国税通則法上の「成立」時期と，講学上の「成立」時期は必ずしも一致しないとの指摘がある（たとえば，贈与税の場合を考えてみよう。）。ただし，ここでさらに検討する必要があるのは，国税通則法上の「成立」時期とは別途に，講学上の「成立」時期を観念することの意義がはたしてあるのかということであろう。

　また，納税義務の場合に，私法上の債権債務とは異なり「確定」が必要とされる理由として，本文に記載したように納税義務の法定債務性が強調される。しかしながら，私法上の債権債務関係においても，事務管理，不当利得，不法行為など約定が介在しない法定債権はある。そして，たとえば，交通事故を想定してみればわかるように，債務の履行の前提として，債務の発生以後に当事者によるあらためての確認が必要であるのは，納税義務に特有の事情でもない（約定債務でも合意の定め方によっては同様のことがいえるであろう。）。したがって，私法上の債権債務関係と同様に，納税義務についても「確定」を用意せずに，制度設計することは可能であったかもしれない。「確定」を用意することが租税法の制度設計として，いかなる意味において合理的なのだろうか。「確定」が制度としてなければ，どのような不都合が生じるだろうか，考えてみよう。

//

2 確 定 手 続

① 納 税 申 告

**納税申告および
決定・更正**

申告納税方式の場合は，原則として，納税者が税務官庁に対して納税申告書を提出することで納税義務が確定する。例外として，納税者が納税申告書を提出しなかった場合または納税申告に過誤がある場合に，税務官庁に対して納税義務を確定する権限が認められる。この納税義務を確定する処分（課税処分）には，決定および更正がある（→③の**決定・更正・再更正**）。

**納税申告と意思表示
の瑕疵**

納税申告による確定は，納税申告書が所轄税務署長に提出されることで発生する（通法 21 条・22 条）。納税申告の効力に関して問題になるのは，納税申告について民法の規定の準用があるか否か，具体的には納税申告の錯誤の主張が許されるかである。更正の請求ができない事情がある場合に特に問題となりうる。

最高裁は，錯誤が客観的に明白かつ重大であって所得税法の定めた方法以外にその是正を許さないならば，納税義務者の利益を著しく害すると認められる特段の事情がある場合でなければ錯誤の主張は許されない旨の判示をしている（最判昭和 39 年 10 月 22 日民集 18 巻 8 号 1762 頁〈百選 104〉）。

**錯誤にもとづく概算
経費選択の撤回**

医師が，その納税申告において，事業所得に関する必要経費を実額経費とするか概算経費とするかの選択に関して（社会保険診療報酬に関して選択が認められている。），概算経費を選択した方が自ら

に有利になると誤解して概算経費を選択したという事例がある。その納税申告後に，当初の申告に収入の計上漏れが判明したことから全体の税額が増加することになったので，納税者は修正申告をしたのであるが，その際に少しでも自らに有利になる実額経費の選択に変更した（**→修正申告と更正の請求**）。この変更が許容されるかが争いとなった。

　最高裁は，確定申告における概算経費選択の意思表示は錯誤にもとづくものであるとして，納税者の必要経費の計算には誤りがあったとした。そのうえで，修正申告の要件を満たすかぎりにおいては，確定申告における必要経費の計算の誤りを是正する一環として，錯誤にもとづく概算経費選択の意思表示を撤回して，実額経費を必要経費とすることを認めている（最判平成2年6月5日民集44巻4号612頁〈百選105〉）。

　他方で，最判昭和62年11月10日訟月34巻4号861頁は，診療報酬に関する概算経費の撤回に関する事例で更正の請求を認めなかった。両者の区別としては，修正申告では撤回は認められるが，更正の請求では撤回は認められないとの理解もありうる。ただし，判示をみると前者では実費経費を計算すべき自由診療収入分に対する必要経費を過大に計算しており，当該必要経費の過大計上により修正申告の要件を充足していた点を考慮している。後者では，最高裁は，実額経費がどうであろうとも，概算経費を選択し，概算経費の計算に誤りなく申告している以上は，更正の請求の要件たる「計算に誤り」等に該当しない旨を判示している。このことからすると，判例の理解として，更正の請求の場合にも，概算経費の選択とは異なる別途の「計算に誤り」等がある場合に，概算経費選択の錯誤による撤回も許容されると解する余地がある。

| 青色申告 | 納税申告制度を採用する所得税法と法人税法では，納税者が一定の帳簿書類の作成および保存の義務を負うかわりに，納税者に有利な各種の特典を与える申告の方法がある（所法143条以下，法法121条以下）。それを，青色申告という。他方で，青色申告でない申告を，白色申告という（法定の用語ではない。）。青色申告制度は，納税者による正確な申告を奨励するために導入された制度である。

この制度を利用できる納税者は，所得税法では，不動産所得，事業所得または山林所得を生ずべき業務を行う者に限定される。したがって，給与所得者などは利用できない。なお，不動産所得，事業所得または山林所得を生ずべき業務を行う者は，白色申告の場合にも簡易な方法による記帳義務と帳簿保存義務が課せられている（所法232条）。

| 青色申告の特典 | 青色申告には各種の特典が与えられる。その内容としては，青色申告に対する更正は帳簿書類を調査した後でなければすることができない（所法155条1項，法法130条1項），青色申告特別控除（措法25条の2），引当金など納税者に有利な規定の青色申告のみへの適用などがある（所法52条2項・57条など）。なお，これらの「特典」の中には租税法理論からすると，むしろ当然の取扱いといえる事柄も含まれているので，実質的にみて青色申告の「特典」ではなく，白色申告に対する不利益取扱いとでもいうべきものもある（所法57条3項など）。

| 青色申告の承認・取消し | 青色申告制度の利用のためには，所轄税務署長の承認を受けなければならない（所法143条，法法121条）。また，青色申告の承認を受けても，帳簿書類の備付け，記録または保存が適切になされていない場合などには，承認の取消しが行われる（所法150条1項，

法法 127 条 1 項)。

　この点，青色申告の承認を受けている法人が，帳簿書類の備付け，記録または保存を物理的に行っていても，税務調査において正当な理由なくその提示を拒否した場合に，「保存」（法法 126 条 1 項）がなされたといえるかが争いになった事件がある。

　最高裁は，法人税法上の各規定は，税務職員が青色申告の承認を受けた法人の帳簿書類を適時に検査することができるように，その備付け，記録および保存がされるべきことを当然の前提としているとの理解のもとに，税務職員の質問検査に適時にこれを摘示することが可能なように態勢を整えて保存していなかった場合にも法法 126 条 1 項の規定に違反し，青色申告の承認取消事由（法法 127 条 1 項 1 号）に該当するとした（最判平成 17 年 3 月 10 日民集 59 巻 2 号 379 頁〈百選 110〉）。

修正申告と更正の請求

　納税申告に過誤がある場合に，納税者がその訂正を自らする手続としては，納付する税額を増加させるなど自らに不利な訂正をする場合と税額を減少させるなど自らに有利な訂正をする場合とで分かれている。

　自らに不利な訂正をする場合には，正しい内容へと修正した納税申告書を提出する「修正申告」により当初の申告により確定された内容を変更できる（通法 19 条）。自らに有利な訂正をする場合には，修正申告をすることは認められておらず，課税庁に更正をするよう請求する「更正の請求」という手続をとらなければならない（通法 23 条）。

　なお，納税者が修正申告をすれば確定の内容は変更される。しかし，更正の請求の場合，納税者が更正の請求をするだけでは確定の内容は変更されず，税務官庁がそれを受けて，更正をしてはじめて当初の申告による確定の内容は変更される。

② 更正の請求

更正の請求　　　納税者は，課税標準等，もしくは税額等の計算が国税に関する法律の規定に従っていなかったこと，または当該計算に誤りがあったことにより，納付すべき税額が過大である場合などには，一定の期間内にかぎり，税務官庁に対して更正をすべき旨を請求することができる（通法23条）。更正の請求はその規定振りの難解さからして，議論が多い制度である。

　更正の請求があった場合には，税務官庁は，減額更正をするか，更正をすべき理由のない旨を納税者に通知することになる（通法23条4項）。更正をすべき理由がない旨の通知は，処分性があり，その取消しを求めて不服申立ておよび租税訴訟を提起することができる。

更正の請求の
原則的排他性　　法がこのような制度を設けている以上，納税申告により確定した税額等を納税者が自らに有利に変更しようとする場合には，原則として更正の請求によらなければならないと解されている。これを更正の請求の原則的排他性とよぶ。納税者は原則として更正の請求を経ずに国に対し過大に納付した税額の返還を請求することはできない（たとえば，原則として民法にもとづく不当利得返還請求などはできない。）。

不当利得返還請求が
認められた場合　　更正の請求の原則的排他性の例外として，納付した税額の不当利得返還請求が認められた事例がある。その事例では，納税者が履行期到来済みだが未回収の利息債権について，それを雑所得に含める更正処分を受けて相当する税額を納付した。その後に当該利息

債権が法的に回収不能となったので，納税者が当該利息債権に関する税額について不当利得として返還を請求した。現行法では，雑所得に係る貸倒損失については所得税法 64 条・152 条によって更正の請求が認められているが，当該事例の時点では相当する規定の適用がなかった。

　最高裁は，課税処分の基礎となっていた利息債権が，処分後に貸倒れとなった場合，処分はさかのぼって違法・無効にならないとしたが，本件のような場合には，所得なきところへの課税といった結果になることに対する是正が要求されるとした。そして，課税庁がそのような是正をしなかった場合には，納税者に救済手段が規定されていなかったことなどにかんがみて，課税庁は当該課税処分の効力の主張をできない旨を判示して，不当利得返還請求を認めている（最判昭和 49 年 3 月 8 日民集 28 巻 2 号 186 頁〈百選 102〉）。

　このように更正の請求をせずに不当利得返還請求が認められた事例もあるが，同事例は，立法の不備といってよい事情に基因しており，例外的な場合であるといえる。

**当初申告要件と
更正の請求**

納税者に有利な特例措置を適用する場合などにその条件として，確定申告書にその旨の記載を求めることがある（当初申告要件）。この当初申告要件に関して，納税申告時に同要件を欠いた場合に，更正の請求が認められるかが議論となる。最高裁は，計算の誤りにより過少な所得税額控除（当時の法人税法 68 条 3 項により当初申告要件が課されていた。なお，平成 23（2011）年度税制改正により当初申告要件は，大幅に整理された。）の金額を記載していた確定申告書が提出された後に，納税者が更正の請求を求めた事例で，確定申告書の記載から正当に計算される金額につき所得税額控除制度の適用を受けることを選択する意思はみて取れることを根拠にして，更正の請求

を認めた（最判平成 21 年 7 月 10 日民集 63 巻 6 号 1092 頁〈百選 106〉）。

通常の更正の請求と
特別の更正の請求　　更正の請求は，期間制限によって 2 種類に分類される。通常の更正の請求（通法 23 条 1 項）と特別の更正の請求（通法 23 条 2 項）である。通常の更正の請求は，原則として，法定申告期限から 5 年以内にかぎり認められる。特別の更正の請求は，一定の事実が生じたときに，当該事実の翌日から起算して 2 か月以内にかぎり認められる。

　特別の更正の請求が認められる一定の事実として，法は，法定申告期限後に生じた後発的事実をあげている。たとえば，課税標準等の計算の基礎となった事実に関する訴えについての判決により当初申告の基礎としたところと異なることが確定したときなどである（通法 23 条 2 項各号）。そこで，特別の更正の請求は，後発的理由の更正の請求ともよばれる（→④課税処分の除斥期間）。さらに，個別租税法にも後発的事実が生じたときの更正の請求の特例が定められている場合がある（所法 152 条，法法 80 条の 2 など）。

　なお，通常の更正の請求の期間制限内に特別の更正の請求に係る後発的事実が生じたときには，当該期間内は通常の更正の請求ができ（通法 23 条 2 項かっこ書。東京高判昭和 61 年 7 月 3 日訟月 33 巻 4 号 1023 頁），当該期間経過後かつ後発的事実発生から 2 か月以内の間は特別の更正の請求ができると考えるべきであろう。

手続要件と実体要件　　更正の請求の理解において重要なことは，更正の請求という制度が，実体要件と手続要件の 2 段構えになっているということである。

　実体要件とは，「課税標準等若しくは税額等の計算が国税に関する法律の規定に従つていなかつたこと又は当該計算に誤りがあつたこと」（通法 23 条 1 項 1 号）である。この実体要件は，あくまで個別

租税法の中の租税実体法にもとづいた判断となる。この要件は，通常の更正の請求において明文で定められているが，特別の更正の請求の場合にも要求されると解される。なぜなら，特別の更正の請求を定める国税通則法23条2項は，あくまで同条1項の「規定による更正の請求」を認める規定となっているからである。

他方で，手続要件とは，通常の更正の請求の場合の期間制限や特別の更正の請求が認められる各後発的事実の発生などである。

| 遡及的調整の可否 |

この実体要件と手続要件の分類で重要なことは，手続要件を充足しても実体要件を充足しなければ，更正の請求は認められないということである。たとえば，事業所得者が，ある年度に商品を販売して代金を得ていた。しかし，通常の更正の期間経過後に販売した商品に欠陥が見つかり，商品を購入した顧客から解除を主張されたので，代金を返金したとする。

この事情の場合，国税通則法23条2項3号，同法施行令6条1項2号を充足し，更正の請求が認められるとも考えられそうである。しかしながら，この事情で充足したのは手続要件だけであり，実体要件は充足していない。なぜなら，実体要件は，この場合，所得税法上の問題であるが，所得税法はこのような事例では，販売代金の返金額は返金をした年度の必要経費として処理するものとしており（所法51条2項，所令141条1号），販売契約時に遡及的にさかのぼって収入金額を減殺させることは予定していないからである。

さらに，前述の事業所得者が仮に法人である場合には法人税法上の問題となる。裁判例では，法人は，企業会計上，継続事業の原則に従い，既往の事業年度に計上された譲渡益について当期において当該契約の解除等がなされた場合には，右譲渡益を遡及して修正するのではなく，解除等がなされた事業年度の益金を減少させる損失

として取り扱われていることが認められる，として更正の請求は認められないとする（東京高判昭和 61 年 11 月 11 日行集 37 巻 10＝11 号 1334 頁。原判決：横浜地判昭和 60 年 7 月 3 日行集 36 巻 7＝8 号 1081 頁の引用部分）。当該判決は，更正の請求の手続要件は充足するが実体要件は充足しないものとした判断と理解される。

　なお，前述の裁判例当時にはなかったが，現在は「会計上の変更及び誤謬の訂正に関する会計基準」が存在しており，過去の誤謬を遡及的に修正再表示する処理を場合によっては求められる（以前は，過去の誤謬について前期損益修正項目として当期の損益で修正する方法しかなかった。）。この会計基準により修正再表示が求められる場合に，実体要件を充足するのか否かが問題となりうるが，実務は，遡及処理が行われても過年度の法人税の課税所得の金額や税額に対して影響を及ぼすことはないとの見解に立っている（法人が受領した制限超過利息を後に返還すべきこととなっても，更正の請求を認めなかったものとして，最判令和 2 年 7 月 2 日民集 74 巻 4 号 1030 頁）。

　このように更正の請求が認められるかは手続要件だけでなく，個別租税法ごとの実体要件をもあわせて検討する必要があることには留意が必要である。

手続要件
——やむをえない理由

　国税通則法 23 条 2 項 3 号は，特別の更正の請求の手続要件として，「やむをえない理由」を求めるが，同項 1 号・2 号にはそのような文言はない。そこで，特別の更正の請求の手続要件として同項 1 号・2 号の場合にも，やむをえない理由が必要となるかが議論となっている。

　最高裁は，通謀虚偽表示にもとづく遺産分割協議の無効確認の訴えを認めた判決にもとづき，国税通則法 23 条 2 項 1 号の特別の更正の請求の手続を求めた納税者に対して，同条 1 項所定の期間内に

更正の請求をしなかったことにつきやむをえない理由があるとはいえないから，同条2項1号により更正の請求をすることは許されない旨を判示した（最判平成15年4月25日訟月50巻7号2221頁〈百選107〉）。この判決については，「やむをえない理由」という要件を，同項1号にも付加したと理解するか否かについて議論がある。

③ 課 税 処 分

決定・更正・再更正　申告納税方式で，納税者が納税申告書を提出しなかった場合に税務官庁が行う課税処分が，「決定」であり（通法25条），納税申告に過誤がある場合に行う課税処分が「更正」である（通法24条）。さらに，税務官庁は，自らのした決定または更正に過誤がある場合には，その訂正のための更正（再更正）をすることができる（通法26条）。

更正は，納税者に不利な変更だけでなく有利な変更をすることもできる。税額を増加させる更正は，増額更正とよばれ，税額を減少させる更正は減額更正とよばれる。また，納税義務の確定とは直接に関係のない純損失等の金額を増減させるなどの更正もある。更正は，納税者による更正の請求による場合と職権による場合とがある。

決定は，課税標準等もしくは税額等をはじめて確定する。決定は，それにより納付すべき税額または還付金の額が生ずる場合にのみなされる（通法25条ただし書）。たとえば，単に純損失等の金額を認める決定は行われない。

再更正には，更正と同様に，増額再更正や減額再更正がある。再更正をさらに訂正するための再更正も認められている。再々更正などとよばれる。

理 由 附 記　課税処分は，更正通知書や決定通知書を送達して行われる（通法28条1項）。青色申

告に対する更正の場合には，更正通知書に更正の理由を附記しなければならない（所法 155 条 2 項，法法 130 条 2 項）。なお，従来，更正の際の理由附記は，青色申告の特典といわれていたが，平成 23 (2011) 年度 12 月税制改正により，白色申告への更正にも理由の提示が要求されることとなった（行手法 14 条。不利益処分の理由の提示を定める行政手続法 14 条が適用されることとなった。通法 74 条の 14 第 1 項参照）。

| 理由附記の程度 |

青色申告の理由附記については，裁判例が積み重ねられている。まず，青色申告の更正通知書に理由附記が求められるのは，処分庁の恣意抑制および不服申立ての便宜のためである。したがって，理由附記の瑕疵は更正処分の取消事由となる。求められる理由附記の程度は，処分の性質と理由附記を命じた各法律の規定の趣旨・目的に照らして決定される。

青色申告の更正の際に具体的にどの程度の理由附記が求められるかについては，最高裁は，以下のように考えている。

青色申告の更正は帳簿書類の調査とその金額に誤りがある場合にかぎり認められているが（所法 155 条 1 項），それは法定の記帳・保存義務を尊重し，その帳簿の記載を無視して更正されることがない旨を納税者に保証したものといえる。したがって，附記すべき理由の程度としては，特に帳簿書類の記載以上に信憑力のある資料を摘示して処分の具体的根拠を明らかにすることを必要とする（最判昭和 38 年 5 月 31 日民集 17 巻 4 号 617 頁）。

なお，白色申告の場合には，理由の「提示」が行政手続法 14 条にもとづき求められるが，同条が理由の提示を求める趣旨も，前述の青色申告の理由附記が求められる趣旨と同様である（最判平成 23 年 6 月 7 日民集 65 巻 4 号 2081 頁参照）。

　　裁判例を読む場合に気をつけてほしいのは，細かな事実関係が判決の重要な分かれ目になっており，それぞれの判決はあくまで個別の事実関係にもとづいた判断となっているということである。法律を勉強しはじめたばかりのころは，判決文に述べられている一般論は，その他の事例にも等しく妥当すると考えがちであるが，それには慎重な検討が必要である。本文中にもできるかぎり事実関係がわかるように裁判例を記載したが，紙幅の都合で十分には記載できなかった。学習する際にはできるかぎり判例百選などにあたって詳細な事実関係を確認してほしい。

　　たとえば，理由附記に関する前述の最判昭和38年5月31日は，理由附記の程度として，「帳簿書類の記載以上に信憑力のある資料を摘示して処分の具体的根拠を明らかにすることを必要とする」と判示している。しかしながら，理由附記に関するその後の最判昭和60年4月23日民集39巻3号850頁〈百選109〉では，青色申告に対する更正は，①帳簿書類の記載自体を否認して更正をする場合と②帳簿書類の記載を否認することなしに更正をする場合とに区別されて，前述の最判昭和38年5月31日における理由附記の程度の判示が妥当するのは①の場合にかぎられることを示した。これらの判決は，両事例において問題となった更正処分の理由としていかなる内容が記載されていたのかを調べてはじめて本当に理解ができる。両判決が基礎としたそれぞれの処分の理由とはどのようなものだったのか，そして，その事実関係を基礎にした前述の①と②の区分は妥当なものなのか考えてみよう。

━━━━━━━━━━━━━━━━━━━━━━━━━━━━━━━━━━━━

実額課税と推計課税　　税務官庁が，課税処分を行う場合に，原則として，課税要件を直接的に証明する証拠資料にもとづいて行わなければならない。たとえば，所得課税においては，所得発生の基因となる事実を帳簿書類等にもとづいて認定して課税処分を行う必要がある。これを実額課税という。直接的な証拠資料とは，帳簿書類にかぎられるものではなく，たとえば直接

に個々の取引内容を認定できる取引先の証言なども含まれる。

　しかしながら，税務官庁が直接的な証拠資料を入手できない場合も当然にありうる。たとえば，納税者が帳簿書類等をそもそも作成していなかった場合などである。このような場合には，納税者の純資産の増減や納税者の事業の規模と同業者の所得などの間接的な証拠資料から推認していくしかない。このような間接的な証拠方法にもとづく課税処分を推計課税という (所法 156 条，法法 131 条)。令和 2 (2020) 年度改正により，源泉徴収に関する推計課税についても規定が設けられた (所法 221 条 2 項以下)。

推計課税の要件

　推計課税は，その必要性と合理性が認められる場合にしか許されない。推計課税の必要性を満たす事情として，通常，①帳簿書類の不存在，②帳簿書類の信頼性欠如，③帳簿書類の不提示等あげられている。推計課税の合理性とは，推計の方法が合理的な方法でなされることを意味する。裁判例ではよく同業者比率による推計が合理性をもつかどうかが争われている (大阪高判昭和 50 年 5 月 27 日行集 26 巻 5 号 779 頁。→ *4*②)。

　なお，青色申告の場合に推計課税をすることは禁止されている (所法 156 条，法法 131 条)。したがって，青色申告に対して推計課税をする場合には，青色申告の承認を取り消してから行わなければならない。

④ 税 務 調 査

税 務 調 査

　税務官庁は，課税処分，滞納処分または犯則事件処理のために，課税要件事実に関する資料ないし情報を取得・収集することができる。これを税務調査という。税務官庁に対して税務調査権限を一般的に認めた規定はない。しかしながら，法令上，税務官庁による一定の処分のなされる

べきことが規定され，そのための事実認定と判断が要求される事項がある以上，その認定判断に必要な範囲内で職権による調査が行われることを法は当然に許容していると考えられる（荒川民商事件・最決昭和48年7月10日刑集27巻7号1205頁〈百選112〉）。ここでは，主に，課税処分のための税務調査を取り扱う（犯則事件処理のための調査については，国税犯則取締法が規律していたが，平成29（2017）年度税制改正により同法は廃止され，国税通則法に編入された。）。

　税務調査は，納税申告書や添付書類・資料等についてなされる税務官署内で行われる調査と，納税者やその取引先等の住居や事業所においてなされる税務官署外で行われる調査に大別できる。

純粋な任意調査

　税務官庁の職員は，調査の相手方の同意を得て，その同意の範囲において自由に調査をすることができる。相手方の任意の同意にもとづくかぎり，調査の相手方の権利に対する制約はなく，特に具体的な根拠規定がなくとも認められると解されている。なお，令和元（2019）年度税制改正により，税務官庁の職員が事業者に対して調査に関し協力を求めることのできる根拠規定が整備された（通法74条の12。官公署も同条の対象である。）。

間接強制をともなう
任意調査

　課税処分のための調査として，具体的に国税通則法が規定しているのは，関係者に質問し，関係の物件を検査する権限（質問検査権）である（通法74条の2）。この質問検査権には，直接の強制力はなく，相手方の意に反して事務所等に立ち入ることなどはできない。しかしながら，調査の相手方は，調査の受忍義務を負い，調査に応じない場合には，罰則の対象に該当しうる（通法128条2号・3号等）。その意味で，質問検査権は間接強制をともなう任意調査ということができる（質問検査権は，憲法35条1項・38条1項には反しな

いとした判例として，川崎民商事件・最判昭和 47 年 11 月 22 日刑集 26 巻
9 号 554 頁）。

質問検査権の相手方　質問検査権は，納税義務者（通法 74 条の 2
第 1 項 1 号イ等）だけでなく，その取引先
（同号ハ等）に対しても認められる。つまり，納税義務者でない取引
先なども調査に対する受忍義務を負い，調査に応じなければ処罰さ
れる。この取引先などへの調査が，いわゆる反面調査とよばれるも
のである。

　反面調査は，まず納税者に対する調査をなし，その調査によって
は十分な資料を得ることができない場合にはじめてなすことができ
ると考えるべきである（静岡地判昭和 47 年 2 月 9 日判時 659 号 36 頁）。
反面調査も，間接強制をともなう調査であり第三者に対する自由の
制約となることから，その調査による負担は，まずは納税義務者が
負うべきだからである。

質問検査権の要件　質問検査権は，その調査について客観的な
必要性があると判断される場合に認められ
る（通法 74 条の 2）。質問検査の範囲，程度，時期，場所等の実定
法上特段の定めのない実施の細目については，質問検査の必要があ
り，かつ，これと相手方の私的利益との衡量において社会通念上相
当な限度にとどまるかぎり，権限ある税務職員の合理的な選択に委
ねられていると考えるべきである（前掲最決昭和 48 年 7 月 10 日）。

質問検査の手続　税務署長等は，納税義務者に対する実地の
調査において担当職員に質問検査権を行使
させる場合には，実地の調査の日時・場所・目的などに関して，納
税義務者に対して事前通知をしなければならない（通法 74 条の 9 第
1 項）。

　さらに，質問検査の際に，担当職員は，「身分を示す証明書を携

帯し，関係人の請求があったときは，これを提示しなければならない」（通法74条の13）。

調査の終了の際の手続として，更正決定等をすべきであると認められない場合には，その時点において更正決定等をすべきと認められない旨を書面により通知しなければならない（通法74条の11第1項）。更正決定等をすべきであると認める場合には，その調査結果の内容を説明しなければならない（同条2項）。この説明の際に，担当職員は，納税義務者に対し修正申告または期限後申告を勧奨することができる（同条3項）。

特定事業者への
報告の求め

上記の質問検査権は，調査の相手方（納税義務者等）が特定されていることを前提とした制度であることから，暗号資産取引やインターネットを利用した在宅事業等による匿名性の高い所得を有する者を把握し，特定する手段として活用することが困難であった。そこで，令和元（2019）年度税制改正により，調査の対象者が特定されていなくとも高額・悪質な無申告者等を特定するために，一定の要件の下，特定事業者等への報告を求める措置が創設された（通法74条の7の2）。この報告の求めに対しては，応答しない場合などは質問検査権と同様に罰則規定の対象とされており（通法128条3号），特定事業者の負担もあることから不服申立て及び訴訟が認められている（通法114条・115条1項）。

課税処分の除斥期間

更正・決定などの課税処分には，期間制限がある。この期間制限は，消滅時効として規定されておらず，時効の完成猶予に相当する規定も定められていないことから，除斥期間と理解されている（なお，特別の更正の請求の定める後発的事実があっても，更正の除斥期間の経過をもって，特別の更正の請求が認められなかった事例として，大阪地判平成28年8月26日

判タ 1434 号 192 頁参照)。

申告納税方式に係る更正または決定の場合，国税の法定申告期限から 5 年を経過した日以後においてはすることができない（通法 70 条 1 項 1 号）。ただし，この期間は，偽りその他不正の行為によりその全部もしくは一部の税額を免れた場合には，7 年に延長される（同条 5 項）。これは通常の除斥期間とよばれる。

また，一定の後発的事実が生じた場合には，前述の通常の除斥期間の経過後も一定期間内にかぎり課税処分をすることが認められている（通法 71 条）。これは特別の除斥期間とよばれる。

⑤ 附 帯 税

附 帯 税　国税通則法は，主たる納税義務に附帯する債務として，附帯税を設けている（通法 60 条以下）。附帯税として，延滞税，利子税および加算税が定められている。加算税には，過少申告加算税・無申告加算税・不納付加算税・重加算税がある。附帯税は，主たる納税義務の税額を基礎にして計算され，本税とあわせて徴収される（通法 60 条 3 項など）。

延滞税・利子税　延滞税は，国税を法定納期限内に納付しない場合に生じる附帯税である（通法 60 条）。私債権であれば，遅延利息に相当する存在である。

利子税は，延納もしくは物納または納税申告書の提出期限の延長が認められた場合にその期間について生じる附帯税である（通法 64 条）。私債権であれば，約定利息に相当する存在である。

延滞税と利子税とはともに法定納期限以後の納付に課されるものであるが，前者は単に納税者が法定納期限の納付を遅滞しただけであるのに対し，後者は特別に法定納期限以後の納付が認められている場合という違いがある。したがって，延滞税の方が利子税よりも

税率が高くなっている（通法 60 条 2 項，所法 131 条 3 項，法法 75 条 7 項など）。

> ### 加 算 税

加算税には，期限内に申告をしたが税額が過少であった場合の過少申告加算税（通法 65 条），期限内に申告をしなかった場合の無申告加算税（通法 66 条），源泉徴収に係る租税を徴収納付をしなかった場合の不納付加算税（通法 67 条）と，それらに対応する重加算税（通法 68 条）とがある。重加算税は，納税者による事実の隠ぺいまたは仮装により過少申告などがなされた場合に課されるものである。

　加算税は，前述のように申告または源泉徴収を怠った者を対象にしており，申告納税義務および徴収納付義務の履行を確保するための行政上の制裁と位置づけられている。

> ### 正当な理由

加算税は，過少申告，無申告または不納付について，正当な理由があるときには課されない（通法 65 条 4 項 1 号・66 条 1 項ただし書・67 条 1 項ただし書）。たとえば，更正処分がされる場合には過少申告加算税も賦課決定されるのが通常なので，更正処分が争いとなる場合，加算税に関する正当な理由の有無も争点となることは多い。

　最高裁は，過少申告加算税の趣旨と適法に申告した納税者との間の客観的不公平の是正をはかるとともに，過少申告による納税義務違反の発生を防止し，適正な申告納税の実現をはかる点にあるとしたうえで，「正当な理由があると認められる」場合とは（通法 65 条 4 項 1 号），真に納税者の責めに帰することのできない客観的な事情があり，前述のような過少申告加算税の趣旨に照らしても，なお，納税者に過少申告加算税を賦課することが不当または酷になる場合をいうとしている（最判平成 18 年 4 月 20 日民集 60 巻 4 号 1611 頁〈百選 101〉）。

具体的な事例では、たとえば、申告を委託された税理士が納税者の預かり知らないところで脱税行為をしていた事案では、納税者が税務署職員による説明よりも低い税額になる旨を説明した税理士の言葉を信じて、それ以上の調査、確認をしなかったなどの事情を納税者の落ち度として指摘して正当な理由を認めていない（前掲最判平成18年4月20日）。他方で、同様の事情であるが、さらに税務署職員も税理士が行った脱税行為に関与していた事例では、正当な理由を認めている（最判平成18年4月25日民集60巻4号1728頁〈百選100〉）。

3 徴 収 手 続

1 納付・徴収納付

| 納　　付 |

租税法では、私法上の債務の弁済に相当する行為を納付とよぶ。納税義務は納付によって消滅する。納付の主体は、納税義務を負担する納税義務者、第2次納税義務者、源泉徴収義務者などである。また、納税義務を負担していない第三者による納付も認められる（通法41条）。

| 納付の方法 |

納付は、原則として、その税額に相当する金銭に納付書を添えて、これを日本銀行や税務署の担当職員に納付して行う（通法34条）。これを金銭納付という。納付受託者（コンビニエンスストアやクレジットカード会社）に対して税額に相当する金銭を支払うことで納付とみなす制度も広く利用されている（通法34条の3）。地方税にも同様の制度がある（自治法231条の2第6項・7項）。

金銭納付のほかには、税額に相当する収入印紙をはることにより

納付する印紙納付（印紙税など）や金銭以外の財産で納付する物納（相続税で物納の許可があった場合）がある。

| 納付の期限 |
各租税法は，一般的に，当該租税を納付すべき期限を定めており，それを法定納期限という（通法2条8号）。法定納期限までに納付がなされない場合には延滞税が発生する（通法60条1項）。また，法定納期限は，徴収権の消滅時効の起算点ともなる（通法72条1項）。

法定納期限は，各租税法が定めているが，申告納税方式の場合には，法定申告期限と一致している（所法120条1項柱書・128条，法法74条1項柱書・77条）。たとえば，所得税は，その年の翌年2月16日から3月15日までの期間において確定申告をして納付しなければならない（所法120条1項柱書・128条）。したがって，所得税の法定納期限は，所得の計算期間の翌年3月15日となる。

これに対して，確定した納税義務について個別的・具体的に存在する納期限を具体的納期限という（法文では単に「納期限」と書かれる。）。具体的納期限は，徴収手続進行の前提となる期限であり，当該期限までに納付しなければ，督促状により督促がなされ（通法37条），滞納処分を受けることになる（通法40条）。具体的納期限は，期限内に申告書を提出した場合，期限後に申告書を提出した場合，更正・決定を受けた場合などに分けて規律されている。たとえば，期限内申告書を提出した者は，法定納期限が具体的納期限でもあるし（通法35条1項），更正・決定を受けた場合には，更正通知書等が発せられた日の翌日から起算して1か月を経過する日が具体的納期限である（通法35条2項2号）。

| 徴収納付 |
納税義務者以外の第三者に租税を徴収させて，これを国または地方公共団体に納付させる徴収方法を徴収納付という。これは，租税の徴収の確保のため

に採用されている。たとえば，次に述べる所得税の源泉徴収（所法181条以下），住民税の特別徴収（地方法321条の3以下）などがある。

　この徴収納付をする第三者（徴収納付義務者という。）は，単に国に代行して納税義務者から租税を徴収して納付するということではなく，国や地方公共団体との関係では，直接に租税を納付する義務を負い，また納付しなかった場合には，滞納処分の対象ともなる。国税通則法上は，徴収納付義務者も「納税者」であり（通法2条5号），また，徴収納付義務者の租税を納付する義務も，「納税義務」とよんでいる（通法15条1項かっこ書）。

源泉徴収制度　　　所得税法では，利子・配当所得に係る源泉徴収，給与所得に係る源泉徴収，退職所得に係る源泉徴収，報酬，料金等に係る源泉徴収，非居住者または法人の所得に係る源泉徴収が定められている（所法181条以下）。

　源泉徴収義務者は，これらの支払いをする者（支払者）である。支払者は，その支払いの際，各支払いについて所得税を徴収し，その徴収の日の属する月の翌月10日までに，国に納付しなければならない（所法183条など）。

　源泉徴収すべき所得税（源泉所得税）の額は，支払金額を基礎とした一定の金額になる（所法185条など）。源泉所得税は，本来の納税義務者たる支払いを受ける者（受給者）個々人の事情（ほかの収入や適用される税率など）を正確に反映しない一定の金額であるから，受給者のその年の所得税の額とは当然異なってくる。

　したがって，その調整のために，受給者は，確定申告の際には，その年の所得税の額から源泉所得税を控除した金額を納付することになる（所法120条1項5号・128条）。その年の所得税の額より源泉所得税の方が多額であった場合には，その差額は還付されることになる（所法120条1項6号・138条1項）。以下では，確定申告により

受給者が納付する所得税を申告所得税という。

　なお，一定の金額以下の給与等のみを得ている者は，その年の最後の給与等の支払いの際にそれまでの源泉所得税の合計額とその年の所得税の額を比較して，過不足を精算して給与が支払われる（所法 190 条。年末調整）。また，給与の金額など一定の要件を満たす給与所得者は確定申告をする必要がない（所法 121 条）。わが国の多くの給与所得者は年末調整により課税関係が終了し，確定申告を行っていない。

> **源泉徴収義務が争われた事例**

自動的に確定する租税は税額の算定が容易であることがその理由とされているが，そもそも源泉徴収義務を負うか否かが争いとなる事例は多い。

　強制執行による回収と給与支払者の源泉徴収義務が争われた事例がある（最判平成 23 年 3 月 22 日民集 65 巻 2 号 735 頁〈百選 117〉）。強制執行手続では，給与の支払者は，源泉所得税額を控除せずに額面全額の支払いを求められる。そこで，給与の支払いについて強制執行を受けた支払者が，その支払いについても税務官庁から源泉所得税の納付を求められたことに関して，強制執行により回収を受ける場合には，「給与等……の支払」に該当しないとして，自らの源泉徴収義務を争った。

　最高裁は，強制執行により回収を受ける場合であっても給与等の支払債務は消滅することや法文上強制執行によるのかによって区別されていないことを理由に，この場合も給与等の支払いに該当すると解して源泉徴収義務を認めている。

　また，破産管財人の源泉徴収義務が争いとなった事例では，破産管財人が自らに管財人報酬を支払う場合と元従業員の退職金に係る破産債権に対して配当をする場合とで源泉徴収義務があるか否かが

争いとなった（最判平成 23 年 1 月 14 日民集 65 巻 1 号 1 頁〈百選 118〉）。

　最高裁は，報酬の支払者（所法 204 条 1 項 2 号）や退職手当等の支払者（所法 199 条）に源泉徴収義務が課されているのは，支払者と受益者とが特に密接な関係にあって，徴税上特別の便宜を有し，能率をあげる点を考慮したことによるものであることを確認した。そして，前者については，自ら行った管財業務の対価として，自らその支払いをしてこれを受けることを理由に，前述の関係性を肯定することで源泉徴収義務を認めた。後者については，破産管財人は元従業員との間において直接の債権債務関係に立つものではないこと，配当も破産手続上の職務の遂行として行うことなどを理由に前述の関係性を否定して源泉徴収義務を認めなかった。

**源泉徴収に係る
法律関係**
　源泉徴収に係る法律関係として考察の対象となるのは，①国と支払者（源泉徴収義務者）との関係，②受給者（本来の納税義務者）と国との関係，③支払者と受給者の関係である。

　①について，源泉徴収に係る国税は，自動的確定の租税であり，特段の確定手続を経ずに確定する。支払者は国に対して直接に納税義務を負う。納付がない場合には，国は支払者から源泉所得税を徴収することになる（所法 221 条）。

　②について，受給者は，国に対して源泉所得税を直接に納付する義務を負わない。したがって，支払者が源泉所得税を納付しなかった場合であっても，国は受給者に対して未納額につき納税の請求をすることはできない（所法 221 条）。

　支払者が過大に源泉所得税を徴収納付した場合であっても，受給者は国に対して過大部分の還付などを求めることはできない（→**過大な源泉徴収納付**）。

　③支払者は，受給者に対する給与等の支払金額から，源泉所得税

を控除しても労働契約などの違反とならない。逆にいうと，受給者は，源泉徴収により正当な源泉所得税が支払金額から控除されるのを受忍する義務を負う。

源泉所得税の徴収納付の不足により支払者が源泉所得税を徴収された場合には（所法221条），支払者は，その徴収された源泉所得税を受給者に対して求償することができる（所法222条）。

支払者が過大に源泉所得税を徴収した場合には，受給者は支払者に対して支払いの根拠となる契約などにもとづき過大に徴収された部分を請求できる。

過大な源泉徴収納付　前述のとおり支払者により源泉所得税が過大に徴収納付された場合に，受給者は，支払者に対して過大徴収部分の支払いを求めることができる。それでは，受給者は，国との関係においても，申告納付するその年の所得税の額から，過大徴収部分について控除，またはその過大徴収部分の還付を求めることができるだろうか。法文上は，所得税法120条1項5号がその年の所得税の額から「源泉徴収をされた……所得税の額」の控除を定めているので，過大に源泉徴収された額も同号に該当するかの問題となる。

最高裁は，源泉所得税と申告所得税との各債務の間には同一性がなく，源泉所得税の納税に関して，国と受給者との間には法律関係が生じないこと（所税221条・222条）を主たる根拠にして，所得税法120条1項5号は，所得税法の源泉徴収の規定にもとづき徴収されるべき所得税の額を控除することによる申告所得税と源泉所得税の調整をはかる趣旨の規定と考えるべきであり，源泉所得税の徴収・納付における過不足の精算を行うことは所得税法の予定するところではない旨を判示している（最判平成4年2月18日民集46巻2号77頁〈百選115〉）。

② 納税の請求・滞納処分

徴収手続　　　大半の納税者は租税を自発的に納付する。

しかし，納税者が自発的に納付を行わない
場合もある。そのような場合に，税務官庁が確定した納税義務の履
行を求めて行う行為全体を租税の徴収という。租税の徴収は，終局
的には滞納処分による納税者の財産の強制換価等によって国が納税
義務の満足をはかるための一連の手続であって，申告納税方式や賦
課課税方式など確定手続の種類ごとに手続の流れは若干異なる。第
1段階として「納税の請求」（通法36条以下）の手続を経たうえで，
それでも納付がされない場合には，第2段階として，「滞納処分」
（通法40条，徴法47条）へと進むことになる。

納税の請求　　　申告納税方式の場合は，確定した税額が，
具体的納期限までに納付されないときは，
督促がなされる（通法37条）。督促によっても納付されない場合に
は滞納処分へと進む（通法40条）。

　賦課課税方式の場合や源泉徴収による場合は，督促の前に，税額
についての国側の見解を表示する行為である，納税の告知が行われ
る（通法36条）。納税の告知は，納税告知書の送達で行われるが，
そこには，納付すべき税額や納期限（具体的納期限）が記載されて
いる（通法36条2項）。納税告知書に記載された具体的納期限まで
に納付されないときは，督促がなされる（通法37条）。

　源泉徴収の場合に，督促の前段階として納税の告知が行われるの
は，納税者にとっての不意打ちを避けるためにあらかじめ国側の税
額についての見解を表示しておくためである。

納税の告知と納税義務　　源泉徴収義務者は，税務官庁から源泉所得
税に関する納税の告知を受けた場合に，納

税の告知を取消訴訟の対象として納税義務の存否または範囲を争うことができるか。源泉徴収による所得税の税額は自動的に確定しており，納税の告知には税額を確定させるという意味での処分性はないことから問題になる。

　この点について，最高裁は，納税の告知は，確定した税額がいくばくであるかについての税務署長の意見がはじめて公にされるものであるから，納税者がこれと意見を異にするときには当該税額による所得税の徴収を防止するために，不服申立てや取消訴訟の対象ともなるとし，さらに納税の告知の前提となる納税義務の存否または範囲を争って，納税の告知の違法を主張できる旨を判示している（最判昭和 45 年 12 月 24 日民集 24 巻 13 号 2243 頁〈百選 114〉）。

納税の告知の受給者に対する法的効果

　納税の告知は，支払者に対してなされるものであるが，受給者に対しても何らかの法的効果をもつであろうか。

　最高裁は，納税の告知を課税処分ではなく，税額の確定した国税債権につき，納期限を指定して納税者等に履行を請求する行為である徴収処分であるとの理解を前提に，支払者が，納税の告知の不服申立てをせず，または不服申立てをしてそれが排除されたとしても，受給者の源泉徴収による納税義務（源泉納税義務）の存否・範囲にはいかなる影響も及ぼさないとし，納税の告知の法的効果を支払者との関係に限定して理解している。

　この理解を前提にすると，受給者は，支払者から源泉所得税について求償を求められたときは，納税の告知が取り消されておらずとも，自己において納税義務を負わないことまたはその義務の範囲を争って，支払者の請求を拒むことができることになる（前掲最判昭和 45 年 12 月 24 日〈百選 114〉）。

| 滞 納 処 分 | 国または地方公共団体は，督促を受けた納
税者がそれでも租税を完納しないときには，

納税者の財産から強制的実現をはかる滞納処分を行うことになる。
国税の滞納処分については，国税徴収法が規律をしている。なお，
地方税の滞納処分については，国税滞納処分の例によることとされ
ている（地方法 68 条 6 項）。

　滞納処分には，狭義の滞納処分と交付要求とがある。前者は，国
または地方公共団体が，自ら納税者の財産の差押え，財産の換価，
換価代金等の配当といった一連の手続をして行われる（徴法 47 条以
下）。後者は，滞納者の財産について既に不動産競売などの強制的
に債務の履行を実現させる強制換価手続が行われている場合に，換
価代金の交付を求めて租税債権の満足をはかる手続である（徴法 82
条以下）。

　私人間の債権の場合には，債権者が債権の強制的な満足をはかる
ためには，通常，裁判所での判決を得たうえで，民事執行を申し立
てて行われる。租税の場合には，確実かつ能率的な徴収をはかるた
めに，自力執行権が認められているのである。

| 租税優先の原則 | 租税は，原則として，すべての公課その他
の債権に先立って徴収される（租税の一般

的優先権。徴法 8 条・9 条，地方法 14 条・14 条の 2）。この根拠として
は，租税が公共サービスの費用であり強い公益性をもっていること，
租税債権は反対給付をともなわないために私債権よりも任意の履行
可能性が低いことがあげられる。

　ただし，担保権付私債権に対しても常に優先するとすれば，私法
上の取引安全を害することから，担保権付私債権については，担保
権の種類に応じて優先劣後関係について一定の基準を設けている。
たとえば，抵当権と質権の場合には，担保権が租税の法定納期限等

以前に設定されたものである場合には，抵当権・質権により担保されている債権が優先し，租税はそれらに次いで徴収されることになる（徴法15条・16条）。

租税相互では一般的な優先関係はないが，差押えをした租税は，交付要求をした租税に優先し（徴法12条），交付要求相互間では，交付要求を先にした租税が優先する（徴法13条）。

③ 徴収権の消滅時効

徴収権（租税債権）は，原則として，法定納期限から5年間行使しないことによって，時効により消滅する（通法72条1項）。偽りその他不正の行為によって免れるなどした徴収権については，法定納期限から2年間は時効が進行しない（通法73条3項）。したがって，この場合は，実質的には7年の時効期間となる。

徴収権は，公債権債務の一般的な性質と同じように（会計法31条1項），時効の援用を要せず，その利益を放棄することはできない（通法72条2項）。これは，納税義務が大量に発生することから事務処理を画一的に処理することが便宜という事情にもとづいた措置である。

時効の完成猶予・更新事由としては，更正または決定，賦課決定，納税の告知，督促，交付要求が定められている（通法73条1項各号）。さらに，別段の定めがあるものを除き，民法の規定も準用されている（通法72条3項）。

4 権利救済手続

① 不服申立て

総 説 違法な税務官庁の処分により納税者の権利が害された場合に，納税者は課税処分または徴収処分に関して，税務署長（処分庁）・国税不服審判所に対する不服申立てや裁判所に対する訴訟提起をすることができる。租税法は，裁判所への訴訟提起の前に，審査請求を必要とする不服申立前置主義を採用している（通法115条）。これは，大量反復的な租税事件に対応する裁判所の負担軽減と租税事件の専門的・技術的な性格を根拠とする制度である。

不服申立て 行政庁に対する不服申立手続として，処分をした税務署長に対する再調査の請求と国税不服審判所長に対する審査請求とがある（通法75条1項）。納税者はどちらかを選択できる。不服申立期間には制限があり，処分があったことを知った日（処分に係る通知を受けた場合には，その受けた日）の翌日から3か月以内に行わなければならない（通法77条1項）。

さらに，再調査の請求に対する再調査決定に対して不服がある場合には，国税不服審判所長に対して審査請求を行うことができる（再調査決定から1か月以内。通法77条2項）。なお，取消訴訟を提起するためには再調査の請求だけでなく審査請求を経なければならない（通法115条1項）。

国税不服審判所 国税不服審判所は，審査裁決機関である。国税庁に付置された機関であり，組織的には国税庁の一部である。審査請求があった場合には，3名以上の国

税不服審判官の合議体で審理を行い，その議決にもとづいて，国税不服審判所長が裁決をする。その権限の行使には独立性が認められている。

② 租 税 訴 訟

取 消 訴 訟

審査請求の裁決に対しても不服がある場合には，納税者は裁判所に対して取消訴訟を提起することができる（行訴法3条2項・8条以下）。

典型的な租税事件では，たとえば，「△税務署長が原告に対して平成△年△月△日付でした平成△年分の所得税の更正処分のうち，総所得金額△円，納付すべき税額△円を超える部分及び過少申告加算税賦課決定をいずれも取り消す」といった内容を，請求の趣旨として，訴訟提起がなされる。そのほかには，課税庁が更正の請求を拒否した場合における，更正の請求の拒否処分の取消訴訟や，源泉徴収を争う場合には，納税の告知処分の取消訴訟などもある。

取消訴訟には行政事件訴訟法上の出訴期間の制限があり，租税訴訟では不服申立前置主義がとられていることから，原則として，裁決を知った日から6か月となる（行訴法14条3項）。さらに，裁決のあった日から1年を経過したときも取消訴訟を提起することはできない（同項）。

国税に関する課税処分に係る取消訴訟の被告は，国となる（行訴法11条1項1号）。したがって，たとえば，税務署長のした更正処分に関する取消訴訟の裁判所の管轄は，東京地方裁判所（行訴法12条1項），税務署の所在地を管轄する裁判所（同項），原告の普通裁判籍の所在地を管轄する高等裁判所の所在地を管轄する地方裁判所（行訴法12条4項）の3つとなる。

| 無効確認訴訟 | 既述のとおり，不服申立てや取消訴訟には期間制限があり，取消訴訟の提起には審査 |

請求を経なければならない。したがって，期間制限を徒過した場合や審査請求をしていない場合には，納税者は取消訴訟を提起することはできない。しかしながら，課税処分の瑕疵が著しい場合には，当該課税処分は無効といえることから，期間制限を徒過した場合や不服申立てを経ていない場合にも，納税者は裁判所に対して処分の無効確認の訴えを提起することができる（行訴法 3 条 4 項・36 条）。

　行政法学上は，行政処分の無効の要件として，瑕疵が重大でその存在が外観上明白であることを求める重大明白説が通説である。そこで，課税処分においても，同様の要件となるかが問題となる。最高裁は，一般に課税処分は処分の存在を信頼する第三者の保護を考慮する必要のないことを根拠にして，当該処分における内容上の過誤が課税要件の根幹についてのそれであって，徴税行政の安定とその円滑な運営の要請をしんしゃくしてもなお，不服申立期間の徒過による不可争的効果の発生を理由として被課税者に右処分による不利益を甘受させることが，著しく不当と認められるような例外的な事情のある場合には，無効となるという判断を示した（最判昭和 48 年 4 月 26 日民集 27 巻 3 号 629 頁〈百選 108〉。第三者が不動産を譲渡する際に，勝手に納税者の名義を冒用して納税者を経由して不動産を譲渡したかのように作出したという事実関係のもとで納税者に譲渡所得の課税処分がなされた事例）。

　この判断は，明白性に触れることがないため，重大性だけを要件としたと理解できるかが議論されている。

| 国家賠償請求訴訟 | 違法な課税処分に対して課税額を損害とする国家賠償請求が認められるかが争いとなった事件がある。この点，課税処分の場合， |

取消訴訟と国家賠償訴訟の勝訴判決の効果が実質的に変わらないことから，取消しを経ないで課税額を損害とする国家賠償請求を認めると不服申立前置の意義が失われるおそれがあり，取消訴訟の出訴期間を定めた意味がなくなるなどの点からそれを否定する見解もあった。

　しかしながら，最高裁は，行政処分が違法であることを理由として国家賠償請求をするについては，あらかじめ当該行政処分について取消しまたは無効確認の判決を得なければならないものではないとの立場から，課税額を損害とする国家賠償請求も否定しなかった（最判平成22年6月3日民集64巻4号1010頁〈百選121〉）。この訴訟類型は，課税処分の過誤が長期間経過後に判明することが度々ある地方税の固定資産税においてよく利用されている（前記事件も固定資産税に関するものである。）。

　　　　　　　　　　　　　　　訴訟の審理の過程で，税務官庁は，原処分
　総額主義と争点主義　　　　の理由となる課税要件を充足する事実（課
税要件事実）に関する主張を変更し，原処分の適法を維持することができるか。この問題は，租税訴訟の対象の問題と密接に関連する。租税訴訟の対象については，総額主義と争点主義という見解がある。総額主義は，租税訴訟の対象は，課税処分によって確定された税額の適否であるとする見解である。争点主義は，租税訴訟の対象は，処分理由との関係における税額の適否であるとする見解である。総額主義からは，原処分の理由を差し替えることも原則として認められることになる。争点主義からは，原処分の理由を差し替えることは認められないことになる。

　この点について，無制限な理由の差し替えは理由附記制度の意義を没却しかねない。他方で，仮に，裁判所が理由の差し替えを一切認めずに課税処分を取り消しても，税務官庁は新たな理由を付して

同一内容の課税処分をすることが可能であり，紛争の一回的解決の見地からは現実的ではない。

難しい問題であるが，最高裁は，白色申告の事案では，課税処分の取消訴訟における実体上の審判の対象は，課税処分によって確定された税額の適否であるとして，総額主義をとっている。そして，課税処分によって確定された税額が総額において租税法規によって客観的に定まっている税額を上回らなければ，課税処分は適法となるとして理由の差し替えを認めている（前掲最判平成4年2月18日）。青色申告の事案では，総額主義か争点主義か明示したものはないが，一定の留保をつけて理由の差し替えを認めている（最判昭和56年7月14日民集35巻5号901頁〈百選120〉）。

最高裁の立場としては，訴訟物の次元としては，総額主義を採用するが，理由の差し替えには納税者の手続保障の観点から一定の制限を課するというものであると考えられる。学説では，理由の差し替えを基本的事実の同一性の範囲に限定する見解が有力である。なお，前述の最高裁昭和56年判決は，販売価額と取得価額を差し替えた事例であり，その理由の差し替えが基本的事実の同一性の範囲であるといえるかには疑問がある。

| 訴えの利益 |

取消訴訟は，裁判所が裁判を行うに足る客観的な事情または実益を必要とする。これを訴えの利益という。問題となるのが，更正処分の取消訴訟の係属中に再更正がなされた場合に原処分を争っている係属中の取消訴訟は訴えの利益を失うかという点である。訴えの利益を失えば，取消訴訟は本案の問題が判断されることなく却下される。

この問題は課税処分相互の関係性の問題と密接に関連している。いくつかの考え方がある。1つは，再更正がなされても当初の更正（原処分）は消滅せずに両者は併存しており（併存説），原処分の取消

しに関する訴えの利益は失われないというものである。この場合，
納税者は，再更正処分についても新たな取消訴訟を提起することに
なる。

　もう1つは，再更正により原処分は消滅し再更正処分のみが存在
することになり（消滅説），原処分の取消しに関する訴えの利益は失
われるというものである。

　さらに，消滅説とは逆に，再更正が原処分に吸収されるために
（逆消滅説），原処分の取消しに関する訴えの利益は失われないとす
るものもある。

　この問題について，最高裁は増額再更正の場合と減額再更正の場
合とで立場を分けている。

```
更正と増額再更正
```
　増額再更正の場合，最高裁は消滅説を採用
している（最判昭和55年11月20日訟月27
巻3号597頁）。国税通則法の諸規定からは（通法104条2項・115条
1項2号），同法が併存説を前提とすると解する方が素直であるが，
併存説の場合には，それぞれの処分について異なる訴訟が係属して，
判断が分かれる可能性があるという難点がある。そこで，判断の統
一性確保という観点からは，消滅性が優れている。

　消滅説に対しては，原処分について争ってきた納税者の行為が無
益に帰する懸念があるも，訴えの変更を柔軟に認めて従来の訴訟追
行を維持させ，再更正について出訴期間や不服申立前置などの要件
は充足していると考えればその懸念は相当程度回避されうる。

```
更正と減額再更正
```
　減額再更正の場合，最高裁は再更正処分の
効果を，それにより減少した税額に係る部
分についてのみ法的効果を有すると解している（最判昭和56年4月
24日民集35巻3号672頁〈百選38〉）。この理解は，更正と再更正と
が併存すると考えるので，併存説といえる。ただし，減額再更正処

分の法的効果を，原処分が確定した税額を一部取り消す点にあると考えており，それは納税者に有利な処分である以上，減額再更正処分自体を争う訴えの利益は認められない。

立証責任

客観的立証責任とは，訴訟における当事者の証拠の提出によって裁判所が事実の存否を確定することができない場合に，一方の当事者が負う不利益のことである。裁判所は，事実が真偽不明の場合には，いずれか一方の当事者の不利益において，当該事実が存在しないものと取り扱う。

最高裁は，課税庁が「所得の存在及びその金額」について立証責任を負うと述べている（最判昭和38年3月3日訟月9巻5号668頁）。とはいえ，この判決が述べている「所得の存在及びその金額」は計算の結果であり，それ自体が立証責任の対象となる課税要件事実とはいい難いことから，課税要件事実となるのは，個々の所得の発生原因たる収入，必要経費等の個別取引事実だとする見解がある。

必要経費の立証責任

課税要件事実の客観的立証責任を課税庁が負担するとしても，必要経費の立証については議論がある。この点，必要経費を立証するための証拠に対する距離は課税庁よりも納税者の方が近い。そして，必要経費は納税者にとって有利な事情でもある。したがって，現実の裁判における立証過程においては，納税者が争点となっている必要経費に関する立証を積極的にしないときは，課税庁の必要経費に関する主張が事実上推定されることになるといわれている。

客観的立証責任に対して，裁判所の心証の状態により，訴訟の過程で生じる当事者の立証の必要性を主観的立証責任というが，前述の理解からすると，必要経費に関して，納税者が主観的立証責任を負担する局面は出てくる。

推計課税にもとづく課税処分を争う審理の
中で，納税者が収入金額や必要経費の実額
を主張・立証することは認められるか（このような主張を実額反証と
いう。）。この問題は，推計課税の性質とかかわり議論となっている。
この問題の根本には，推計課税はそもそも納税者による税務調査へ
の非協力といった納税者の落ち度に基因して行われるために，訴訟
段階にいたって納税者に実額反証を認めることは，不公平ではない
かという考え方がある。

　この点，推計課税の性質を，間接的な資料と経験則を用いて真実
の所得額を事実上の推定により認定すると理解する立場は（事実上
推定説），「実額は推計を破る」という考え方により実額反証を認め
る。ただし，そもそも推計課税を事実上の推定と捉えることができ
るのかについては立証の程度の観点から批判がある。

　他方で裁判例には，推計課税を所得の実額を捕捉できない場合で
あっても租税負担公平の原則から課税処分を回避することは許され
ないとの趣旨のもとに設けられた制度であるとの理解のもとに，推
計課税を実額課税に代替して概算課税の性質をもつ異なる課税方式
と理解するものがある（東京高判平成6年3月30日行集45巻3号857
頁〈百選111〉）。

　そのうえで，同裁判例は実額反証を認めるが，実額反証の立証は
納税者自らが主張・証明責任を負うところの再抗弁であり，その再
抗弁においては収入および経費の実額をすべて主張・証明すること
を要するとしている。

　民事訴訟では，原告の請求を理由づける事実を請求原因事実とい
い，請求原因事実と両立し，その法律効果を排斥する事実の主張を
抗弁という。再抗弁は，さらに抗弁と両立し抗弁の法律効果を排斥
する事実の主張である。

推計課税と実額反証

この裁判例のように，推計課税を実額課税に代替して概算課税の性質をもつ異なる課税方式と理解する場合，実額が立証されたとしても本質的には概算が誤っていたことにはならないので，実額反証が再抗弁としてでさえなぜ認められるのかについて議論がある。

事項索引

314

316

判 例 索 引

租税法〔第3版〕
Tax Law, 3rd ed.

ARMA
有斐閣アルマ

2017年10月10日　初　版第1刷発行
2020年 3 月 5 日　第2版第1刷発行
2021年11月10日　第3版第1刷発行

著　者	岡　村　忠　生 酒　井　貴　子 田　中　晶　国
発行者	江　草　貞　治
発行所	株式会社　有　斐　閣 郵便番号 101-0051 東京都千代田区神田神保町 2-17 http://www.yuhikaku.co.jp/

印刷・製本　中村印刷株式会社
© 2021, T. Okamura, T. Sakai, M. Tanaka.
Printed in Japan
落丁・乱丁本はお取替えいたします。
★定価はカバーに表示してあります。

ISBN 978-4-641-22180-2